대학생을 위한 연세한국어

YONSEI KOREAN for college students 102

KOREAN LANGUAGE INSTITUTE

YONSEI UNIVERSITY PRESS

머리말

연세대학교 한국어학당은 1959년 설립된 한국 최초의 대학 부설 한국어 교육 기관으로서 역사와 명성에 걸맞게 다양한 한국어 교재 편찬 및 관련 연구를 해 옴으로써 한국어 교육을 선도해 왔습니다. 1960년 『한국어교본 I 』 출간 이후 『한국어』, 『한국어 독본』, 『한국어 읽기』, 『한달완성 한국어』, 『100시간 한국어』, 『연세 시사한국어』, 『3주 완성 연세한국어』, 『연세한국어』, 『활용연습』, 『연세 토픽』, 『대학한국어 어휘 · 문법』, 『대학생활을 위한 한국어』, 『대학 강의 수강을 위한 한국어』, 『새 연세한국어』 시리즈 등 260여 권에 달하는 양질의 한국어 주요 교재를 출간해 왔습니다.

연세대학교 한국어학당은 교육 현장의 변화와 한국어 학습자의 다양한 수요에 부응하고자 과정별 맞춤형 교재를 개발하는 데 노력을 기울여 왔으며 이 교재 또한 특수 목적 학습자를 대상으로 하는 맞춤형 교재로 개발되었습니다. 미주 지역 학습자의 요구를 이해하고 최적의 한국어 교수법을 적용하기 위하여 북미권 대학에서 가르친 경험이 있는 한국어 교육 전문가와 본 기관 안팎의 한국어 교육 전문가 십여 명이 본 교재 개발에 참여하였습니다.

이 교재 시리즈는 연세대학교 한국어학당의 표준 한국어 등급뿐만 아니라 유럽공통참조기준 CEFR과 ACTFL 등급 체계를 참고하여 개발되었으므로 해외 대학과 한국어 교육기관의 다양한 교육과정에 적절하게 사용될 수 있습니다. 이 교재 시리즈는 초급과 중급의 단기 과정용 교재로서 총 6단계로 되어 있으며, 각 권은 100시간 미만으로 과정에 따라 유연하게 적용 가능하도록 구성되었습니다. 한국의 실생활에서 자주 사용되는 문형 표현과 주제 어휘가 다양한 문제 해결 상황과 함께 체계적으로 제시되어 있으며, 단원별로 주제와 관련된 한국 문화 및 지역 사회와 함께할 수 있는 과제 활동이 제안되어 있어서 한국어 실력은 물론 한국 문화에 대한 이해와 참여의 기회를 동시에 높일 수 있습니다. 한국어 학습자를 위하여 자습용 연습 문제와 단원별 새 어휘, 문법, 대화, 읽기, 듣기, 문화 텍스트에 대한 영문 번역을 실어서 학습자의 자기주도적 학습이 가능하도록 기획했습니다. 특히 어휘와 문법뿐만 아니라 말하기, 듣기, 읽기, 쓰기 네 영역을 정확하고 유창하게 학습할 수 있도록 하는 과제를 고르게 배치하여서 단기간에 이해 능력과 표현 기능을 향상시킬 수 있도록 구성하였습니다.

이 교재 시리즈가 연세대학교 한국어학당에서 학습하는 학습자뿐만 아니라 국내와 국외에서 단기간에 한국어와 한국 문화를 배우고자 하는 모든 학습자에게 크게 도움이 되기를 바랍니다. 연세대학교 한국어학당은 앞으로도 전 세계 한국어 학습자의 요구와 기대에 부응하는 교재 개발을 위해 최선을 다할 것입니다.

연세대학교 언어연구교육원
한국어학당 교재편찬위원회

Preface

Established in 1959 as Korea's first university-affiliated Korean language institution, the Yonsei University Korean Language Institute has been leading Korean language education by compiling various Korean language textbooks and conducting related research, befitting its history and reputation. Since the publication of "An Intensive Course in Korean I" in 1960, the institute has published over 260 major high-quality Korean language textbooks, including "Korean," "Readings in Korean," "Korean Reading," "Mastering Korean within a Month," "Korean in 100 Hours," "Yonsei Current Issues and Affairs," "Yonsei Korean in 3 Weeks," "Yonsei Korean," "Yonsei Korean Workbook," "Yonsei TOPIK," "Academic Korean Vocabulary & Grammar," "Korean for University Life," "Academic Korean," and the "New Yonsei Korean" series.

The Yonsei Korean Language Institute has made efforts to develop customized textbooks for each course to meet changes in the educational field and the diverse needs of Korean language learners. This textbook has also been developed as customized teaching material for special-purpose learners. In order to understand the needs of learners in the Americas and apply the optimal Korean language teaching method, more than a dozen Korean language education experts, including those with experience teaching at North American universities and those inside and outside the institute, participated in the development of this textbook.

This textbook series has been developed in reference to the Yonsei University Korean Language Institute's standard Korean language proficiency levels, as well as the Common European Reference Framework for Languages (CEFR) and ACTFL Proficiency Guidelines, to be suitable for various curricula of overseas universities and Korean language institutions. This textbook series is for beginner and intermediate short-term courses, comprised of a total of 6 levels, with each book designed to be applied flexibly in courses of less than 100 hours. Commonly used sentence expressions in everyday life and practical problem-solving scenarios with various topic vocabulary are presented systematically. Each unit is designed to incorporate Korean culture related to the topic and proposes collaborative community engagement activities to enable learners to improve their Korean language proficiency and, at the same time, have more opportunities to understand and participate in Korean culture. For Korean language learners, self-study exercises and English translations of new vocabulary, grammar, dialogues, readings, listening materials, and cultural texts for each unit are included to encourage autonomous learning. Tasks to strengthen not only vocabulary and grammar but also the four areas of speaking, listening, reading, and writing, are strategically placed to allow students to learn accurately and fluently, to ensure the enhancement of comprehension and expression within a short period.

We hope that this textbook series will greatly benefit not only learners studying at the Yonsei University Korean Language Institute, but also all learners, both in Korea and abroad, who wish to learn Korean language and culture in a short period of time. The Yonsei University Korean Language Institute will continue to do its best to develop textbooks that meet the demands and expectations of Korean language learners worldwide.

Yonsei University Language Research and Education Center
Korean Language Institute Textbook Compilation Committee

일러두기

<한국어 101, 102>는 CEFR A1, A2, ACTFL Novice 수준으로 표준화된 언어 숙달도 등급 체계를 따르고 있습니다. 각각 총 10개 과(20개 항)에 실생활에서 자주 사용되는 문형 표현과 주제 어휘가 다양한 문제 해결 상황과 함께 체계적으로 제시되었습니다. 단원별로 주제와 관련된 한국 문화 및 실제적 표현 과제 활동도 있어서 한국어 실력은 물론 한국 문화에 대한 이해와 한국어 담화 공동체 참여의 기회를 동시에 높일 수 있습니다. 국내외 한국어 학습자들이 책으로 재미있게 공부할 수 있도록 교재 뒤에 자습용 연습 문제를 따로 실었고 단원별 새 어휘, 문법, 대화, 읽기, 듣기, 문화 텍스트에 대한 영문 번역도 실었습니다. 이 책의 구성은 다음과 같습니다.

교재 구성

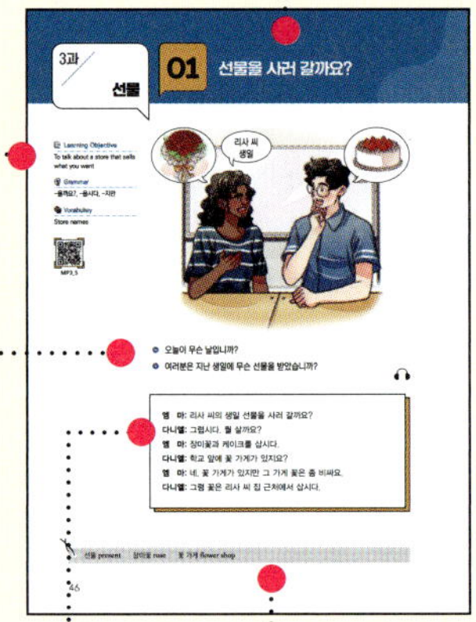

(1) 단원 제목

공부할 주제와 목표 문법이 담겨 있으므로 수업 내용을 미리 추측해 볼 수 있다.

(2) 학습 목표

수업 목표가 영어로 제시되어서 수업 중 무엇에 집중해야 하는지 학생이 알 수 있다.

(3) 도입 질문

그림의 상황에 대한 이해와 관련 의견을 묻는 질문에 대답하며 배경지식을 환기할 수 있다.

(4) 대화

대화를 듣고 따라 하면서 특정 주제 및 상황에 필요한 어휘와 표현을 익힐 수 있다.

(5) 대화 어휘

대화에 사용된 새 어휘의 뜻을 교재 하단에서 바로 확인하면서 대화 내용을 유추할 수 있다.

(6) 주제 어휘

학습 목표를 수행할 때 필요한 어휘들을 관련 이미지나 정리된 목록으로 확인할 수 있다.

(7) 어휘 연습

어휘 연습 문제를 풀면서 주제와 관련된 어휘장을 확장하고 문맥에 맞는 형태로 고쳐 쓰는 연습을 할 수 있다.

(8) 문법 연습

그림이나 문장 등의 힌트를 보고 목표 문법을 사용하여 문장을 완성한다. 교재 뒤에 실린 <연습 문제> 부분에서 문장이나 대화 완성하기 활동을 하면서 추가로 더 연습할 수 있다. 문법 옆에 적힌 부록의 페이지를 찾아가면 각 문법에 대한 설명을 읽을 수 있다.

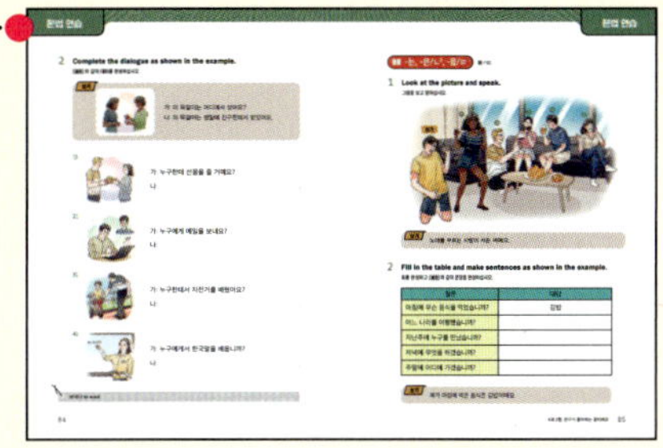

(9) 읽어 봅시다

주제와 관련된 긴 글을 읽고 네 개 질문에 대답한다. 내용 이해도를 묻는 질문 유형은 단답형, 서술형, 4지선다형, OX 문제 등으로 다양하다. 마지막 문제는 읽은 내용과 관련된 주제를 학습자 본인에게 적용시켜 이야기해 보도록 의도되었다.

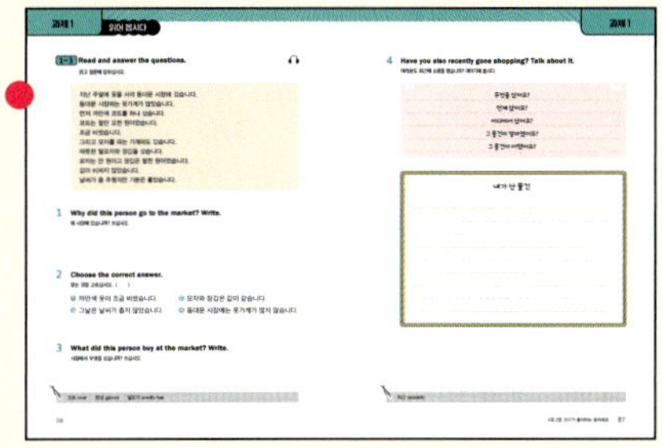

(10) 들어 봅시다

주제와 관련된 문장, 대화나 이야기를 듣고 질문에 대답한다. 들은 내용의 이해도를 묻는 질문은 독해 능력을 묻는 <읽어 봅시다>의 질문 유형과 마찬가지로 다양하고 마지막 문제는 들은 내용과 관련된 주제로 학습자 본인의 이야기를 하도록 의도되었다.

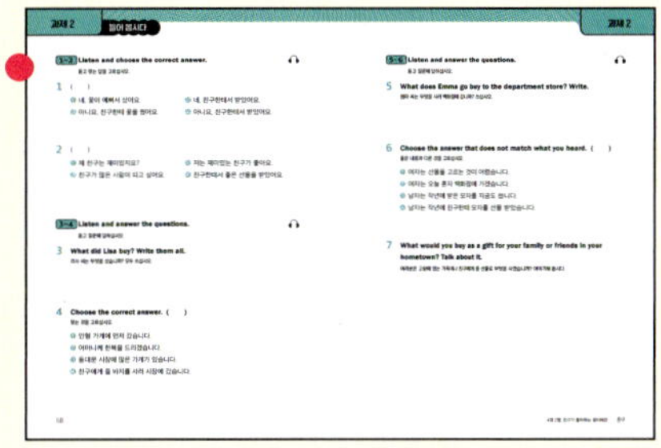

(11) 해 봅시다

교실에서 배운 주제 어휘와 문형 표현을 가지고 교실 안팎의 실제 의사소통 생활에 적용할 수 있는 실천적 과제를 제시하였다.

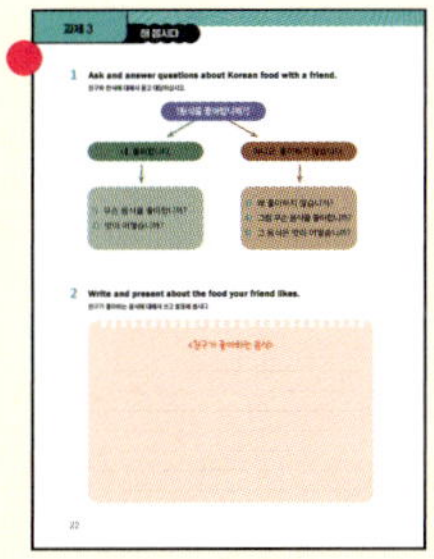

(12) 문화

10개 단원별로 주제와 관련된 한국 문화를 소개하여 학습자의 흥미를 돋우고 학습 의욕을 고취하였다.

(13) 연습 문제

각 단원의 새 어휘와 문법을 사용해 문장과 대화를 완성하는 연습 활동을 제시하여 학습자가 수업에서 배운 것을 복습할 수 있도록 하였다. 1-5과, 6-10과의 복습문제도 따로 실어서 학생 혼자서 각 단원에서 공부한 주제에 대해 말하기, 쓰기, 듣기, 읽기 영역의 중간시험과 기말시험 준비를 할 수 있다.

(14) 별책

모범답안(어휘와 문법 연습), 어휘·문법 색인, 문법 설명, 본문 대화, 읽기 및 듣기 지문, 문화 텍스트에 대한 번역을 실었다. 특히 문법 설명 영역에는 단원마다 두 개 문법에 대한 영문 설명과 문장 및 대화문으로 제시된 예문을 제시함으로써 학습자의 자기주도학습에 도움을 주고자 하였다.

일러두기

<Korean 101, 102> are at CEFR A1, A2, ACTFL Novice levels, so they can be directly connected to the semester-based curriculum of universities systematically. There are a total of 10 chapters (20 sub-sections) for each unit, which systematically present frequently used grammatical expressions and real-life problem solving situations that involve various subject-related vocabulary. In addition, each unit includes tasks related to Korean culture and the use of practical expressions. This will not only enhance Korean language skills and understanding of Korean culture, but also provide greater opportunities to participate in Korean language discourse communities. To ensure enjoyable learning for overseas Korean learners and international students, the book includes separate self-study exercises at the end, as well as English translations for unit-specific conversations, new vocabulary, grammar, reading, listening, and cultural texts. The structure of this book is as follows:

Textbook Composition

(1) Unit Title
The title contains the topics of study and grammatical expressions, allowing students to anticipate the contents of the class in advance.

(2) Learning Objectives
The objectives of the class are presented in English, enabling students to know what to focus on during class.

(3) Introduction Questions
By answering questions and expressing opinions about the situations depicted in the pictures, students can refresh and strengthen the required background knowledge.

(4) Dialogue
By listening to following, and practicing conversations, students can become familiar with the vocabulary and expressions necessary for specific conversations and situations.

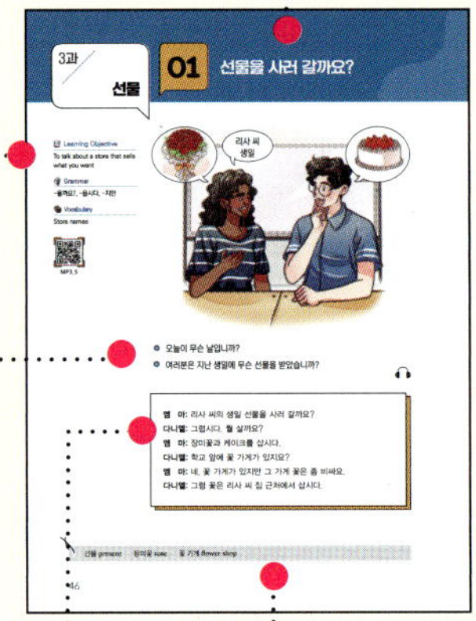

(5) Dialogue Vocabulary
Students can infer the contents of the conversation by referring to the definitions of newly presented vocabulary directly at the bottom of the textbook.

(6) Subject Vocabulary
Students can check the vocabulary necessary to achieve the learning objectives through related images and organized lists.

(7) Vocabulary Practice
By solving vocabulary practice questions, students can expand their vocabulary related to the subject, and practice using them in various contexts.

(8) Grammar Practice

Using hints from pictures or sentences, students will complete sentences using target grammatical expressions. Students have the option to practice more by completing sentences or conversations included in the <Practice Exercises> section at the end of the textbook. In the supplementary book, students can find detailled explanations on each grammar point introduced. The specific page is listed right next to the header for each point.

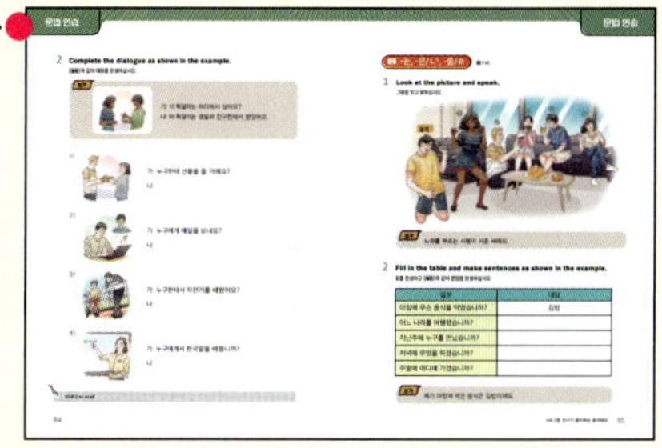

(9) Let's Read

Students read long texts related to the subject, and answer four questions. The type of questions, which test the students' reading comprehension, vary. These include short-answer, descriptive, multiple choice (with four possible answers), and true/false questions. The final question is intends to encourage students to apply the subject of the reading to their own experiences and share their thoughts.

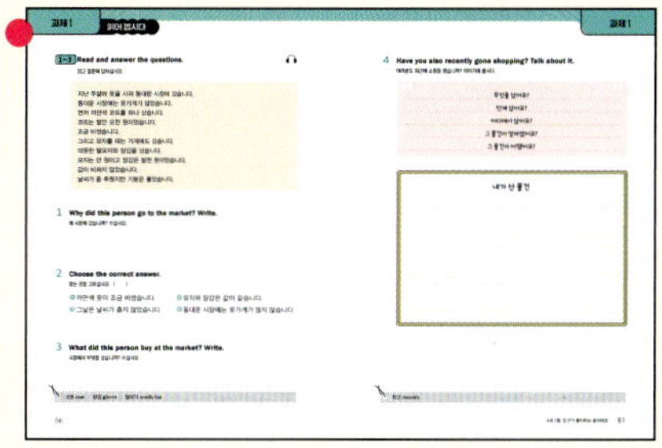

(10) Let's Listen

Students listen to sentences, conversations or stories related to the topic and answer questions. The types of questions used to assess comprehension also vary, similar to the reading comprehension questions, and the final question intends to let students share their own stories related to the content and subject of what they heard.

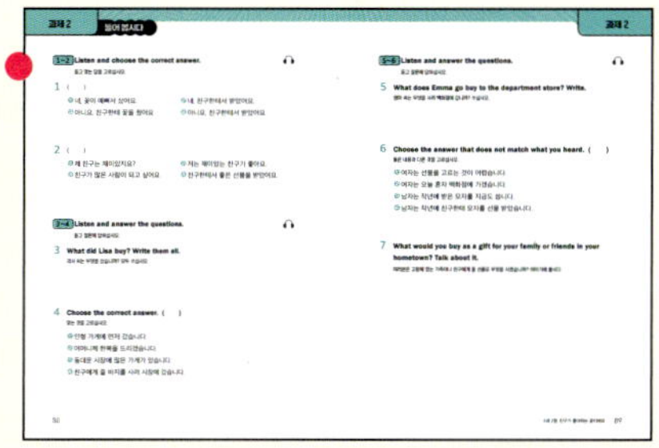

(11) Let's Try

Practical tasks, applying the subject vocabulary and grammatical expressions learned from each unit to real-life communication inside and outside the classroom, are provided.

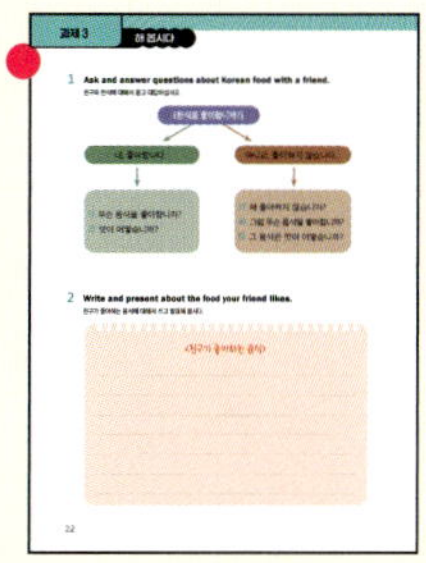

(12) Culture

For each of the 10 units, related topics on Korean culture are introduced to stimulate the students' interests and inspire their motivation for learning.

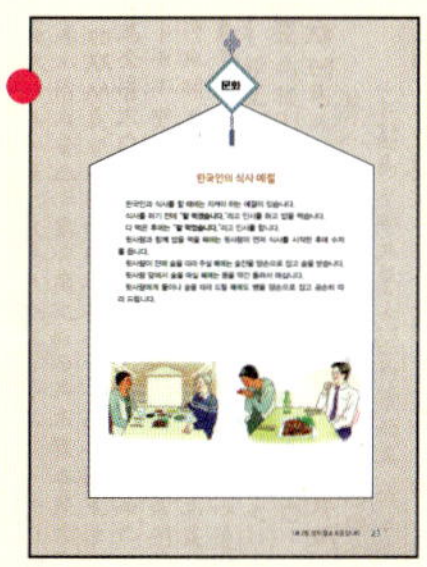

(13) Practice Exercises

Practice activities are provided to allow students to review what they have learned in class by completing sentences and conversations using new vocabulary and grammar from each unit. In preparation for their mid-term and final examinations, students can practice speaking, writing, listening, and reading on their own, as theme-matching review questions for units 1-5 and 6-10 are included.

(14) Supplementary Book

Answer keys(grammar practice), vocabulary and grammar index, grammar explanation, and translations for text dialogue, reading and listening passages, and culture are also included. Especially notable are the grammar explanation sections, which provide full explanations on the grammar points of each section together with example sentences and dialogues. These are intended to help students who are learning on their own.

단원구성표

과	항	제목	학습 목표	어휘	문법1	문법2	문화
1과 음식	1항	학생 식당에 자주 갑니다	가고 싶은 식당을 말할 수 있다.	가다, 오다 관련 어휘 식당 관련 어휘	-습니다, -습니까?	-지요?	한국인의 식사 예절
	2항	맵지 않고 조금 답니다	좋아하는 음식과 맛을 설명할 수 있다.	음식 이름 1 맛 관련 어휘	-지 않다	ㄹ 동사	
2과 식당	1항	저는 불고기를 먹겠습니다	좋아하는 음식에 대해서 말할 수 있다.	음식 이름 2	-겠-[1]	-고 싶다	상차림
	2항	뭘 드시겠습니까?	식당에서 음식을 주문할 수 있다.	단위 명사 1	-으시-	-을래요?	
3과 선물	1항	선물을 사러 갈까요?	원하는 물건을 파는 가게에 대해서 말할 수 있다.	가게 이름 관련 어휘	-을까요?, -읍시다	-지만	생일
	2항	좀 큰 건 없어요?	물건의 질과 크기를 설명할 수 있다.	색 관련 어휘 형용사 3	-은[1]	ㅎ 동사	
4과 물건 사기	1항	장미꽃 좀 보여 주세요	물건 값에 대해서 말할 수 있다.	단위 명사 2	-어 주다	-어서[1]	화폐
	2항	친구가 좋아하는 꽃이에요	가게에서 원하는 물건을 살 수 있다.	선물 관련 어휘 주다, 드리다	한테, 한테서 (에게, 에게서)	-는, -은[2], -을	
5과 길 묻기	1항	6번 출구로 나가서 왼쪽으로 가세요	가고 싶은 곳으로 가는 길을 묻고 대답할 수 있다.	방향 관련 어휘	으로[2]	-어서[2]	한국의 도로명
	2항	지하철 2호선을 타야 돼요	가고 싶은 곳으로 가는 방법을 묻고 대답할 수 있다.	교통수단 관련 어휘	에서 까지	-어야 되다	

과	항	제목	학습 목표	어휘	문법1	문법2	문화
6과 교통	1항	사람이 많으니까 조심하세요	대중교통 수단에 대해 설명할 수 있다.	교통수단 이용 장소 관련 어휘	-으니까	-지 말다	서울의 대중교통
	2항	여기에서 10분밖에 안 걸려요	택시를 이용할 수 있다.	택시 이용 관련 어휘	ㄹ 동사	이나^2, 밖에	
7과 전화 번호	1항	이따가 전화할게요	전화번호를 묻고 대답할 수 있다.	전화번호 관련 어휘	-을게요	만	호칭
	2항	바로 전데요	전화를 걸어서 용건에 대해 이야기할 수 있다.	전화 관련 어휘 1	-기 때문에	-는데요	
8과 통화	1항	다니엘 씨 생일이라서 전화했어요	전화로 약속할 수 있다.	약속 관련 어휘	이라서	-고 나서	한국인의 전화 예절
	2항	지금 전화를 받지 못해요	전화로 상대방을 바꿔 달라고 말할 수 있다.	전화 관련 어휘 2	-지 못하다	-게	
9과 날씨	1항	곧 비가 오겠어요	오늘 날씨를 설명할 수 있다.	날씨 관련 어휘 1	-겠-^{2}	-네요	등산
	2항	오늘보다 따뜻할 거예요	날씨를 비교하여 말할 수 있다.	날씨 관련 어휘 2	보다	-으면서	
10과 계절	1항	저는 스키를 탈 수 있는 겨울이 좋아요	계절에 대해 말할 수 있다.	계절 관련 어휘	-는데	-을 수 있다	꽃구경과 단풍놀이
	2항	이번 여름에는 수영을 한번 배워 보세요	계절 활동에 대해 말할 수 있다.	계절 활동 관련 어휘	-고 있다	-어 보다	

Contents Map

Unit	Section	Title	Learning Objective	Vocabulary	Grammar 1	Grammar 2	Culture
Unit 1 Food	Section 1	I go to the student cafeteria often	To say which restaurant you want to go to	Going and coming, Restaurants	-습니다, -습니까?	-지요?	Korean Dining Etiquette
	Section 2	It is not spicy and a little sweet	To describe your favorite foods and tastes	Food names 1 Taste	-지 않다	ㄹ verb	
Unit 2 Restaurants	Section 1	I will eat bulgogi	To talk about your favorite food	Food names 2	-겠-[1]	-고 싶다	Table Setting
	Section 2	What would you like to eat?	To order food at a restaurant	Unit nouns 1	-으시-	-을래요?	
Unit 3 Presents	Section 1	Shall we go buy a gift?	To talk about a store that sells what you want	Store names	-을까요?, -읍시다	-지만	Birthdays
	Section 2	Is there anything bigger?	To describe the quality and size of an object	Colors Adjectives 3	-은[1]	ㅎ verb	
Unit 4 Buying Objects	Section 1	Show me some roses	To talk about the price of objects	Unit nouns 2	-어 주다	-어서[1]-	Currency
	Section 2	It's my friend's favorite flower	To buy what you want in a store	Gifts, 주다(to give), 드리다(to give, honorific)	한테, 한테서 (에게, 에게서)	-는, -은[2], -을	
Unit 5 Asking for Directions	Section 1	Take exit 6 and turn left	To ask and answer about the way to where you want to go	Directions	으로[2]	-어서[2]	Korean Street Names
	Section 2	You have to take subway line 2	To ask and answer about how to get to where you want to go	Transportation	에서 까지	-어야 되다	

Unit	Section	Title	Learning Objective	Vocabulary	Grammar 1	Grammar 2	Culture
Unit 6 Transportation	Section 1	Be careful because it's crowded	To explain the means of public transportation	Places and modes of transport	-으니까	-지 말다	Public Transportation in Seoul
	Section 2	It only takes 10 minutes from here	To use taxis	Using Taxis	르 동사	이나[2], 밖에	
Unit 7 Phone Number	Section 1	I'll call you later	To ask for and give phone numbers	Phone numbers	-을게요	만	Addressing People
	Section 2	This is she	To call and talk about your business	Phone calls 1	-기 때문에	-는데요	
Unit 8 Phone Call	Section 1	I called because it's Daniel's birthday	To make an appointment over the phone	Appointments	이라서	-고 나서	Korean Telephone Etiquette
	Section 2	He can't answer the phone right now	To ask for someone over the phone	Phone calls 2	-지 못하다	-게	
Unit 9 Weather	Section 1	It will rain soon	To explain today's weather	Weather 1	-겠-[2]	-네요	Hiking
	Section 2	It will be warmer than today	To compare weathers	Weather 2	보다	-으면서	
Unit 10 Seasons	Section 1	I like winter when I can ski	To talk about seasons	Seasons	-는데	-을 수 있다	Flower Viewing and Autumn Leaf Excursion
	Section 2	Learn to swim this summer	To talk about seasonal activities	Seasonal activities	-고 있다	-어 보다	

차 례

등장인물

파커 제임스
신문방송학 전공 3학년

미나미 리사
경제학 전공 2학년

뒤부아 엠마
한국학 전공 1학년

왕 다니엘
생물학 전공 3학년

김선희
법학 전공 대학원생

정서준
기계공학 전공 2학년

이수영
컴퓨터과학 전공 1학년

오수지
건축학 전공 3학년

박지민
경영학 전공 3학년

01 학생 식당에 자주 갑니다

Learning Objective
To say which restaurant you want to go to

Grammar
-습니다, -습니까?, -지요?

Vocabulary
Going and coming, Restaurants

MP3_1

- 엠마가 어디에 갑니까?
- 여러분은 보통 어디에서 점심을 먹습니까?

리사: 엠마 씨, 수업이 끝났지요?
엠마: 네, 이제부터 점심시간입니다.
리사: 엠마 씨는 밥을 먹으러 보통 어디에 갑니까?
엠마: 학생 식당에 자주 갑니다.
리사: 혼자 가요?
엠마: 아니요, 친구하고 가요.

이제 now 점심시간 lunch time

가다, 오다

가다

오다

나가다

들어오다

올라가다

내려오다

돌아가다

어휘 연습

1 **Write.** 쓰십시오.

보기 서준: 서준 씨가 나갑니다.

1) 리 사: ____________________.　　2) 일라이: ____________________.

3) 선 희: ____________________.　　4) 엠 마: ____________________.

5) 제임스: ____________________.　　6) 수 지: ____________________

나가다 to go out　　올라가다 to go up　　내려오다 to come down

식당

한식집

중국집

일식집

양식집

어휘 연습

2 **Match.**

연결하십시오.

보기

1)

2)

3)

❶ 한식집 ❷ 일식집 ❸ 중국집 ❹ 양식집

한식집 Korean restaurant 중국집 Chinese restaurant 일식집 Japanese restaurant
양식집 Western restaurant

-습니다/ㅂ니다, -습니까/ㅂ니까? P32

1 Write. 쓰십시오.

보기 앉아요. (앉다) → 앉습니다.

1) 먹어요. (먹다) → ____________.

2) 물어요. (묻다) → ____________.

3) 와요. (________) → ____________.

4) 써요? (________) → ____________?

5) 더워요? (________) → ____________?

6) 밑줄을 그어요. (________) → ____________.

2 Ask and answer. 묻고 대답하십시오.

보기

가: 제임스 씨가 전화합니까?

나: 네, 제임스 씨가 전화합니다.

밑줄 underline

-지요? P32

1 Write. 쓰십시오.

보기

가: 친구가 많지요?
나: 네, 많습니다.

1)

가: 크리스마스가 ____________________?
나: 네, 12월 25일입니다

2)

가: 제임스 씨가 ____________________?
나: 네, 집에 들어갔습니다.

3)

가: 제임스 씨가 ____________________?
나: 네, 음악을 자주 듣습니다.

4)

가: 한국은 겨울에 ____________________?
나: 네, 눈이 많이 옵니다

5)

가: ____________________?
나: ____________________.

눈 snow

1~3 Read and answer the questions.

읽고 질문에 답하십시오.

엠마 씨와 저는 한식을 좋아합니다.
우리는 학교 앞 한식집에 자주 갑니다.
그 한식집에 가면 불고기, 김치찌개, 된장찌개, 비빔밥이 있습니다.
김치찌개하고 비빔밥은 조금 맵습니다. 된장찌개는 안 맵습니다.
엠마 씨는 고기를 좋아합니다. 그래서 불고기를 자주 먹습니다.
저는 채소를 좋아합니다. 저는 비빔밥을 자주 먹습니다.

1 What is the passage about? ( )

무슨 이야기입니까?

① 값 ② 친구 ③ 음식 ④ 갈비탕

2 Choose the correct answer. ( )

맞는 것을 고르십시오.

① 집 근처에 한식집이 있습니다.
② 엠마 씨는 채소를 잘 먹습니다.
③ 엠마 씨는 고기를 안 좋아합니다.
④ 우리는 한국 음식을 자주 먹습니다.

3 Match correctly.

알맞게 연결하십시오.

1) 비빔밥 •	• ① 조금 맵습니다.
2) 된장찌개 •	• ② 엠마 씨가 자주 먹습니다.
3) 김치찌개 •	• ③ 안 맵습니다.
4) 불고기 •	• ④ 제가 자주 먹습니다.

4 Is there a Korean menu at your favorite restaurant? Talk about the food's name. 여러분이 자주 가는 식당에 한식 메뉴가 있습니까? 음식 이름을 말해 봅시다.

불고기 bulgogi　한식 Korean food　조금 a little　고기 meat　채소 vegetable　값 price
메뉴 menu

들어 봅시다

1~2 Listen and choose the correct answer.

듣고 맞는 답을 고르십시오.

1 (　　)

① 네, 점심시간이지요.　② 아니요, 점심시간입니다.
③ 네, 점심시간입니다.　④ 아니요, 점심에 시간이 없습니다.

2 (　　)

① 한식집　② 분식집　③ 중국집　④ 일식집

3~4 Listen and answer the question.

듣고 질문에 답하십시오.

3 **How is this restaurant? Mark all that apply with a ✓.**
이 식당이 어떻습니까? 맞는 것을 모두 골라 ✓ 하십시오.

① 메뉴가 많습니다.　② 사람이 많습니다.
③ 음식이 맛있습니다.　④ 학교 근처에 있습니다.
⑤ 음식 값이 비쌉니다.　⑥ 저는 이 식당을 좋아합니다.

4 **What is not on the menu of this restaurant? (　　)**
이 식당 메뉴에 무엇이 없습니까?

① 라면　② 떡볶이　③ 불고기　④ 샌드위치

분식집 Korean snack restaurant

5~6 Listen and answer the questions.

듣고 질문에 답하십시오.

5 **Complete the table.** 표를 완성하십시오.

이름	식당	어떻습니까?
보기 마이클	학교 근처 한식집	깨끗하다
		조용하다
① 선희		
② 제임스		

6 **Which restaurant are these people going to today?**

이 사람들이 오늘 어느 식당에 갑니까?

7 **Which restaurant do you often go to? Why? Discuss as shown in the example.** 여러분은 어느 식당에 자주 갑니까? 이유가 무엇입니까? 보기 와 같이 이야기해 봅시다.

보기

저는 집 근처 스파게티집에 자주 갑니다.
식당이 깨끗하고 주인이 친절합니다.
그 식당은 새우 로제 스파게티가 정말 맛있습니다.
그래서 그 식당에 가면 새우 로제 스파게티하고 피자를 자주 먹습니다.

스파게티집 spaghetti restaurant　주인 owner　로제 스파게티 rose spaghetti　정말 really
새우 shrimp

1 What kind of food do you like? Talk with a friend.

무슨 음식을 좋아합니까? 친구와 이야기하십시오.

질문	나	친구
점심을 보통 어디에서 먹습니까?		
왜 거기에 자주 갑니까?		
메뉴는 무엇을 자주 먹습니까?		
맛이 어떻습니까?		
후식은 무엇을 자주 먹습니까?		

2 Write the names and menus of the best restaurants near your home.

여러분 집 근처 맛집들의 이름을 쓰고 메뉴를 쓰십시오.

<우리 집 근처 맛집>

식당 이름	무슨 음식?	메뉴
보기 맥시 멕시	멕시코 음식	타코, 과콰몰리, 파히타 등

후식 dessert　타코 taco　과카몰리 guacamole　파히타 fajita

3 Write and present about your favorite restaurant as shown in the example.

좋아하는 맛집에 대해서 보기 와 같이 쓰고 발표해 봅시다.

보기

우리 학교 앞에 멕시코 식당이 하나 있습니다.
식당이 작지만 손님이 항상 많습니다. 맛집입니다.
저도 멕시코 음식을 좋아합니다. 고향에서 멕시코 음식을 자주 먹었습니다.
한국에서도 친구들하고 자주 여기에서 점심을 먹습니다.
점심을 먹고 우리는 후식을 먹으러 학교 도서관 위 커피숍에 자주 갑니다.
거기도 커피 맛집입니다. 거기에 가면 저는 따뜻한 아메리카노를 마십니다.

손님 customer　　아메리카노 americano

1과 / 음식

02 맵지 않고 조금 답니다

Learning Objective

To describe your favorite foods and tastes

Grammar

-지 않다, ㄹ 동사

Vocabulary

Food names 1, Taste

MP3_2

- 두 사람이 무엇에 대해서 이야기합니까?
- 여러분은 무슨 음식을 좋아합니까?

리사: 무슨 음식을 좋아합니까?
엠마: 저는 불고기를 좋아합니다.
리사: 불고기는 맛이 어떻습니까?
엠마: 아주 맛있습니다.
리사: 맵지 않습니까?
엠마: 네, 맵지 않고 조금 답니다. 외국인들도 잘 먹습니다.

달다 to be sweet　외국인 foreigner

음식 이름 1

한식

중국 음식

일식

양식

불고기

짜장면

초밥

스테이크

어휘 연습

1 Match.

연결하십시오.

보기 불고기 • ——————— • ❶ 한식

1) 초밥 • • ❷ 중국 음식

2) 짜장면 • • ❸ 양식

3) 스테이크 • • ❹ 일식

일식 Japanese food 양식 Western food 짜장면 black bean noodles 초밥 sushi 스테이크 steak

맛

맛있다

맛없다

맵다

달다

쓰다

시다

짜다

싱겁다

어휘 연습

2 Match the correct ones.

연결하십시오.

보기

1)

2)

3)

4)

① 맵습니다.

② 답니다.

③ 십니다.

④ 짭니다.

⑤ 씁니다.

쓰다 to be bitter 시다 to be sour 짜다 to be salty 싱겁다 to be bland

❶ -지 않다

P34

1 Write.

쓰십시오.

보기

(가다)

갑니다. ⟷ 가지 않습니다.

1) (먹다)

먹습니다. ⟷ ____________________

2) (듣다)

듣습니다. ⟷ ____________________

3) (배가 고프다)

배가 고픕니다. ⟷ ____________________

4) (시다)

십니다. ⟷ ____________________

5) (바쁘다)

바쁩니다. ⟷ ____________________

6) (숙제했다)

숙제했습니다. ⟷ ____________________

2 Complete the dialogue.

보기 와 대화를 완성하십시오.

> **보기**
> 가: 불고기가 맵습니까?
> 나: 아니요, 맵지 않습니다.

1) 가: 국이 짭니까?

나: 아니요, ______________________.

2 가: 음식이 싱겁습니까?

나: 아니요, ______________________. 맛있습니다

3) 가: 달지 않습니까?

나: 네, ______________________.

4) 가: 이 음식을 만들었습니까?

나: 아니요, ______________________.

5) 가: 커피를 마셨습니까?

나: 아니요, ______________________.

6) 가: 어제 메뉴가 매웠습니까?

나: 아니요, ______________________.

국 soup

01 ㄹ 동사 P34

1 Complete the table.

표를 완성하십시오.

	-습니다/ㅂ니다	-습니까/ㅂ니까?	-을/ㄹ 겁니다	-으세요/세요
달다	답니다			
멀다		멉니까		
길다			길 겁니다	
놀다				
살다				
열다				
알다				
팔다				
만들다				

2 Complete the sentence.

문장을 완성하십시오.

1) (달다) 아이스크림이 ______________ 습니다/ㅂ니다.

2) (팔다) 반찬 가게에서 불고기를 ______________ 습니까?/ㅂ니까?

3) (알다) 저는 한국말을 조금 ______________ 습니다/ㅂ니다.

4) (열다) 오늘은 백화점이 쉬지 않고 문을 ______________ 을/ㄹ 겁니다.

5) (만들다) 여러분이 스파게티를 직접 ______________ 으세요/세요.

6) (살다) 할머니는 미국에 ______________ 으세요/세요.

멀다 to be far　열다 to open　알다 to know　팔다 to sell

1~3 **Read and answer the questions.**

읽고 질문에 답하십시오.

1 **Where is this restaurant? Write.** 이 식당은 어디에 있습니까? 쓰십시오.

____

2 **You eat tteokbokki and mandu. How much is it in total? Write in Korean.** 떡볶이와 만두를 먹습니다. 모두 얼마입니까? 한글로 쓰십시오.

______________ 원

3 **Choose the answer that does not match what you read. (   )**

이 글과 다른 것을 고르십시오.

① 이 식당은 일요일에 엽니다.
② 이 식당은 카드도 받습니다.
③ 이 식당은 음식을 배달합니다.
④ 만두하고 치즈라면은 값이 같습니다.

4 **What did you eat yesterday? Talk about the name of restaurant, menu, and food prices.** 여러분은 어제 무엇을 먹었습니까? 식당 이름, 메뉴 이름, 음식 값을 이야기해 봅시다.

행복 happiness　김밥 kimbap　만두 mandu(dumplings)　치즈라면 cheese ramyeon
떡볶이 tteokbokki　비빔국수 spicy noodles　떡라면 ramyeon with rice cake　돈가스 pork cutlet
김치볶음밥 kimchi fried rice　배달하다 to deliver　음료수 drink　무료 free(of charge)
되다 to be accepted　받다 to accept　같다 to be the same

1 Listen and match the correct picture.

듣고 알맞은 그림을 연결하십시오.

1) • 2) • 3) • 4) •

• ① • ② • ③ • ④

2~3 Listen and answer the questions.

듣고 질문에 답하십시오.

2 What is this about? (　　)

무슨 이야기입니까?

① 중국 음식　② 양식　③ 한식　④ 일식

3 Match.

연결하십시오.

① 불고기 •　　• 달다
② 고추 •　　• 싱겁다
③ 김치 •　　• 시다
④ 식혜 •　　• 맵다
　　• 시원하다

오렌지 orange　삼계탕 samgyetang(chicken soup with ginseng)　국물 soup broth
몸에 좋다 to be good for health　간장 soy sauce　고추 pepper
식혜 sikhye(Korean sweet rice beverage)　시원하다 to be cool

4~5 Listen and answer the questions.

듣고 질문에 답하십시오.

4 **What is the name of this food? (   )**

이 음식 이름이 무엇입니까?

① 쌈장 ② 간장 ③ 된장 ④ 간장게장

5 **Choose the answer that does not match what you heard. (   )**

들은 내용과 다른 것을 고르십시오.

① 이 음식은 값이 쌉니다.

② 이 음식은 한국 음식입니다.

③ 이 음식은 6월에 맛있습니다.

④ 이 음식은 학교 앞 식당에서 팝니다.

간장게장 ganjang-gejang(soy sauce marinated crab) 서비스 complimentary service
반찬 side dishes 섞다 to mix 쌈장 ssamjang(Korean dipping sauce for lettuce or ssam)
된장 doenjang(Korean soybean paste)

6 Write the name and taste of the food from your hometown.

여러분 고향의 음식 이름과 맛을 쓰십시오.

음식 이름	맛
보기 카레	조금 맵지만 맛있습니다.

카레 curry

1 Ask and answer questions about Korean food with a friend.

친구와 한식에 대해서 묻고 대답하십시오.

[한식을 좋아합니까?]

네, 좋아합니다.

1) 무슨 음식을 좋아합니까?
2) 맛이 어떻습니까?

아니요, 좋아하지 않습니다.

3) 왜 좋아하지 않습니까?
4) 그럼 무슨 음식을 좋아합니까?
5) 그 음식은 맛이 어떻습니까?

2 Write and present about the food your friend likes.

친구가 좋아하는 음식에 대해서 쓰고 발표해 봅시다.

<친구가 좋아하는 음식>

문화

한국인의 식사 예절

한국인과 식사를 할 때에는 지켜야 하는 예절이 있습니다.

식사를 하기 전에 "**잘 먹겠습니다.**"라고 인사를 하고 밥을 먹습니다.

다 먹은 후에는 "**잘 먹었습니다.**"라고 인사를 합니다.

윗사람과 함께 밥을 먹을 때에는 윗사람이 먼저 식사를 시작한 후에 수저를 듭니다.

윗사람이 잔에 술을 따라 주실 때에는 술잔을 양손으로 잡고 술을 받습니다.

윗사람 앞에서 술을 마실 때에는 몸을 약간 돌려서 마십니다.

윗사람에게 물이나 술을 따라 드릴 때에도 병을 양손으로 잡고 공손히 따라 드립니다.

2과 식당

01 저는 불고기를 먹겠습니다

Learning Objective

To talk about your favorite food

Grammar

-겠-[1], -고 싶다

Vocabulary

Food names 2

MP3_3

- 두 사람이 어디에서 이야기합니까?
- 여러분은 한국 음식을 좋아합니까? 무슨 음식을 제일 좋아합니까?

리사: 이 식당은 무슨 음식이 맛있어요?
엠마: 불고기가 아주 맛있어요.
리사: 냉면은 어때요? 저는 냉면을 먹고 싶어요.
엠마: 냉면도 맛있어요.
리사: 그럼 저는 냉면을 먹겠습니다.
엠마: 저는 불고기를 먹겠습니다.

아주 very 냉면 naengmyeon(cold noodle)

음식 이름 2

비빔밥

갈비

삼겹살

김치찌개

된장찌개

순두부찌개

닭갈비

삼계탕

갈비탕

냉면

칼국수

라면

김밥

떡볶이

잡채

삼겹살 samgyeopsal　순두부찌개 soft tofu stew　닭갈비 spicy stir-fried chicken
갈비탕 galbitang(short rib soup)　칼국수 kalguksu(handmade choppd noodles)　잡채 japchae

어휘 연습

1 What are they eating? Look at the picture and write.

무엇을 먹습니까? 그림을 보고 쓰십시오.

아침

점심

저녁

아침: 보기 밥 , ____________

점심: ____________ , ____________

저녁: ____________ , ____________

2 What Korean food do you often eat? Write.

여러분은 무슨 한국 음식을 자주 먹습니까? 쓰십시오.

____

-겠-[1]

P35

1 Write. 쓰십시오.

보기
운동을 하다 → 운동을 하겠습니다.

1) 열심히 공부하다 → ______________________

2) 학교에 다녀오다 → ______________________

3) 자전거를 타러 가다 → ______________________

2 Answer. 대답하십시오.

보기
가: 어디에 가겠습니까?
나: 설악산에 가겠습니다.

1) 가: 언제 여행하겠습니까?

나: ______________________

2) 가: 무엇을 먹겠습니까?

나: ______________________

3) 가: 누구하고 같이 가겠습니까?

나: ______________________

설악산 Seoraksan Mountain

01 -고 싶다

P36

1 **What do you want to do? Write as shown in the example.**

무엇을 하고 싶습니까? 쓰십시오.

보기 친구를 만나다 → 친구를 만나고 싶습니다.

1) 동해에 가다 → ____________________

2) 냉면을 먹다 → ____________________

3) 경제학을 공부하다 → ____________________

2 **What do you want to do? Make a sentence.**

무엇을 하고 싶습니까? 문장을 만드십시오.

보기 저는 김밥을 먹고 싶습니다

1) 저는 ____________________ .

2) 저는 ____________________ .

3) 저는 ____________________ .

4) 저는 ____________________ .

5) 저는 ____________________ .

동해 East Sea

1~3 Read and answer the questions.

읽고 질문에 답하십시오.

오늘 친구들이 우리 집에 밥을 먹으러 옵니다.
저와 친구들은 한식을 좋아합니다.
그래서 저는 한국 음식을 몇 가지 만들겠습니다.
반찬도 여러 가지 만들고 한국 차도 준비하고 싶습니다.
친구들은 모두 불고기를 좋아합니다.
저는 된장찌개를 아주 좋아합니다.
그래서 불고기와 된장찌개를 만들 것입니다
친구들이 집에 오면 같이 먹겠습니다.

1 **Why does this person cook Korean food? Write.**
왜 한식을 만듭니까? 쓰십시오.

2 **Choose the answer that does not match what you read. ( )**
이 글과 다른 것을 고르십시오.

① 나는 한식을 만듭니다.
② 한국 차는 친구들이 준비합니다.
③ 나는 여러 가지 반찬을 만듭니다.
④ 친구들이 오늘 우리 집에서 식사합니다.

여러 가지 various 준비하다 to prepare 맛있게 deliciously

3 What kind of food do you and your friends like? Write.

나와 친구들은 무슨 음식을 좋아합니까? 쓰십시오.

나: ______________________________

친구들: ______________________________

4 Choose your favorite food from the following options and discuss as shown in the example.

다음 중에서 좋아하는 음식을 골라서 보기 와 같이 이야기해 봅시다.

보기

저는 불고기를 좋아합니다.
불고기는 맵지 않습니다. 맛있습니다.
학생식당에 자주 먹으러 갑니다.

1~2 Listen and choose the correct answer.

듣고 맞는 답을 고르십시오.

1 (   )

① 네, 내일까지 하세요.
② 네, 내일까지 하겠습니다.
③ 아니요, 내일까지 하겠습니다.
④ 아니요, 내일까지 하고 싶습니다.

2 (   )

① 고향에 가고 싶어요.
② 고향에 가고 싶지요?
③ 고향 친구를 만나고 싶어요.
④ 고향에 가면 친구를 만나요.

3~4 Listen and answer the questions.

듣고 질문에 답하십시오.

제일 firstly

3 **What food are they talking about? Write.**
무슨 음식을 이야기합니까? 쓰십시오.

---

4 **Listen and choose the correct answer. (　　)**
듣고 맞는 것을 고르십시오.

① 이 음식은 맵습니다.
② 여자는 이 음식을 좋아합니다.
③ 남자는 이 음식을 자주 먹었습니다.
④ 외국 사람들은 이 음식을 좋아하지 않습니다.

5~6 **Listen and answer the questions.**
듣고 질문에 답하십시오.

5 **Choose the answer that does not match what you heard. (　　)**
들은 내용과 다른 것을 고르십시오.

① 리사 씨는 지금 요리합니다.
② 불고기는 좀 달고 맵습니다.
③ 리사 씨는 불고기를 좋아합니다.
④ 제임스 씨는 지금까지 불고기를 안 먹었습니다.

6 **What will the two people do after the conversation ends? Write.**
두 사람은 대화가 끝나면 무엇을 하겠습니까? 쓰십시오.

---

7 **Among the food in your hometown, which do you like the most? Talk about it.** 여러분은 고향 음식 중에서 무슨 음식을 제일 좋아합니까? 이야기해 봅시다.

요리 dishes　방법 method

1 **What does your friend want to do at his or her birthday party?**
친구는 생일 파티에서 무엇을 하고 싶어 합니까?

보기

친구 이름: 다니엘
– 케이크를 먹고 싶어 합니다.
– 노래를 하고 싶어 합니다.
– 꽃을 선물하고 싶어 합니다.

친구 이름: (   )
-
-
-

2 **We will have a birthday party for a friend in our class tomorrow. What will you prepare?** 내일 우리 반 친구 생일 파티를 할 거예요. 여러분은 무엇을 준비하겠습니까?

보기

– 저는 케이크를 만들겠습니다.
– 저는 음악을 준비하겠습니다.
– 저는 꽃을 사겠습니다.

-
-
-

3 **How will you prepare for your friend's birthday party? Talk about it.**
친구 생일 파티를 어떻게 준비하겠습니까? 이야기해 봅시다.

보기

엠　마: 내일 수지 씨 생일 파티를 할 거예요.
다니엘: 그래요? 저도 생일 파티에 가고 싶어요.
엠　마: 다니엘 씨는 파티에서 무엇을 하고 싶으세요?
다니엘: 저는 케이크를 먹고 싶어요.
엠　마: 저는 케이크를 잘 만듭니다. 제가 케이크를 만들겠습니다.
다니엘: 저는 파티에서 노래도 하고 싶어요.
엠　마: 그럼 다니엘 씨가 음악을 준비하겠습니까?
다니엘: 네, 그렇게 하겠습니다. 그리고 수지 씨가 꽃을 선물 받고 싶어 해요.
그래서 꽃을 선물하고 싶어요. 학교 근처에 꽃집이 있어요?
엠　마: 우리 집 근처에 꽃집이 있어요. 제가 꽃을 사겠습니다.
선물은 같이 사러 가겠습니까?
다니엘: 네, 내일 제가 엠마 씨 집 근처에 가겠습니다.

케이크 cake

2과 식당

02 뭘 드시겠습니까?

Learning Objective

To order food at a restaurant

Grammar

-으시-, -을래요?

Vocabulary

Unit nouns 1

MP3_4

- 두 사람은 무엇을 먹고 싶어합니까?
- 여러분은 식당에서 어떻게 주문합니까?

엠　마: 여기요.
종업원: 네, 뭘 드시겠습니까?
리　사: 저는 불고기 일 인분 주세요. 엠마 씨도 불고기를 먹을래요?
엠　마: 아니요, 저는 비빔밥을 먹겠습니다.
종업원: 그럼 불고기 일 인분하고 비빔밥 하나 주문하시겠습니까?
리　사: 네. 그리고 여기 물도 주세요.

여기요 here(Excuse me)　종업원 restaurant employee　주다 to give　주문하다 to order

단위 명사 1

개	잔	병	그릇	인분
한 개	한 잔	한 병	한 그릇	일 인분
두 개	두 잔	두 병	두 그릇	이 인분
세 개	세 잔	세 병	세 그릇	삼 인분
네 개	네 잔	네 병	네 그릇	사 인분
다섯 개	다섯 잔	다섯 병	다섯 그릇	오 인분
여섯 개	여섯 잔	여섯 병	여섯 그릇	육 인분
일곱 개	일곱 잔	일곱 병	일곱 그릇	칠 인분
여덟 개	여덟 잔	여덟 병	여덟 그릇	팔 인분
아홉 개	아홉 잔	아홉 병	아홉 그릇	구 인분
열 개	열 잔	열 병	열 그릇	십 인분

어휘 연습

1 Look at the picture and write. 그림을 보고 쓰십시오.

보기 물 다섯 잔

1) 소주 ________ ________

2) 비빔밥 ________ ________

3) 사과 ________ ________

잔 cup, glass 병 bottle 그릇 bowl 인분 number of servings 소주 soju 사과 apple

-으시/시-

P38

1 **Make a sentence.** 문장을 만드십시오.

보기 동생이 학교에 갑니다. → 아버지께서 회사에 가십니다.

1) 제 친구가 한식을 좋아합니다. → 할머니께서 ____________________

2) 동생이 미국에 삽니다. → 부모님께서 ____________________

3) 리사 씨, 무슨 음식을 먹겠습니까? → 손님, ____________________

2 **Write the answer.** 대답을 쓰십시오.

보기

가: 어제 어머니께서 무엇을 하셨습니까?
나: 어머니께서 케이크를 만드셨습니다.

1)

가: 할아버지께서 무엇을 하십니까?
나: ____________________.

2)

가: 할머니께서 내일 무엇을 하실 거예요?
나: ____________________.

손님 sir, ma'am

3) 

가: 이 선생님께서 무엇을 가르치십니까?

나: ______________________________.

4) 

가: ______________________________?

나: 저는 ______________________________.

-을래요/ㄹ래요?

1 Make a sentence.

문장을 만드십시오.

> **보기**
>
> 저는 불고기를 먹을 거예요.
>
> 리사 씨도 불고기를 드실래요? ~~을래요/ㄹ래요?~~

1) 저는 떡볶이를 만들고 싶어요.

   엠마 씨도 떡볶이를 같이 ______________ 을래요/ㄹ래요?

2) 오늘 날씨가 좋아요.

   산책을 ______________ 을래요/ㄹ래요?

3) 저는 커피를 마실 거예요.

   제임스 씨는 무엇을 ______________ 을래요/ㄹ래요?

2 Write the answer.

대답을 쓰십시오.

보기

가: 배가 고파요.
나: 밥 먹으러 갈래요?

1)

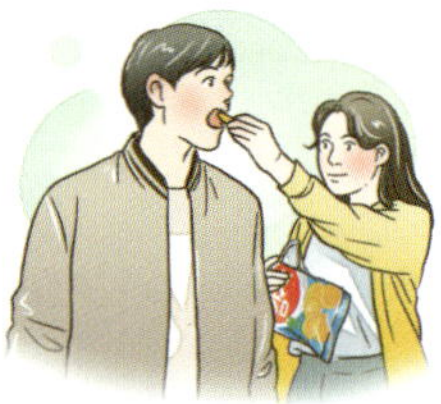

가: 그 과자가 맛있어요?

나: 네. ______________________________?

2)

가: 오늘 5시에 회의가 있어요.

나: ______________________________?

3)

가: 이 커피숍은 시끄러워요.

나: ______________________________?

4) 가: 머리가 아파요.

나: ______________________________?

1~3 Read and answer the questions.

읽고 질문에 답하십시오.

저는 한식을 먹고 싶으면 친구와 같이 이 한식집에 자주 옵니다.
이 한식집은 아주 깨끗하고 조용합니다.
그리고 아주머니도 친절하십니다.
저와 제 친구는 김치찌개를 아주 좋아합니다.
그래서 여기에 오면 언제나 김치찌개를 먹습니다.
오늘도 우리는 김치찌개를 시킵니다.
"여기요, 여기 김치찌개 이 인분 주세요."
김치찌개는 좀 맵습니다. 하지만 참 맛있습니다.

1 How is the owner of this Korean restaurant? Write.

이 한식집 아주머니가 어때요? 쓰십시오.

2 Read and choose the correct answer.

읽고 맞는 것을 고르십시오. (　　)

① 김치찌개 일 인분을 시켰습니다.
② 나는 혼자 한식집에 자주 갑니다.
③ 김치찌개는 맵지 않고 맛있습니다.
④ 나와 친구는 김치찌개를 아주 좋아합니다.

3 Two people are ordering Kimchi stew. How do they say it?

두 사람이 김치찌개를 주문합니다. 어떻게 말합니까?

아주머니 middle aged lady　언제나 all the time, every time　시키다 to order　참 very

4 Look at the following advertisement and order as shown in the example.

다음 광고를 보고 보기 와 같이 주문해 봅시다.

보기 여기요, 프라이드 치킨 한 마리하고 음료수 한 병 주세요.

1) ______________________________

2) ______________________________

3) ______________________________

프라이드 치킨 fried chicken 양념 치킨 seasoned spicy chicken 콜라 cola 사이다 cider, sprite
짬뽕 jjamppong(spicy seafood noodle soup) 탕수육 sweet and sour pork
마리 counting unit for animals

1~2 Listen and choose the correct answer.

듣고 맞는 답을 고르십시오.

1 (　　)

❶ 신문을 읽겠습니다.
❷ 신문을 읽으십니다.
❸ 신문을 읽으셨습니다.
❹ 신문을 읽으실 거예요.

2 (　　)

❶ 네, 배가 고파요.
❷ 네, 이 빵 좀 먹을래요?
❸ 아니요, 과자를 드셨어요.
❹ 아니요, 배가 고프지 않아요.

3~4 Listen and answer the questions.

듣고 질문에 답하십시오.

3 **Where are the two people? (　　)**

두 사람은 어디에 있습니까?

❶ 한식집
❷ 중국집
❸ 분식집
❹ 일식집

4 **What did the two people order? (　　,　　)**

두 사람이 주문한 것은 무엇입니까?

❶ 김밥 한 줄
❷ 김밥 두 줄
❸ 떡볶이 일 인분
❹ 떡볶이 이 인분

줄 counting unit for items cut or stretched by length

5~6 Listen and answer the questions.

듣고 질문에 답하십시오.

5 What restaurant are these people in?

이 사람들은 무슨 식당에 있습니까?

대화	식당
1	
2	
3	

6 Listen and complete the table.

듣고 표를 완성하십시오.

대화	무엇을 주문했습니까?	얼마나 시켰습니까?
1		두 그릇
2	피자, 스파게티	
3		

7 Which restaurant would you like to go to? What food would you order? Talk about it.

여러분은 어느 식당에 가고 싶습니까? 무슨 음식을 주문하겠습니까? 이야기해 봅시다.

판 counting unit for food of full size before cutting

1 What restaurant do you want to go to with your friend? Talk with a friend.

친구하고 같이 가고 싶은 식당이 어디예요? 친구하고 이야기해 봅시다.

냉면	8,000원
불고기	15,000원
갈비탕	10,000원
비빔밥	7,000원
갈비	20,000원
콜라	2,000원
사이다	2,000원
맥주	5,000원

피자	25,000원
스파게티	15,000원
라자냐	18,000원
스테이크	35,000원
오렌지 주스	3,000원
콜라	2,000원
사이다	2,000원
와인	10,000원

자장면	10,000원
짬뽕	10,000원
볶음밥	13,000원
탕수육	18,000원
만두	6,000원
콜라	2,000원
사이다	2,000원
물	1,000원

2 What would you order at the restaurant? Talk with a friend and write the answers.

식당에서 무엇을 주문하겠습니까? 친구와 이야기하고 대답을 써 봅시다.

보기

나 – 갈비 일 인분
– 사이다 한 잔

친구 – 갈비 일 인분, 냉면 한 그릇
– 사이다 한 잔

나 - ______________________

- ______________________

친구 - ______________________

- ______________________

맥주 beer　라자냐 lasagna　와인 wine

3 Order food at a restaurant as shown in the example.

식당에 가서 보기 와 같이 음식을 주문해 봅시다.

보기

서　준: 제임스 씨, 저는 갈비를 먹고 싶어요. 제임스 씨도 갈비를 먹을래요?

제임스: 좋아요. 저도 갈비를 좋아해요. 그리고 냉면도 먹고 싶어요.

서　준: 음료수는 무엇을 마실래요? 저는 사이다를 마실 거예요.

제임스: 저도 사이다를 마시겠습니다.

제임스: 여기요.

종업원: 네, 뭘 드시겠습니까?

제임스: 갈비 이 인분하고 냉면 한 그릇 주세요.

종업원: 네, 갈비 이 인분하고 냉면 한 그릇이요.

제임스: 그리고 사이다 두 잔도 주세요.

종업원: 네, 알겠습니다.

문화

상차림

한국 음식은 주로 밥과 국, 그리고 찌개, 반찬으로 이루어져 있습니다. 밥과 국은 각자 먹지만 찌개나 반찬은 여러 사람과 나누어 먹습니다. 식당에서 음식을 주문하면 '반찬'이 보통 3~4가지 나옵니다. 지방에 따라서 '반찬'이 10가지 이상 나오는 곳도 있습니다. '반찬'은 손님이 원하면 무료로 더 먹을 수 있습니다.

3과 선물

01 선물을 사러 갈까요?

Learning Objective

To talk about a store that sells what you want

Grammar

-을까요?, -읍시다, -지만

Vocabulary

Store names

MP3_5

- 오늘이 무슨 날입니까?
- 여러분은 지난 생일에 무슨 선물을 받았습니까?

엠　마: 리사 씨의 생일 선물을 사러 갈까요?
다니엘: 그럽시다. 뭘 살까요?
엠　마: 장미꽃과 케이크를 삽시다.
다니엘: 학교 앞에 꽃 가게가 있지요?
엠　마: 네, 꽃 가게가 있지만 그 가게 꽃은 좀 비싸요.
다니엘: 그럼 꽃은 리사 씨 집 근처에서 삽시다.

선물 present　장미꽃 rose　꽃 가게 flower shop

가게 이름

꽃 가게

옷 가게

빵 가게

과일 가게

서점

문방구

편의점

시장

백화점

슈퍼마켓

어휘 연습

1 Match.

연결하십시오.

보기	장미꽃 •	• ① 편의점
1)	바지 •	• ② 옷 가게
2)	연필 •	• ③ 서점
3)	잡지 •	• ④ 빵 가게
4)	케이크 •	• ⑤ 꽃 가게
5)	맥주 •	• ⑥ 문방구

옷 가게 clothing store 빵 가게 bakery 과일 가게 fruit store 문방구 stationery store
시장 market 슈퍼마켓 supermarket 바지 pants

-을까요/ㄹ까요?, -읍시다/ㅂ시다

P40~41

1 Complete the table.

표를 완성하십시오.

	-을까요/ㄹ까요?	-읍시다/ㅂ시다
보기 가다	갈까요?	갑시다
먹다		
묻다		
긋다		
살다		
입다		

2 Ask and answer as shown in the example.

보기 와 같이 묻고 대답하십시오.

보기

선희: 리사 씨의 생일 선물을 사러 갈까요?

엠마: 네, 같이 사러 갑시다.

선희: 무엇을 (사러 가다) 1) ________________ ?

엠마: 봄옷을 (보러 가다) 2) ________________ .

선희: 서점에서 책도 한 권 (사다) 3) ________________ ?

엠마: 좋아요, 그럽시다.

봄옷 clothing for spring season

선희: 참, 리사 씨가 꽃을 좋아합니다. 꽃도 (준비하다) **4)** ______________________?

엠마: 네, 꽃도 삽시다.

선희: 그럼 어디에서 (쇼핑하다) **5)** ______________________?

엠마: 학교 앞 시장에 (가다) **6)** ______________________.

그 시장에는 없는 것이 없습니다.

02 -지만

P41

1 Make it into one sentence.

한 문장으로 만드십시오.

> **보기**
>
> 한국어 공부가 어렵습니다. 그렇지만 재미있습니다.
>
> → 한국어 공부가 어렵지만 재미있습니다.

1) 갈비찜이 맛있습니다. 그렇지만 비쌉니다.

→ ______________________

2) 약이 씁니다. 그렇지만 몸에 좋습니다.

→ ______________________

3) 파티에 가고 싶습니다. 그렇지만 내일 시험이 있습니다.

→ ______________________

4) 전공 공부가 어렵습니다. 그렇지만 재미있습니다.

→ ______________________

쇼핑하다 to shop   갈비찜 galbijjim(braised short rips)

2 Choose two appropriate phrases each to complete the dialogue as shown in the example.

알맞은 말을 두 개씩 골라 보기 와 같이 대화를 완성하십시오.

보기

가: 그 친구를 자주 만나요?
나: 전화는 많이 하지만 자주 못 만나요.

싸다 맛있다 맵다 예쁘다 작다 적다
길다 재미있다 배가 고프다 비싸다 먹다 좋아하다

1) 가: 떡볶이 맛이 어때요?

나: ________________ 지만 ________________

2) 가: 이 옷이 어때요? 예뻐요?

나: ________________ 지만 ________________

3) 가: 이 케이크가 어때요?

나: ________________ 지만 ________________

4 가: 식사하셨어요?

나: ________________ 지만 ________________

싸다 to be cheap 비싸다 to be expensive 길다 to be long

1~3 Read and answer the questions.

읽고 질문에 답하십시오.

내일 남자 친구 생일 파티를 합니다.
생일은 다음 주이지만 생일 파티는 내일 할 것입니다.
그래서 오늘 생일 선물을 사러 가겠습니다.
그리고 내일 생일 선물을 주겠습니다.
저는 책 읽기를 좋아하지 않지만 남자 친구는 음악 감상과 책 읽기를 좋아합니다.
저는 소설책과 엘피판을 남자 친구에게 주고 싶습니다.
학교 근처 선물 가게에서 엘피판을 사겠습니다.
그 가게는 물건도 많고 값도 비싸지 않습니다.
선물 가게 옆에 서점이 있습니다.
저는 서점에서 소설책도 한 권 사겠습니다.

1 **What will this person buy?**
무엇을 사겠습니까?

2 **Read and choose the correct answer. (   )**
읽고 맞는 것을 고르십시오.

① 남자 친구 생일이 내일입니다.
② 남자 친구는 음악을 좋아합니다.
③ 학교 근처 선물 가게는 물건이 비쌉니다.
④ 학교 근처 선물 가게 안에 서점이 있습니다.

음악 감상 listening to music　　엘피판 LP record

3 Read the text above and complete the following sentence.

위 글을 읽고 다음 문장을 완성하십시오.

1) 내 남자 친구 생일은 ______________________________.

2) 오늘 나는 ______________ 으러/러 ______________________.

3) 남자 친구의 취미는 ______________________________.

4) 학교 근처 선물 가게는 ______________________________.

내일 생일 선물을 주러 가겠습니다.

4 What did you receive on your birthday? Talk about birthday presents.

여러분은 생일에 무엇을 받았습니까? 생일 선물에 대해서 말해 봅시다.

취미 hobby

1~2 Listen and choose the correct answer.

듣고 맞는 답을 고르십시오.

1 (　　)

① 백화점에 갑시다.
② 네, 시장에 갑니다.
③ 네, 어디에 갈까요?
④ 좋아요, 거기에 갑시다.

2 (　　)

① 꽃을 사요.
② 꽃을 샀어요.
③ 장미꽃을 삽니다.
④ 좀 비싸지만 장미꽃을 삽니다.

3~4 Listen and answer the questions.

듣고 질문에 답하십시오.

3 **Where are they going? (　　)**

어디에 갑니까?

① 생일 선물을 사러 갑니다.
② 엠마 씨를 만나러 갑니다.
③ 학교 근처 백화점에 갑니다.
④ 생일 케이크를 사러 갑니다.

4 **When is Emma's birthday? Write in Korean.**

엠마 씨 생일이 언제입니까? 한글로 쓰십시오.

5~7 Listen and answer the questions.

듣고 질문에 답하십시오.

5 **What do they buy?**

무엇을 삽니까?

6 **Choose the place the two people want to go and the reason for it from the table.** 두 사람이 가고 싶어 하는 곳과 이유를 아래에서 골라 쓰십시오.

가고 싶어 하는 곳	백화점	시장	과일 가게	슈퍼마켓	편의점
이유	값이 싸다 양이 많다	비싸다 질이 좋다	주인이 좋다 종류가 많다		

	가고 싶어 하는 곳	이유
❶ 제임스		ㄱ.
		ㄴ. 값이 싸다.
		ㄷ. 양이 많다.
		ㄹ.
❷ 엠마		

7 **Where are these two people going to buy things?**

이 두 사람은 어디에서 물건을 살까요?

8 **Do you want to go shopping in Korea? Talk about where and what you want to buy.** 한국에서 쇼핑을 하고 싶습니까? 어디에서 무엇을 사고 싶은지 이야기해 봅시다.

곳 place 양 quantity 질 quality 종류 kind

1 **Is there a store near your home in your hometown and in Korea? Write the name of the store and talk about the products in those stores.**

여러분의 고향 집 근처와 한국 집 근처에 가게가 있습니까? 가게 이름을 쓰고 그 가게의 물건에 대해서 이야기해 봅시다.

<고향 집 근처 가게>

가게 이름	무슨 물건을 팔아요?	물건이 어때요?

<한국 우리 집 근처 가게>

가게 이름	무슨 물건을 팔아요?	물건이 어때요?

2 **Talk about the shopping places you frequently visit and the reasons for going there as shown in the example.**

여러분이 자주 가는 쇼핑 장소와 그곳에 가는 이유를 보기 와 같이 이야기하십시오.

보기

저는 강남역 근처 문구점에 자주 갑니다.
집에서 멀지만 귀여운 디자인의 물건이 많고 값도 비싸지 않습니다.
지난주에는 그 문구점에서 가위와 연필 세트를 샀습니다.
제가 좋아하는 캐릭터 그림이 있었습니다.
세트는 조금 비쌌지만 샀습니다.
날마다 필통에 넣고 다닙니다.

3과 선물

02 좀 큰 건 없어요?

Learning Objective

To describe the quality and size of an object

Grammar

-은[1], ㅎ 동사

Vocabulary

Colors, Adjectives 3

MP3_6

- 여기가 어디입니까?
- 여러분은 어떤 케이크를 좋아합니까?

엠마: 초콜릿 케이크 있어요?
점원: 네, 여기 있습니다.
엠마: 좀 큰 건 없어요?
점원: 이 딸기 생크림 케이크는 어때요?
엠마: 좋지만 좀 작아요. 다른 건 없어요?
점원: 그럼 이 치즈 케이크를 사세요. 우리 빵집에서 인기 있는 대표 메뉴예요.

초콜릿 chocolate　딸기 strawberry　생크림 fresh cream　빵집 bakery　인기가 있다 to be popular
대표 메뉴 signature menu

색

빨간색

파란색

노란색

하얀색

까만색/검은색

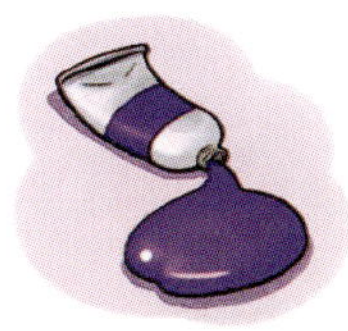
보라색

초록색

하늘색

분홍색

회색

어휘 연습

1 Write as shown in the example. 보기와 같이 쓰십시오.

보기 초록색 가방

1)

2)

3)

4)

5)

빨간색 res color　파란색 blue color　노란색 yellow color　하얀색 white color
까만색/검은색 black color　보라색 purple color　초록색 green color　하늘색 sky blue color
분홍색 pink color　회색 grey color

형용사 3

길다

짧다

튼튼하다

약하다

두껍다

얇다

무겁다

가볍다

비싸다

싸다

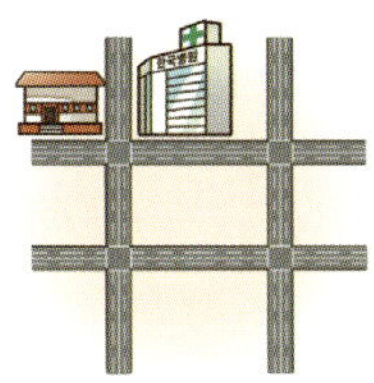
가깝다

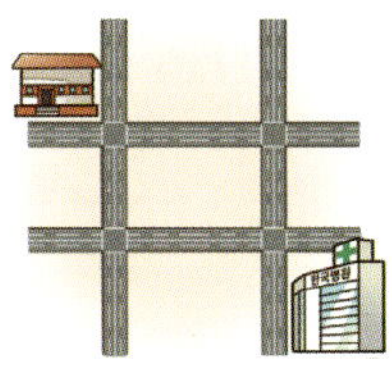
멀다

굵다

가늘다

같다

다르다

짧다 to be short　튼튼하다 to be strong(sturdy)　약하다 to be weak　두껍다 to be thick(heavy)
얇다 to be thin　무겁다 to be heavy　가볍다 to be light　굵다 to be thick(big)
가늘다 to be thin(slender)　다르다 to be different

어휘 연습

2 Match.

연결하십시오.

보기 가늘다　　1) 다르다　　2) 무겁다　　3) 두껍다　　4) 튼튼하다

❶ ❷ ❸ ❹ ❺

-은/ㄴ[1]

P43

1 Write.

쓰십시오.

보기
시계가 비쌉니다. → 비싼 시계

1) 꽃이 예쁩니다 → ____________
2) 딸기가 답니다. → ____________
3) 날씨가 덥습니다. → ____________
4) 머리가 깁니다. → ____________
5) 영화가 재미있습니다. → ____________
6) 기분이 좋지 않습니다. → ____________

3 Complete the dialogue as shown in the example.

보기 와 같이 대화를 완성하십시오.

보기
사람 → 가: 어떤 사람이 좋아요?
나: 친절하고 상냥한 사람이 좋아요

1) 음식 → 가: ____________?
나: ____________.

2) 가방 → 가: ____________?
나: ____________.

머리 hair　상냥하다 to be kind

3) 자동차 → 가: ______________________________?

나: ______________________________.

4) 집 → 가: ______________________________?

나: ______________________________.

5) 음악 → 가: ______________________________?

나: ______________________________.

6) 영화 → 가: ______________________________?

나: ______________________________.

02 ㅎ 동사

P43

1 Complete the table.

표를 완성하십시오.

	-습니까/ㅂ니까?	-어요/아요/여요	-은/ㄴ
어떻다	어떻습니까?		
빨갛다		빨개요	
파랗다			
노랗다			
까맣다			
하얗다			하얀

자동차 car　빨갛다 to be red　파랗다 to be blue　노랗다 to be yellow　까맣다 to be black
하얗다 to be white

2 Ask and answer as shown in the example.

보기 와 같이 묻고 대답하십시오.

점원: 어서 오십시오.

손님: 보기 하얀~~은/ㄴ~~색 바지가 있어요? (하얗다)

점원: 여기 있습니다.

손님: 1) ____________ 은/ㄴ색 티셔츠도 있어요? (빨갛다)

점원: 아니요, 2) ____________ 은/ㄴ색이 있어요. (노랗다)

손님: 색이 마음에 들지 않아요.

점원: 아, 3) ____________ 어요/아요/여요? (그렇다)

그럼 이 4) ____________ 은/ㄴ색(까맣다) 티셔츠는

5) ____________ 어요/아요/여요? (어떻다)

손님: 네. 좋아요.

1~3 Read and answer the questions.

읽고 질문에 답하십시오.

저는 수업이 끝나고 선물을 사러 갔습니다.
"저, 외국 사람들에게 인기 있는 한국 노래 엘피판 좀 보여 주세요."
"이게 어때요? 요즘 인기 있는 노래도 있어요."
그 앨범에는 쉬운 노래가 많았습니다.
저는 그 엘피판을 샀습니다.
그리고 가게 옆에 있는 서점에도 갔습니다.
서점에는 사람이 많았습니다.
여기저기 사고 싶은 책도 많았습니다.
저는 쉽고 재미있는 소설책을 한 권 샀습니다.

1 **When did this person go to buy a gift?**

언제 선물을 사러 갔습니까?

2 **What LP record did this person want to buy?**

이 사람은 어떤 엘피판을 찾았습니까?

3 **Choose the correct answer. (　　)**

맞는 것을 고르십시오.

① 이 사람은 외국 가수의 앨범을 샀습니다.
② 이 엘피판에는 쉬운 한국 노래가 많았습니다.
③ 이 사람은 집 근처 서점에서 엘피판을 샀습니다.
④ 이 사람은 쉬운 소설책과 재미있는 소설책을 샀습니다.

4 **How do you listen to the songs you want to hear? Talk about it.**

여러분은 듣고 싶은 노래를 어떻게 듣습니까? 이야기해 봅시다.

외국 foreign　이게(이것이) this　앨범 album　여기저기 here and there

과제 2 들어 봅시다

1~2 Listen and choose the correct answer.

듣고 맞는 답을 고르십시오.

1 (   )

① 작은 지갑이 어때요? ② 비싼 선물을 샀습니다.

③ 파란 티셔츠가 있습니다. ④ 저는 하얀색을 좋아합니다.

2 (   )

①  ②  ③  ④ 

3~5 Listen and answer the questions.

듣고 질문에 답하십시오.

3 **Where is this place? (   )** 여기는 어디입니까?

① 옷 가게 ② 꽃 가게 ③ 가방 가게 ④ 구두 가게

4 **What kind of bags did the owner and this person choose? Write.**

주인이 고른 가방과 이 사람이 고른 가방은 어떤 가방입니까? 쓰십시오.

크다 작다 가볍다 튼튼하다 예쁘다 크다 주머니가 많다 비싸다

주인	______________ 은/ㄴ 가방
손님	______________ 은/ㄴ 가방

5 **Why didn't the customer buy a bag? Write.** 손님은 왜 가방을 사지 않았습니까? 쓰십시오.

____

6~8 Listen and answer the questions.

듣고 질문에 답하십시오

6 **What is the story about? (   )**

무엇에 대한 이야기입니까?

① 선물　　② 여행　　③ 쇼핑　　④ 고향

7 **Choose the answer that does not match what you heard. (   )**

들은 내용과 다른 것을 고르십시오.

① 이태원에 오랜만에 갔습니다.
② 이태원은 집에서 멀지 않습니다.
③ 이태원은 옷의 질이 좋고 값도 비싸지 않습니다.
④ 이태원은 옷 사이즈도 많고 디자인도 다양합니다.

8 **What did this person go to Itaewon to buy yesterday? Write.**

이 사람은 어제 무엇을 사러 이태원에 갔습니까? 쓰십시오.

9 **What did you buy in Korea? Introduce the items you bought in Korea.**

여러분은 한국에서 무엇을 샀습니까? 한국에서 산 물건을 소개해 봅시다.

보기

저는 명동에서 이 지갑을 샀습니다.
좀 비싸지만 아주 예쁩니다.
튼튼하고 주머니가 많습니다.
작지만 빨간색이어서 정말 예쁩니다.

이태원 Itaewon　사이즈 size　다양하다 to be diverse, to have a variety of　디자인 design
쇼핑 shopping　오랜만에 after a long time

1 What do you want to do in Korea? Note it in the table.

여러분은 한국에서 무엇을 하고 싶습니까? 표에 메모하십시오.

<한국에서 하고 싶은 일>

	나	친구
사고 싶은 옷	값이 싸고 예쁜 티셔츠	
사고 싶은 신발	편하고 가벼운 운동화	
사고 싶은 가방		
먹고 싶은 음식		
보고 싶은 영화		
가고 싶은 영화		

2 Look at the table above and discuss as shown in the example.

위의 표를 보고 보기 와 같이 말해 봅시다.

보기

가: 어떤 옷을 사고 싶어요?
나: 값이 싸고 예쁐 티셔츠를 사고 싶어요.
티셔츠가 제일 편해요. 날마다 티셔츠를 입어요.
그래서 다양한 색깔의 티셔츠를 많이 사고 싶어요.

편하다 to be comfortable

문화

생일

다른 사람의 생일을 물어볼 때는 '생일이 언제예요?', '생일이 몇 월 며칠이에요?' 하고 질문합니다. 그리고 '제 생일은 —월 —일이에요.'라고 대답합니다.

한국 사람들은 다른 사람의 생일에 '생일을 축하합니다.', '생일을 축하해요.'라고 이야기합니다.

윗사람의 생일에는 '생신을 축하드립니다.', '생신을 축하드려요.'라고 이야기합니다.

생일날 아침에는 미역국을 먹는데 이것은 어머니에 대한 감사를 의미합니다. 한국에서는 어머니들이 아이를 낳은 후에 건강을 회복하기 위해서 미역국을 먹기 때문입니다.

4과

물건 사기

01 장미꽃 좀 보여 주세요

Learning Objective

To talk about the price of objects

Grammar

-어 주다, -어서[1]

Vocabulary

Unit nouns 2

MP3_7

- 두 사람이 무엇을 삽니까?
- 여러분은 꽃집에서 직원과 무슨 이야기를 합니까?

다니엘: 장미꽃 좀 보여 주세요.
주 인: 네, 구경하세요. 무슨 색 장미꽃을 찾으세요?
다니엘: 친구가 빨간색을 좋아해서 빨간 장미꽃을 사고 싶어요.
주 인: 그럼 이 빨간 장미꽃은 어떠세요?
다니엘: 좋아요. 얼마예요?
주 인: 한 송이에 5,000원입니다.

구경하다 to look around   얼마 how much   송이 counting unit for flowers

단위 명사 2

자동차 한 대

커피 일곱 잔

신발 두 켤레

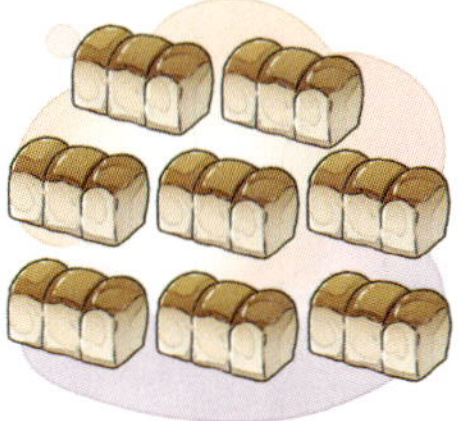

식빵 여덟 개

생선 세 마리

연필 아홉 자루

티셔츠 네 벌

꽃 열 송이

교과서 다섯 권

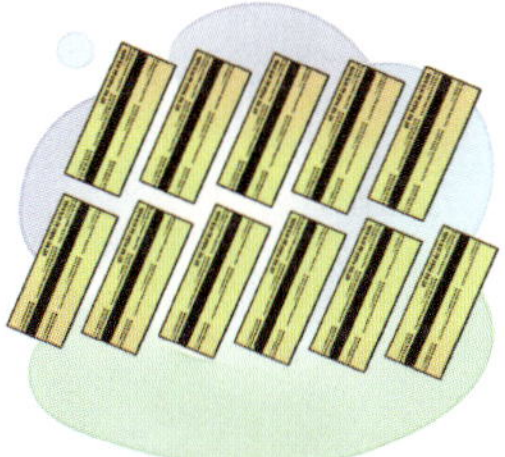

지하철표 열 한 장

콜라 다섯 병

껌 세 통

대 counting unit for vehicles and machinery　켤레 counting unit for a pair of shoes, socks, gloves
식빵 bread　자루 counting unit for pen, pencil　티셔츠 T-shirt　벌 counting unit for clothes
지하철표 subway ticket　장 counting unit for thin, flat objects(paper, T-shirt)　껌 chewing gum
통 counting unit for containers and buckets

어휘 연습

1 **Write.** 쓰십시오.

보기 책 세 권

1) ____ ____

2) ____ ____

3) ____ ____

4) ____ ____

5) ____ ____

6) ____ ____

7) ____ ____

고양이 cat　슬리퍼 slippers

1 -어/아/여 주다 P45

1 Write as shown in the example.

보기 와 같이 쓰십시오.

> **보기** 돈이 없습니다. <u>돈을 빌려 주세요</u>. (빌리다)

1) 불고기가 먹고 싶습니다. 불고기를 ______________________. (만들다)
2) 춥습니다. 창문을 ______________________. (닫다)
2) 꽃이 예쁩니다. 이 꽃을 ______________________. (사다)
4) 일이 많습니다. 좀 ______________________. (기다리다)
5) 오늘은 조금 바쁩니다. 내일 다시 ______________________. (전화하다)

2 Look at the picture and make a sentence as shown in the example.

그림을 보고 보기 와 같이 문장을 만드십시오.

보기 도와주세요.

1)

2)

3)

4) 콘서트에

5)

도와주다 to help

-어서/아서/여서[1] P45

1 Match and make sentences.

연결하고 문장을 만드십시오.

보기 영화를 좋아해서 영화관에 자주 갑니다.

보기 영화를 좋아합니다.	• 식당에 갔습니다.
1) 옷을 사고 싶습니다. •	• 백화점에 갑니다.
2) 머리가 아픕니다. •	• 영화관에 자주 갑니다.
3) 아르바이트를 합니다. •	• 바쁩니다.
4) 배가 고픕니다. •	• 병원에 갑니다.

2 Complete the story.

이야기를 완성하십시오.

보기

어제는 친구 생일이었어요.

생일 파티에서 술을 많이 마셨어요.

술을 많이 보기 ___마셔서___ 머리가 아팠어요.

머리가 1) ________ 잠을 많이 잤어요.

잠을 많이 2) ________ 학교에 늦었어요.

학교에 3) ________ 기분이 나빴어요.

기분이 4) ________ 점심을 안 먹었어요.

점심을 5) ________ 배가 고파요.

1~3 Read and answer the questions.

읽고 질문에 답하십시오.

저는 오후에 꽃을 사러 꽃집에 갔습니다.
꽃집에는 여러 가지 예쁜 꽃들이 있었습니다.
빨간색 카네이션 꽃이 많았습니다.
사람들은 빨간색 카네이션 꽃을 많이 샀습니다.
부모님께서 꽃을 좋아하셔서 저도 빨간색 카네이션 꽃을 두 다발 샀습니다.
꽃은 한 다발에 15,000원이었습니다.
꽃값이 조금 비쌌습니다.
주인 아주머니가 1,000원을 덜 받으셨습니다.
꽃을 잘 사서 기분이 좋았습니다.

1 **What flowers did this person buy today? Write.**

오늘 무슨 꽃을 샀습니까? 쓰십시오.

---

2 **Choose the correct answer. (　　)**

맞는 것을 고르십시오.

① 나는 여러 가지 꽃을 샀습니다.
② 꽃값이 싸서 기분이 좋았습니다.
③ 꽃은 한 다발에 만 오천 원이었습니다.
④ 부모님께서 카네이션 꽃을 사 주셨습니다.

꽃집 flower shop　카네이션 carnation　다발 counting unit for a bundle　덜 less

3 How much do all the flowers cost? Write.

꽃값이 모두 얼마입니까? 쓰십시오.

4 What is expensive in your country? What is cheap? Talk about it.

여러분 나라에서는 무엇이 비쌉니까? 무엇이 쌉니까? 이야기해 봅시다.

비싼 것	싼 것

1~2 **Listen and choose the correct answer.**

듣고 맞는 답을 고르십시오.

1 ( )

① 장미꽃을 사세요.
② 장미꽃을 볼래요?
③ 장미꽃을 같이 삽시다.
④ 장미꽃 좀 보여 주세요.

2 ( )

① 케이크를 사 주세요.
② 케이크를 사고 싶어요.
③ 친구 생일이어서 샀어요.
④ 친구 생일이어서 만들었어요.

3~4 **Listen and answer the questions.**

듣고 질문에 답하십시오.

3 **Where are the two people talking? Write.**

두 사람이 어디에서 이야기합니까? 쓰십시오.

4 **Choose the correct answer. ( )**

맞는 것을 고르십시오.

① 여자는 귤을 사지 않았습니다.
② 과일 값은 모두 만 천 원입니다.
③ 귤은 한 개를 사면 이천 원입니다.
④ 사과는 한 개를 사면 천 원입니다.

어서 오세요 Welcome

5~6 Listen and answer the questions.

듣고 질문에 답하십시오.

5 What gift would this man buy? Write.

이 남자는 무슨 선물을 사겠습니까? 쓰십시오.

---

6 Choose the answer that does not match what you heard. (   )

대화의 내용과 다른 것을 고르십시오.

① 이 사람은 지금 옷 가게에 있습니다.

② 손님은 티셔츠를 한 벌 사겠습니다.

③ 손님의 친구는 티셔츠를 좋아합니다.

④ 티셔츠를 두 벌 사면 값이 더 쌉니다.

7 It is your friend's birthday. Where would you go and what would you buy? Talk about it.

친구의 생일입니다. 여러분은 어디에서 무엇을 사겠습니까? 이야기해 봅시다.

포장하다 to gift-wrap

1 What items does each store have? How much are they?

가게에 무슨 물건들이 있습니까? 얼마입니까?

학교 기념품점

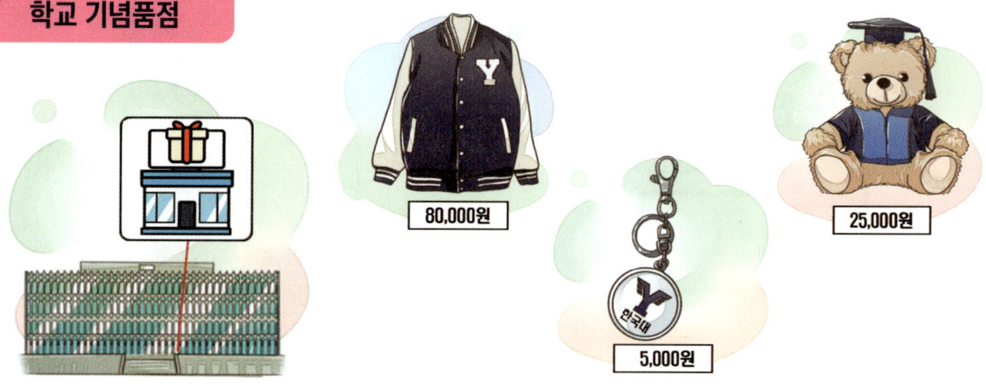

문구점

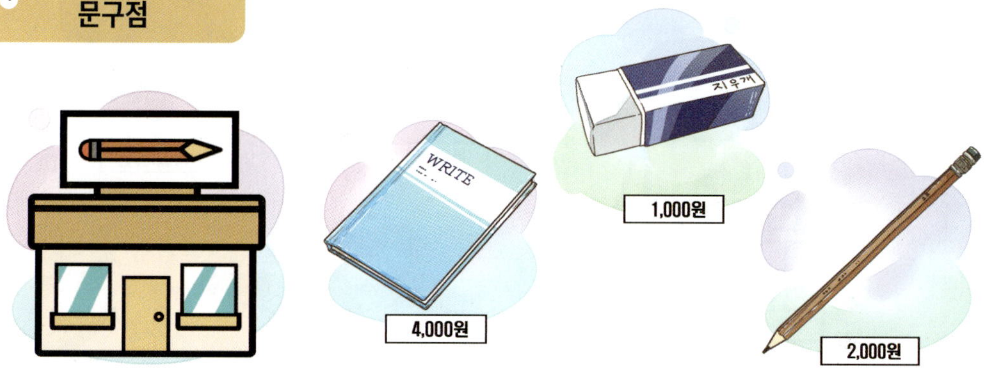

서점

기념품점 souvenir shop　　문구점 stationery store

과제 3

옷 가게

신발 가게

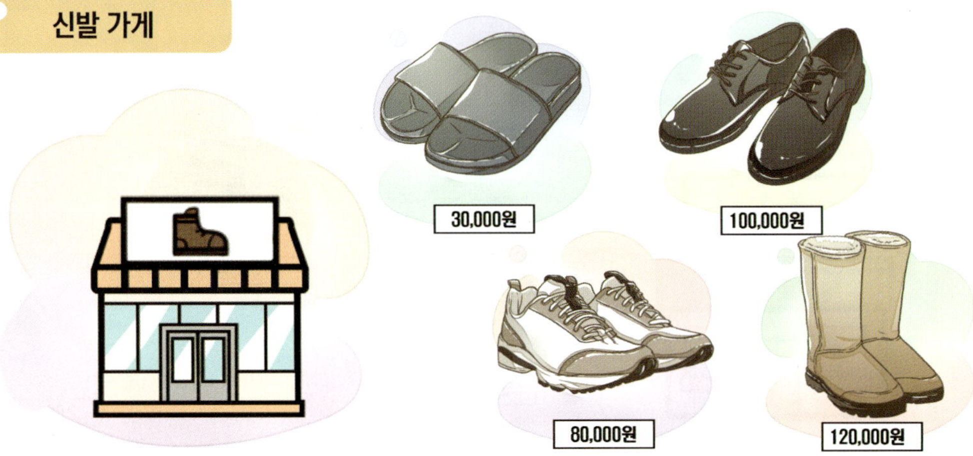

과일 가게

2 Which store do you want to go? What do you want to buy? Why do you want to buy it?

여러분은 어느 가게에서 뭘 사고 싶습니까? 왜 그것을 사고 싶습니까?

보기

(바지하고 스웨터)

주말에 여행을 가요. 그래서 옷가게에서 예쁜 옷을 사고 싶어요.

3 One student will be a shopkeeper of a store and the other student will be a customer. Let's role play.

한 사람은 손님, 다른 사람은 주인이 되어 이야기해 봅시다.

보기

주인: 어서 오세요. 뭘 도와 드릴까요?
손님: 제가 주말에 여행을 가서 예쁜 옷을 사고 싶어요.
바지 좀 보여 주세요.
주인: 여기 있습니다. 구경하세요.
손님: 이 바지 얼마예요?
주인: 한 벌에 45,000원입니다.
손님: 이 스웨터는 얼마예요?
주인: 한 벌에 15,000원입니다.
손님: 그럼 바지 한 벌하고 스웨터 한 벌을 주세요. 모두 얼마예요?
주인: 60,000원입니다.

스웨터 sweater

4과 물건 사기

02 친구가 좋아하는 꽃이에요

Learning Objective

To buy what you want in a store

Grammar

한테, 한테서(에게, 에게서),
-는, -은[2], -을

Vocabulary

Gifts,
주다(to give),
드리다(to give, honorific)

MP3_8

- 엠마와 꽃집 주인은 무슨 이야기를 합니까?
- 물건을 사고 싶지만 비쌉니다. 여러분은 어떻게 합니까?

엠마: 장미꽃 10송이 주세요.
주인: 누구에게 선물합니까?
엠마: 친구한테 선물할 거예요. 친구가 좋아하는 꽃이에요.
주인: 여기 있습니다. 33,000원입니다.
엠마: 좀 비싸요. 조금만 깎아 주세요.
주인: 그럼 30,000원 주십시오.

선물하다 to give a present　조금만 just a little　깎다 to cut down the price

선물

꽃다발

손수건

상품권

인형

화장품

향수

액세서리

만년필

꽃다발 bouquet of flowers　손수건 handkerchief　상품권 gift card　인형 doll　화장품 cosmetics
향수 perfume　액세서리 accessory　만년필 fountain pen

주다, 드리다

친구 동생	한테/에게

전화하다

선물을 주다

아버지/어머니 할아버지/할머니 선생님	께

전화를 드리다

선물을 드리다

어휘 연습

1 **Write.** 쓰십시오.

줄리는 프랑스 사람입니다. 한국 대학교에서 프랑스어를 가르칩니다.

프랑스 가족들에게 자주 (**보기** 전화합니다)~~습니다/ㅂ니다~~.

다음 달에 프랑스로 돌아갑니다. 가족들 선물을 샀습니다.

어머니께 향수를 **1)** (   )을/ㄹ 겁니다.

아버지께 넥타이를 **2)** (   )을/ㄹ 겁니다.

여동생한테 화장품을 **3)** (   )을/ㄹ 겁니다.

드리다 to give(honorific)   넥타이 tie

한테, 한테서(에게, 에게서) P47

1 Make a sentence. 문장을 만드십시오.

보기

→

친구한테서 옷 선물을 받았어요. 그 옷이 작아서 동생에게 줬어요.

1)

선희 씨 ______ 시험 이야기를 들었어요. → 그 시험 이야기를 제임스 씨 ______ 말해 줬어요.

2)

고향 친구 ______ 고향 과자를 받았어요. → 반 친구들 ______ 고향 과자를 줬어요.

3)

선생님 ______ 한국어를 배웠어요. → 제가 오늘 배운 한국어를 어머니 ______ 가르쳐 드렸어요.

2 Complete the dialogue as shown in the example.

보기 와 같이 대화를 완성하십시오.

보기

가: 이 목걸이는 어디에서 샀어요?

나: 이 목걸이는 생일에 친구한테서 받았어요.

1)

가: 누구한테 선물을 줄 거예요?

나: ______________________.

2)

가: 누구에게 메일을 보내요?

나: ______________________.

3)

가: 누구한테서 자전거를 배웠어요?

나: ______________________.

4)

가: 누구에게서 한국말을 배웁니까?

나: ______________________.

보내다 to send

-는, -은/ㄴ², -을/ㄹ

P48

1 Look at the picture and speak.

그림을 보고 말하십시오.

보기 노래를 부르는 사람이 서준 씨예요.

2 Fill in the table and make sentences as shown in the example.

표를 완성하고 보기 와 같이 문장을 완성하십시오.

질문	대답
아침에 무슨 음식을 먹었습니까?	김밥
어느 나라를 여행했습니까?	
지난주에 누구를 만났습니까?	
저녁에 무엇을 하겠습니까?	
주말에 어디에 가겠습니까?	

보기 제가 아침에 먹은 음식은 김밥이에요.

1~3 Read and answer the questions.

읽고 질문에 답하십시오.

지난 주말에 옷을 사러 동대문 시장에 갔습니다.
동대문 시장에는 옷가게가 많았습니다.
먼저 까만색 코트를 하나 샀습니다.
코트는 팔만 오천 원이었습니다.
조금 비쌌습니다.
그리고 모자를 파는 가게에도 갔습니다.
따뜻한 털모자와 장갑을 샀습니다.
모자는 만 원이고 장갑은 팔천 원이었습니다.
값이 비싸지 않았습니다.
날씨가 좀 추웠지만 기분은 좋았습니다.

1 Why did this person go to the market? Write.

왜 시장에 갔습니까? 쓰십시오.

---

2 Choose the correct answer.

맞는 것을 고르십시오. (　　)

① 까만색 옷이 조금 비쌌습니다.
② 모자와 장갑은 값이 같습니다.
③ 그날은 날씨가 춥지 않았습니다.
④ 동대문 시장에는 옷가게가 많지 않습니다.

3 What did this person buy at the market? Write.

시장에서 무엇을 샀습니까? 쓰십시오.

코트 coat　장갑 gloves　털모자 woolly hat

4 Have you also recently gone shopping? Talk about it.

여러분도 최근에 쇼핑을 했습니까? 이야기해 봅시다.

무엇을 샀어요?

언제 샀어요?

어디에서 샀어요?

그 물건이 얼마였어요?

그 물건이 어땠어요?

내가 산 물건

최근 recently

1~2 Listen and choose the correct answer.

듣고 맞는 답을 고르십시오.

1 (　　)

❶ 네, 꽃이 예뻐서 샀어요.　❷ 네, 친구한테서 받았어요.

❸ 아니요, 친구한테 꽃을 줬어요.　❹ 아니요, 친구한테서 받았어요.

2 (　　)

❶ 제 친구는 재미있지요?　❷ 저는 재미있는 친구가 좋아요.

❸ 친구가 많은 사람이 되고 싶어요.　❹ 친구한테서 좋은 선물을 받았어요.

3~4 Listen and answer the questions.

듣고 질문에 답하십시오.

3 **What did Lisa buy? Write them all.**

리사 씨는 무엇을 샀습니까? 모두 쓰십시오.

4 **Choose the correct answer. (　　)**

맞는 것을 고르십시오.

❶ 인형 가게에 먼저 갔습니다.

❷ 어머니께 한복을 드리겠습니다.

❸ 동대문 시장에 많은 가게가 있습니다.

❹ 친구에게 줄 바지를 사러 시장에 갔습니다.

5~6 Listen and answer the questions.

듣고 질문에 답하십시오.

5 **What does Emma go buy to the department store? Write.**

엠마 씨는 무엇을 사러 백화점에 갑니까? 쓰십시오.

6 **Choose the answer that does not match what you heard. (   )**

들은 내용과 다른 것을 고르십시오.

① 여자는 선물을 고르는 것이 어렵습니다.

② 여자는 오늘 혼자 백화점에 가겠습니다.

③ 남자는 작년에 받은 모자를 지금도 씁니다.

④ 남자는 작년에 친구한테 모자를 선물 받았습니다.

7 **What would you buy as a gift for your family or friends in your hometown? Talk about it.**

여러분은 고향에 있는 가족이나 친구에게 줄 선물로 무엇을 사겠습니까? 이야기해 봅시다.

1 **Is there any items you want to sell because you don't use it often? Let's talk about it.** 여러분 물건 중에서 자주 쓰지 않아서 팔고 싶은 물건이 있습니까? 이야기해 봅시다.

보기
- 언제, 어디에서 샀어요?
  작년에 백화점에서 샀어요.
- 어떤 물건이에요?
  노란색 귀여운 모자예요.
- 그 물건이 왜 좋아요?
  여름에 쓰면 시원해서 좋아요.

- 언제, 어디에서 샀어요?
  ____
- 어떤 물건이에요?
  ____
- 그 물건이 왜 좋아요?
  ____

2 **Who do you want to sell the item to? What is the price you want to sell it for? Talk about it.** 누구한테 이 물건을 팔고 싶어요? 얼마에 팔고 싶습니까? 이야기해 봅시다.

보기
- 누구한테 팔고 싶어요?
  모자가 필요한 친구
  귀여운 디자인을 좋아하는 친구
- 얼마에 팔고 싶어요?
  20,000원

- 누구에게 팔고 싶어요?
  ____
  ____
- 얼마에 팔고 싶어요?
  ______________ 원

3 **Present as shown in the example.**
보기 와 같이 발표해 봅시다.

보기

저는 작년에 백화점에서 이 모자를 샀어요.
노란색 귀여운 모자예요.
여름에 쓰면 시원해서 좋아요.
모자가 필요한 친구, 귀여운 디자인을 좋아하는 친구한테
이 물건을 팔고 싶어요.
모자는 20,000원이에요. 연락해 주세요.
연락처: 오수지 010-1234-5678

문화

화폐

한국의 화폐 단위는 원(Won, ₩)입니다. 한국의 화폐에는 4종의 지폐와 6종의 동전이 있습니다. 지폐는 일천원권, 오천원권, 일만원권, 오만원권이 있습니다. 동전은 일원, 오원, 십원, 오십원, 백원, 오백원 짜리가 있습니다. 한국은행 화폐박물관에 가면 옛날부터 지금까지 사용한 여러 가지 한국의 화폐를 볼 수 있어서 재미있습니다.

사진 및 출처: 한국은행

5과

길 묻기

01 6번 출구로 나가서 왼쪽으로 가세요

Learning Objective

To ask and answer about the way to where you want to go

Grammar

으로², -어서²

Vocabulary

Directions

MP3_9

- 두 사람이 어디에 갑니까?
- 여러분은 길을 모르면 어떻게 합니까?

제임스: 실례지만 길 좀 묻겠습니다.
남 자: 어딜 찾으세요?
제임스: 이 근처에 편의점이 있습니까?
남 자: 큰길 쪽으로 5분쯤 가면 편의점이 있습니다.
제임스: 여기에서 어떻게 갑니까?
남 자: 6번 출구로 나가서 왼쪽으로 가세요.

실례지만 Excuse me　길 direction, road, way　찾다 to look for　큰길 broad street, main road
쪽 direction, way, side　번 number　출구 exit　왼쪽 left side

방향

이쪽

그쪽

저쪽

왼쪽

오른쪽

어휘 연습

1 **You are in the taxi. Talk as shown in the example.**

택시를 탔습니다. 보기 와 같이 이야기하십시오.

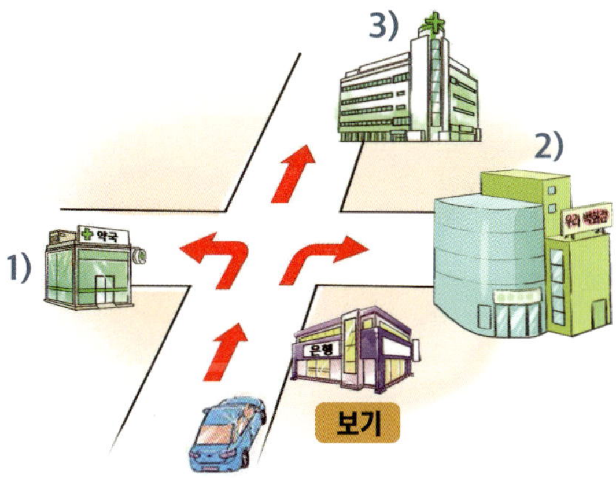

보기

가: 은행이 어디에 있습니까?

나: 오른쪽에 있습니다.

1) 약국
2) 백화점
2) 병원

이쪽 this way　그쪽 there, that way　저쪽 there, that way　오른쪽 right side

어휘 연습

2 Ask and answer.

묻고 대답하십시오.

> **보기**
>
> 가: 편의점이 어디에 있습니까?
>
> 나: 건너편에 있습니다. 횡단보도로 건너세요.

1) 공원　　2) 서점　　3) 극장

건너다 to cross　건너편 opposite side　횡단보도 crosswalk　육교 pedestrian overpass
지하도 underpass

으로/로²

P50

1 Talk as shown in the example.

보기 와 같이 이야기하십시오.

보기

가: 식당이 어디에 있습니까?

나: 아래층으로 내려가세요.

1) 사무실　　2) 교실　　3) 화장실

아래층 downstairs

01 -어서/아서/여서²

P51

1 **This is "My Day". Talk as shown in the example.**

'나의 하루'입니다. 보기 와 같이 이야기하십시오.

보기 오전 7시	일어납니다. / 세수를 합니다.
1) 9시	학교에 갑니다. / 공부를 합니다.
2) 오후 1시	샌드위치를 삽니다. / 샌드위치를 먹습니다.
3) 3시	친구를 만납니다. / 영화를 봅니다.
4) 저녁 7시	집에 옵니다. / 숙제를 합니다.

보기 일어나서 세수를 합니다.

2 **Choose the correct answer and fill in the blank.**

맞는 것을 골라 빈칸에 쓰십시오.

보기
극장에 갔습니다. 영화를 봤습니다.
→ 극장에 가서 영화를 봤습니다.

1) 한국에 왔습니다. 한국어를 공부합니다.

→ ____________________

2) 따뜻한 옷을 사겠습니다. 입을 거예요.

→ ____________________

3) 여기에 앉으십시오. 기다리십시오.

→ ____________________

4) 공원에 갑시다. 산책할래요?

→ ____________________

1~3 Read and answer the questions.

읽고 질문에 답하십시오.

어제 저는 친구와 공연을 보러 정동극장에 갔습니다.
신촌에서 정동극장까지 지하철을 탔습니다.
지하철은 사람이 많아서 조금 복잡했습니다.
우리는 시청역에서 내렸습니다.
3번 출구로 나가서 덕수궁을 지나서 왼쪽으로 돌아갔습니다.
지하철 역에서 정동극장까지 멀지 않았습니다.
나무와 꽃이 있고 덕수궁 돌담길이 아름다웠습니다.
데이트를 하는 사람이 많았습니다.

1 **Why did this person go to Jeongdong Theater? Write.**

이 사람은 무엇을 하러 정동극장에 갔습니까? 쓰십시오.

---

2 **Choose the correct answer. (   )**

맞는 것을 고르십시오.

① 시청에서 지하철을 탔습니다.
② 덕수궁 돌담길은 아름다웠습니다.
③ 정동극장까지 혼자 걸어서 갔습니다.
④ 극장까지 가는 길이 멀어서 쉽지 않았습니다.

공연 performance　정동극장 Jeongdong Theater　시청역 City Hall Station
덕수궁 Deoksugung Palace　돌담길 doldamgil(stonewall walkway)　데이트 date

3 Look at the text above and discuss as shown in the example.

위 글을 읽고 보기 와 같이 이야기하십시오.

보기

가:어제 무엇을 했습니까?
나: 공연을 보러 정동 극장에 갔습니다.

1) 가: 무엇을 타고 갔습니까?
나: ______________________

2) 가: 어디에서 내렸습니까?
나: ______________________

3) 가: ______________________
나: ______________________

4) 가: ______________________
나: ______________________

4 Where would you like to go? Find the way to get there on the internet and talk about it.

여러분이 가고 싶은 곳은 어디입니까? 거기에 가는 길을 인터넷에서 찾아서 이야기해 봅시다.

1~2 Listen and choose the correct answer.

듣고 맞는 답을 고르십시오.

1 (　　)

① 네, 길을 압니다.
② 어딜 찾으세요?
③ 네, 길을 물으십시오.
④ 누굴 찾으세요?

2 (　　)

①

②

③

④

3~4 Listen and answer the questions.

듣고 질문에 답하십시오.

3 **Where do these two people live? Choose and write from the following.** 두 사람은 어디에서 삽니까? 다음에서 골라 쓰십시오

방 향	동문 쪽	서문 쪽	북문 쪽	정문 쪽
사는 곳	기숙사	하숙집	오피스텔	원룸

리 사: ______________________

제임스: ______________________

4 **Where do the two people live? Mark it on the map below.**
두 사람이 사는 곳이 어디입니까? 아래 지도에 표시하십시오.

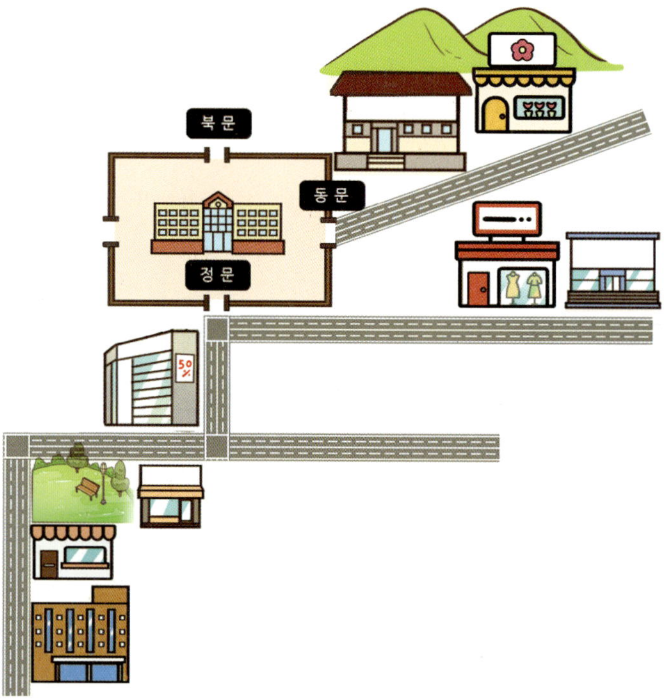

동문 east gate　서문 west gate　북문 notrth gate　정문 main gate　오피스텔 officetel
원룸 studio apartment

5 Listen and take notes on the directions to the immigration office.

듣고 출입국관리사무소에 가는 길을 메모하십시오.

출입국관리사무소 가는 길

지하철 (　　　　　)호선 (　　　　　)역에서 내리세요.

(　　　　　)번 출구로 나오세요.

50미터쯤 걸으면 (　　　　　)이/가 있습니다.

(　　　　　)을/를 건너서 (　　　　　)분쯤 가면

(　　　　　)에 큰 회색 건물이 있습니다.

그 건물이 출입국관리사무소입니다.

6 Where is your house located? Talk about it as shown in the example.

여러분이 사는 집이 어디입니까? **보기** 와 같이 이야기 해 봅시다.

보기

저는 학교 근처 하숙집에 삽니다.
우리 하숙집은 학교 정문 쪽에 있습니다.
정문으로 나가서 똑바로 갑니다.
백화점에서 오른쪽으로 5분쯤 갑니다.
큰 한식집 옆에 하얀색 건물이 있습니다.
그 건물이 우리 하숙집입니다.

출입국관리사무소 Immigration office　호선 subway line number　오목교역 Omokgyo Station
건물 building　똑바로 straight

해 봅시다

1 **Look at the picture and talk.**

그림을 보고 이야기하십시오.

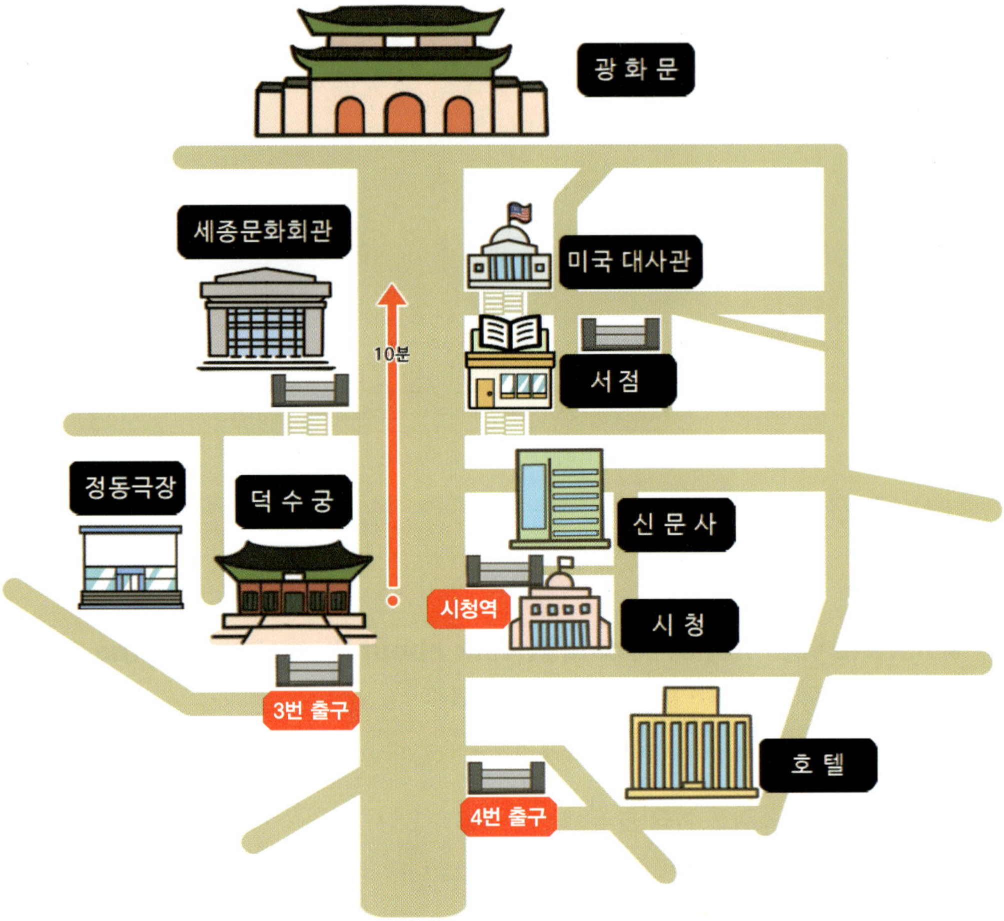

보기

현재 위치: 시청역 / 목적지 : 세종문화회관

가: 실례지만 길 좀 묻겠습니다.

나: 어딜 찾으십니까?

가: 세종문화회관이 어디에 있습니까?

나: 10분쯤 가면 있습니다.

가: 그래요? 세종문화회관까지 어떻게 갑니까?

나: 3번 출구로 나가서 똑바로 가세요

횡단보도를 건너서 조금 가면 왼쪽에 세종문화회관이 있습니다.

1) 현재 위치: 시청역 / 목적지: 서점
2) 현재 위치: 시청역 / 목적지: 정동극장
3) 현재 위치: 시청역 / 목적지: 미국 대사관

2 Among the following places, where would you like to go? Find it on the map and talk about how to get there.

다음의 장소 중에서 어디에 가고 싶습니까? 지도에서 찾아서 그곳에 가는 방법을 이야기해 봅시다.

엔(N)서울타워　국립중앙박물관　예술의 전당
코엑스　동대문디자인플라자

광화문 Gwanghwamun　세종문화회관 Sejong Center for the Performing Arts　대사관 embassy
호텔 hotel　엔(N)서울타워 N Seoul Tower　국립중앙박물관 National Museum of Korea
예술의전당 Seoul Arts Center　코엑스 COEX(Convention and Exhibition)
동대문디자인플라자 DDP(Dongdaemun Design Plaza)

5과 길 묻기

02 지하철 2호선을 타야 돼요

Learning Objective

To ask and answer about how to get to where you want to go

Grammar

에서 까지, -어야 되다

Vocabulary

Transportation

MP3_10

- 리사가 무슨 교통수단을 타겠습니까?
- 여러분은 학교에 어떻게 옵니까?

리 사: 잠실까지 어떻게 갑니까?
제임스: 여기에서 잠실까지 지하철 2호선을 타야 돼요.
리 사: 지하철로 얼마나 걸려요?
제임스: 잠실까지 40분쯤 걸립니다.
리 사: 거기까지 가는 버스는 없어요?
제임스: 버스도 있지만 지금은 교통이 복잡해서 시간이 많이 걸려요.

잠실 Jamsil　얼마나 how long　걸리다 to take(time)　교통 traffic

교통수단

지하철

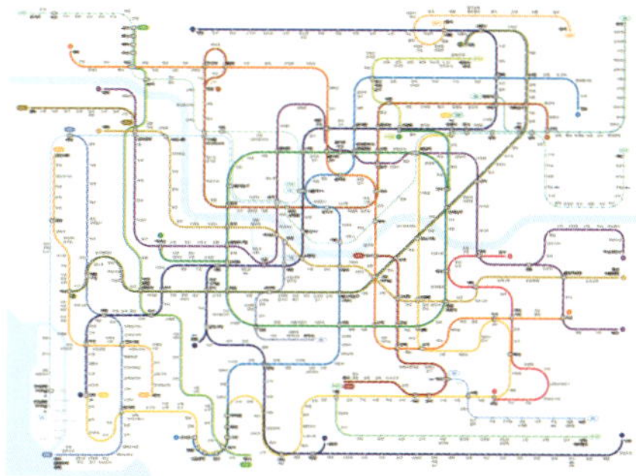
출처:네이버

버스

시내버스

고속버스

마을버스

택시

일반택시

모범택시

자동차

기차

자전거

비행기

배

어휘 연습

1 You are currently in Seoul. What can you ride? Write.

지금 서울에 있습니다. 무엇을 타고 갈 수 있습니까? 쓰십시오.

보기 지하철, 시내버스, 고속버스, 마을버스, 택시, 기차, 비행기

1) 동대문 운동장　　2) 부산　　3) 제주도　　4) 뉴질랜드

시내버스 city bus　고속버스 express bus　마을버스 town bus　일반택시 general taxi
모범택시 deluxe taxi　비행기 plane　배 boat, ship　동대문 운동장 Dongdaemun Stadium
뉴질랜드 New Zealand

에서 까지

P53

1 Speak as shown in the example.

보기 와 같이 말하십시오.

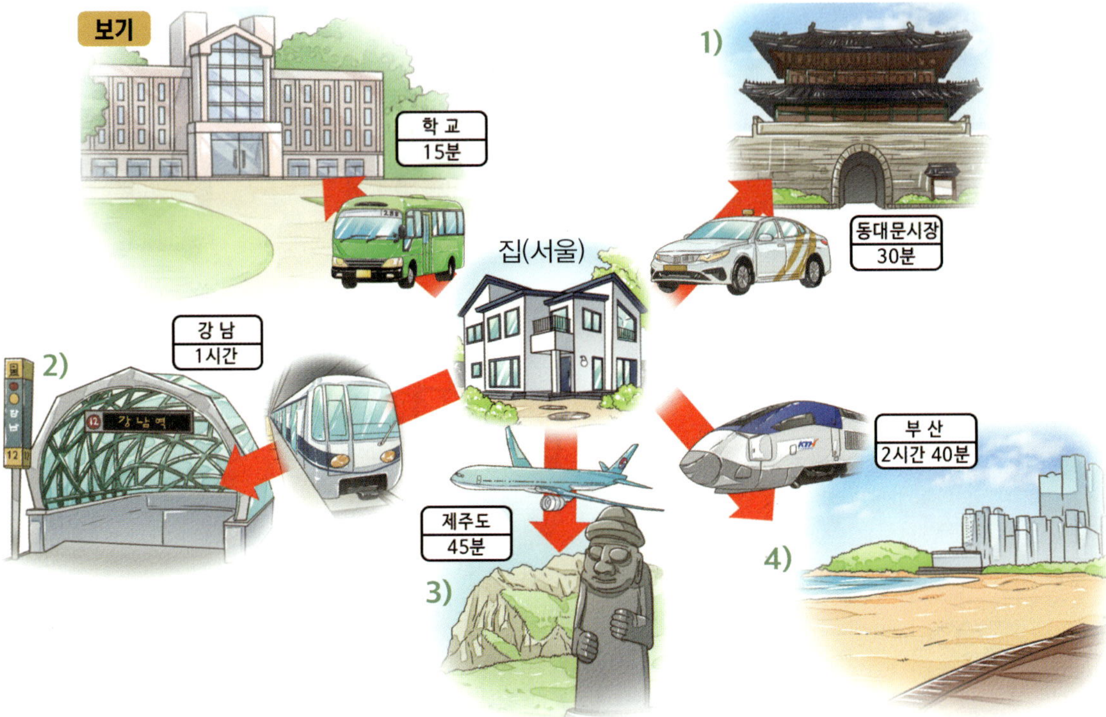

보기 집에서 학교까지 버스로 15분쯤 걸립니다.

-어야/아야/여야 되다

P53

2 **Talk as shown in the example.** 보기 과 같이 이야기하십시오.

보기

비가 오면 우산을 써야 됩니다.

1) 

돈이 없으면 ______________________

2) 

머리가 아프면 ______________________

3) 

질문이 있으면 ______________________

4) 

여행을 많이 하고 싶으면 ______________________

5) 

좋은 회사에 가고 싶으면 ______________________

비 rain

1~3 Read and answer the questions.

읽고 질문에 답하십시오.

브라운 씨는 호텔에서 한국어학당까지 가는 길을 몰랐습니다.
그래서 인터넷에서 찾았습니다.

> 한국어학당
> 지하철 2호선 신촌역에서 하차 → 3번 출구 → 7024번 버스 승차 →
> 이대 후문에서 하차

조금 어려웠습니다.
한국어학당에 전화를 했습니다.
"지하철 2호선 신촌역에서 내리세요.
3번 출구로 나와서 7024번 초록색 버스를 타야 돼요.
그리고 이대 후문에서 내려서 횡단보도를 건너야 해요.
횡단보도를 건너서 연세 대학교 쪽으로 올라오세요.
빨간색 큰 건물이 있습니다.
바로 거기가 한국어학당입니다."

1 **Where does Mr. Brown want to know the way to? Write.**
브라운 씨는 어디에 가는 길을 알고 싶어 합니까? 쓰십시오.

---

2 **Choose the correct answer. (   )**
맞는 것을 고르십시오.

① 이 사람은 지하철 2호선을 타야 됩니다.
② 한국어학당은 이대 후문 쪽에 있습니다.
③ 신촌역 바로 앞에 한국어학당이 있습니다.
④ 버스에서 내려서 다시 지하철을 타겠습니다.

한국어학당 Korean Language Institute　하차 to get off　승차 to get on
이대 Ewha Womans University　후문 back gate　바로 right

3 Write the numbers in order.

순서대로 번호를 쓰십시오.

(④) → (   ) → (   ) → (   ) → (   )

① 횡단보도를 건너십시오.
② 3번 출구로 올라오십시오.
③ 이대 후문에서 내리십시오.
④ 신촌역에서 내리십시오.
⑤ 초록색 7024번 버스를 타십시오.

4 What would you do if you don't know how to get to where you want to go? Talk about it.

여러분은 가고 싶은 곳에 가는 길을 모르면 어떻게 합니까? 이야기해 봅시다.

과제 2 들어 봅시다

1 Listen and choose the correct answer.

듣고 맞는 답을 고르십시오.

1) • 2) • 3) • 4) •

• ① 

• ② 

• ③ 

• ④ 

2~3 Listen and answer the questions.

듣고 질문에 답하십시오.

2 Why does the man need to go to Garosu-gil? (　　)

남자는 왜 가로수길에 가야 됩니까?

① 약속이 있어서　　② 파티가 있어서

③ 수업이 있어서　　④ 아르바이트를 해야 돼서

3 How do you get to Garosu-gil? Write.

가로수길까지 어떻게 갑니까? 쓰십시오.

지하철 3호선 신사역 하차 → ① ________ 출구 → 걸어서 10분 →

② ________ 에서 ________ 으로/로 → 걸어서 5분 → ③ ________ 에

커피숍이 있음.

정류장 stop, station(bus, taxi)　케이티엑스 KTX　공항 airport　가로수길 Garosu-gil
신사역 Sinsa Station

4~5 Listen and answer the questions.

듣고 질문에 답하십시오.

4 **Where is the house? Choose the answer. (   )**

우리집은 어디입니까? 고르십시오.

①

②

③

④

5 **Choose the correct answer. (   )**

맞는 것을 고르십시오.

① 편의점 옆에 우리집이 있습니다.

② 정류장 앞 육교로 길을 건너야 합니다.

③ 지하철에서 내려서 마을버스를 타야 됩니다.

④ 집을 못 찾으면 버스 정류장에서 택시를 타야 됩니다.

6 **Where is the restaurant you often go to? Talk about the way from school to the restaurant.**

여러분이 자주 가는 식당이 어디입니까? 학교에서 식당까지 가는 길을 말해 봅시다.

1 **Talk about the places you often go with friends and the means of transportation as shown in the example.**

친구들과 자주 가는 장소와 교통편을 보기 와 같이 말해 봅시다.

이 름	어디에서 어디까지	교통편	걸리는 시간
보기 리암	집에서 학교까지	차로	35분쯤
	학교에서 자주 가는 식당까지		
	집에서 자주 가는 카페까지		
	(　　　　)에서 (　　　　) 까지		

보기

가: 리암 씨, 집에서 학교까지 어떻게 옵니까?
나: 차로 옵니다. 제가 운전해서 와요.
가: 얼마나 걸립니까?
나: 차로 35분쯤 걸립니다.

운전하다 to drive

2 Where did you go last weekend? Write and present as shown in the example.

지난 주말에 어디에 갔습니까? 보기 와 같이 쓰고 발표해 봅시다.

언제	어디에서 어디까지	교통편	걸리는 시간
보기 어제	서울역에서 호수 공원까지	지하철	40분쯤

보기

어제 친구들과 같이 일산에 있는 호수 공원에 갔습니다.
서울역에서 친구들을 만나서 호수 공원까지 지하철로 갔습니다.
서울역에서 호수 공원까지 40분 걸렸습니다.
호수 공원까지 바로 가는 버스도 있었지만 우리는 버스를 타지 않았습니다.
버스는 1시간 10분쯤 걸리고 값도 비싸서 지하철로 갔습니다.

서울역 Seoul Staion　일산 Ilsan　호수 공원 lake park

문화

한국의 도로명

'주말에 어디에서 만날까요?' '을지로에서 만납시다.'

여기서 약속 장소인 '을지로'는 고구려의 유명한 장군인 '을지문덕'의 성을 따서 만든 도로명입니다. 이처럼 한국의 도로명 중에는 나라를 위해 목숨을 바쳤거나 훌륭한 업적을 남긴 위인들의 이름을 따서 그들을 오랫동안 기억하고 그 뜻을 이어받고자 지정한 길들이 있습니다.

도로명	유래
세종로	한글을 창제한 조선의 제4대 왕 **세종대왕**의 이름을 따서 만든 도로명
율곡로	오천원권 화폐 인물인 조선의 대표적 유학자 **율곡 이이** 선생의 호를 따서 만든 도로명
퇴계로	천원권 화폐 인물인 조선의 대표적 유학자 **퇴계 이황** 선생의 호를 따서 만든 도로명
충무로	조선의 장군으로 임진왜란에서 큰 공을 세운 **충무공 이순신**의 호를 따서 만든 도로명
을지로	수나라 30만 대군을 살수에서 전부 몰살시켜 강대했던 수나라를 멸망에 이르게 한 고구려의 영웅 **을지문덕** 장군의 성을 따서 만든 도로명
충정로	조선 말기 문신으로 나라를 위해 순국한 **충정공 민영환**의 호를 따서 만든 도로명

memo 메모

6과 교통

01 사람이 많으니까 조심하세요

Learning Objective

To explain the means of public transportation

Grammar

-으니까, -지 말다

Vocabulary

Places and modes of transport

MP3_11

- 두 사람은 어디에 있습니까?
- 여러분 집에서 가까운 지하철역은 어디입니까?

리　사: 여기 앉을까요?
제임스: 아니요, 앉지 마세요. 다음 역에서 내려요.
리　사: 그럼 문 앞으로 나갈까요?
제임스: 네, 저쪽으로 갑시다.
리　사: 내립니다. 좀 비켜 주십시오.
제임스: 사람이 많으니까 조심하세요.

비키다 to move aside　조심하다 to be careful

교통수단 이용 장소

역

정류장

공항

고속버스 터미널

타다

내리다

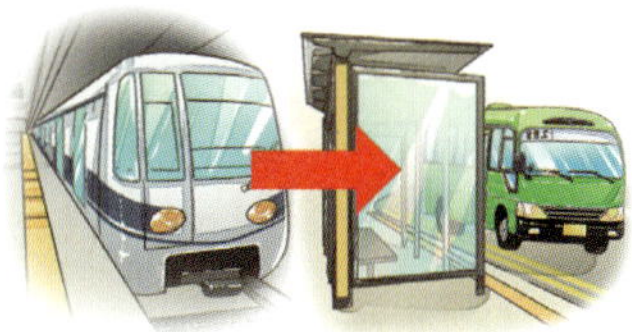

갈아타다

어휘 연습

1 How do you get to the airport? Look at the picture and talk about it.

공항에 어떻게 갑니까? 그림을 보고 이야기하십시오.

보기

→

1)

→

2)

→

3)

하숙집 앞 버스정류장에서 보기 버스를 탑니다.

→ 신촌역 앞에서 1) ______________.

→ 신촌역에서 지하철로 2) ______________.

→ 김포공항역에서 3) ______________.

→ 김포공항에 도착했습니다.

역 station(train, subway)　고속버스 터미널 express bus terminal　갈아타다 to transfer
김포공항 Gimpo International Airport　김포공항역 Gimpo International Airport Staion
도착하다 to arrive

-으니까/니까

P55

1 **Match and make sentences.** 연결하고 문장을 만드십시오.

보기 배가 고프니까 식당에 갑시다.

보기 배가 고픕니다.	•	• 조심하세요.
1) 피곤합니다.	•	• 오늘은 다른 걸 먹을까요?
2) 숙제가 쉽습니다.	•	• 식당에 갑시다.
3) 옷이 하얗습니다.	•	• 좀 쉽시다.
4) 어제 한식을 먹었습니다.	•	• 숙제를 빨리하세요.

2 **Make travel plans with your friends.** 친구와 여행 계획을 만드십시오.

보기 가을에 설악산이 아름다우니까 설악산에 갑시다.

1) **장소:** 제주도 부산 설악산

가: 어디에 갈까요? 나: ______ 으니까/니까 ______ 에 갑시다.

2) **교통편:** 기차 고속버스 비행기

가: 무엇을 타고 갈까요? 나: ______ 으니까/니까 ______.

3) **숙박:** 호텔 게스트하우스 펜션

가: 어디에서 잘까요? 나: ______ 으니까/니까 ______.

4) **음식:** 불고기 비빔밥 회

가: 무엇을 먹을까요? 나: ______ 으니까/니까 ______.

피곤하다 to be tired 장소 place 교통편 transportation 숙박 accommodations
게스트하우스 guest house 펜션 pension 회 sliced raw fish

01 -지 말다 P55

1 Where is it? Match.

어디입니까? 연결하십시오.

보기 만지지 마십시오.  • • ❶ 

1) 들어오지 마십시오.  • • ❷ 

2) 사진을 찍지 마세요.  • • ❸ 

3) 담배를 피우지 마세요.  • • ❹ 

4) 주차하지 마세요. 

• • ❺ 

5) 떠들지 마세요.  • • ❻ 

만지다 to touch　찍다 to shoot, to take　담배 cigarette　피우다 to smoke　주차하다 to park
떠들다 to make noise

2 Talk as shown in the example.

보기 와 같이 이야기하십시오.

보기

가: 어제 5시간 게임을 했어요.

나: 게임을 많이 하지 마세요 ~~으세요/세요~~.

1)

가: 창문을 열까요?

나: 아니요, ____________ 으세요/세요.

2)

가: 커피를 네 잔 마셨어요.

나: 커피를 ____________ 으세요/세요.

3)

가: 우리 택시를 탈까요?

나: 아니요, ____________ 읍시다/ㅂ시다.

4)

가: 도서관에 가지 말까요?

나: 네, ____________ 으니까/니까

____________ 읍시다/ㅂ시다.

1~3 Read and answer the questions. 읽고 질문에 답하십시오.

지난 수요일에 친구와 그림을 보러 인사동에 갔습니다.
학교 앞 버스 정류장에서 272번 버스를 탔습니다.
"아저씨, 이 버스 인사동에 가지요? 인사동을 잘 모르니까 좀 가르쳐 주세요."
"네, 안내 방송을 하니까 걱정하지 마세요."
우리는 버스에 빈자리가 있어서 그 앞으로 갔습니다.
그렇지만 그 자리는 노약자석이어서 앉지 않았습니다.
조금 후에 안내 방송이 나왔습니다.
"다음 정류장은 인사동입니다. 내리실 분은 미리 문 쪽으로 나오십시오."
우리는 버스에서 내렸습니다.
학교에서 인사동까지 버스로 15분쯤 걸렸습니다.

1 **Why did they go to Insadong? Write.** 왜 인사동에 갔습니까? 쓰십시오.

2 **Choose the answer that does not match what you read. (　　)**
읽은 내용과 다른 것을 고르십시오.

① 버스에서 안내 방송을 했습니다.
② 학교 근처에 버스 정류장이 있습니다.
③ 인사동에서 학교까지 15분쯤 걸립니다
④ 우리는 지난 주말에 인사동에 갔습니다.

3 **Why didn't they sit in the empty seats? Write.**
우리는 왜 빈 자리에 앉지 않았습니까? 쓰십시오.

4 **Have you taken a bus in Korea? How was it? Talk about it.**
여러분은 한국에서 버스를 탔습니까? 어땠습니까? 이야기해 봅시다.

인사동 Insadong　아저씨 sir, middle-aged man　안내 방송 announcement　걱정하다 to worry
빈자리 empty seats　노약자석 seats for the old and the weak　후 after　미리 beforehand
나오다 to come out

1~2 Listen and choose the correct answer.

듣고 맞는 답을 고르십시오.

1 (　　)

① 주말이어서 같이 만났어요.　② 주말이니까 집에서 쉬었어요.
③ 날씨가 좋아서 친구를 만나요.　④ 날씨가 좋으니까 공원에 갑시다.

2 (　　)

① 네, 전화하지 않아요.　② 아니요, 전화하지 마세요.
③ 네, 전화하지 않겠습니다.　④ 아니요, 전화를 하겠습니다.

3~4 Listen and answer the questions.

듣고 질문에 답하십시오.

3 **Where are the two people talking? Write.**
두 사람이 어디에서 이야기합니까? 쓰십시오.

____

4 **Choose the answer that does not match what you heard. (　　)**
들은 내용과 다른 것을 고르십시오.

① 여기에서 광화문까지 멉니다.
② 여자는 광화문에 가고 싶어 합니다.
③ 여자는 서울의 정류장을 잘 모릅니다.
④ 안내 방송을 들으면 정류장을 알 수 있습니다.

5~6 Listen and answer the questions.

듣고 질문에 답하십시오.

5 **Where does the woman want to go? Write.**

여자는 어디에 가고 싶어 합니까? 쓰십시오.

---

6 **Choose the answer that matches what you heard. (　　)**

들은 내용과 같은 것을 고르십시오.

① 오늘은 월요일입니다.

② 남자는 지하철을 처음 탑니다.

③ 여자는 서울역에서 출발하겠습니다.

④ 여자는 2호선에서 1호선으로 갈아타겠습니다.

7 **What public transportation do you often use? Why do you frequently use that? Talk about it.**

여러분은 무슨 대중교통 수단을 자주 이용합니까? 왜 그 교통 수단을 자주 이용합니까? 이야기해 봅시다.

1 **You will depart from Sinchon with classmates. Where would you like to go?**

반 친구들과 신촌에서 출발하겠습니다. 여러분은 어디에 가고 싶습니까?

목적지	교통편	비용	신촌에서 걸리는 시간	기타
롯데월드	버스	2,000원	1시간 10분	잠실 종합운동장에서 걸어서 10분
	지하철	1,500원	45분	2호선
	택시	30,000원	50분	
경복궁	버스	1,200원	15분	272번 정류장에서 걸어서 20분쯤
	지하철	1,500원	15분	2호선 → 3호선 경복궁역에서 걸어서 15분쯤
	택시	12,000원	15분	
인사동	버스	1,200원	15분	272번
	지하철	1,500원	15분	2호선 → 3호선
	택시	15,000원	20분	
국립중앙 박물관	버스	1,200원	30분	750번, 0211번 정류장에서 걸어서 5분
	지하철	1,500원	30분	2호선 → 4호선 → 1호선 역에서 걸어서 5분
	택시	15,000원	25분	

롯데월드 Lotte World　잠실종합운동장 Jamsil Sports Complex　경복궁 Gyeongbokgung Palace
경복궁역 Gyeongbokgung Station

2 What would you like to take to get there? Why? Talk about it.

무엇을 타고 가고 싶습니까? 왜 그것을 타고 싶습니까? 이야기해 봅시다.

보기

롯데월드: 지하철이 빠르니까 지하철을 타고 가고 싶어요.

3 Discuss as shown in the example.

보기 와 같이 이야기해 봅시다.

보기

가: 반 친구들과 같이 롯데월드에 갑시다. 우리 걸어서 갈까요?

나: 걸어서 가지 마요. 머니까 버스나 지하철을 타요.

가: 그럼 지하철이 더 빠르니까 지하철을 타요.

나: 좋아요. 지하철을 타고 가요.

가: 여기에서 롯데월드까지 얼마나 걸려요?

나: 45분쯤 걸려요.

가: 몇 호선을 타요?

나: 2호선을 타요.

6과 교통

02 여기에서 10분밖에 안 걸려요

Learning Objective

To use taxis

Grammar

르 동사, 이나[2], 밖에

Vocabulary

Using Taxi

MP3_12

- 두 사람은 어디에서 이야기를 합니까?
- 택시에서 내리고 싶으면 어떻게 말합니까?

제임스: 여기에서 학교까지 버스로 갈까요?

리　사: 버스를 타면 30분이나 걸리니까 택시를 탑시다.
택시가 빨라요.

제임스와 리사는 택시를 탄다.

기　사: 어서 오세요. 어디로 갈까요?

제임스: 연세 대학교로 가 주세요. 시간이 얼마나 걸려요?

기　사: 여기에서 10분밖에 안 걸려요. 어디에 세워 드릴까요?

제임스: 학교 안으로 들어가서 학생회관 앞에 세워 주세요.

기사 driver　　들어가다 to go in　　세우다 to stop

택시 이용

출발하다

도착하다

세우다

어휘 연습

1 **Look at the picture and write.** 그림을 보고 쓰십시오.

서울에서 7시 20분에 **1)** ______________.

부산에 10시 10분에 **2)** ______________.

사거리

신호등

직진

좌회전

우회전

2 **Match as shown in the example.** 그림을 보고 쓰십시오.

보기	사거리 • ——— •	❶	길이 네 개 있습니다.
1)	신호등 •	• ❷	오른쪽으로 갑니다.
2)	직진 •	• ❸	왼쪽으로 갑니다.
3)	좌회전 •	• ❹	똑바로 갑니다.
4)	우회전 •	• ❺	빨간색, 노란색, 초록색이 있습니다.

출발하다 to depart　사거리 intersection　신호등 traffic lights　직진 straight ahead
좌회전 left turn　우회전 right turn

❶ 르 동사

P57

1 Complete the table.

표를 완성하십시오.

	-습니다/ㅂ니다	-어요/아요/여요	-었어요/았어요/였어요
고르다	고릅니다		
부르다			
모르다		몰라요	
다르다			
빠르다			빨랐어요
누르다			
자르다			

2 Complete the sentence.

문장을 완성하십시오.

1) 너무 많이 먹어서 배가 ______________ 어요/아요/여요.

2) 친구에게 전화하고 싶지만 전화번호를 ______________ 어요/아요/여요.

3) 케이티엑스는 ______________ 어요/아요/여요.

4) 어제 백화점에서 친구의 선물을 ______________ 었어요/았어요/였어요.

5) 고향 날씨와 서울 날씨가 ______________ 습니다/ㅂ니다.

고르다 to choose　모르다 to not know　빠르다 to be fast　누르다 to press　자르다 to cut
너무 too, overly

이나/나²

58

1 Answer as shown in the example.

보기 와 같이 답하십시오.

보기

가: 여기에서 학교까지 한 시간 걸려요.
나: 여기에서 학교까지 한 시간이나 걸려요?

1) 가: 혼자 치킨을 두 마리 먹었어요.
나: ____________________?

2) 가: 하루에 커피를 보통 다섯 잔 마셔요.
나: ____________________?

3) 가: 영화가 재미있어서 스무 번이나 봤어요.
나: ____________________?

2 Talk as shown in the example.

보기 과 같이 이야기하십시오.

보기

가: 수영 씨가 자장면을 오 인분 먹었어요.
나: 오 인분이나요?

1)

가: 생일 선물로 꽃을 백 송이 받았어요.
나: ____________________

2) 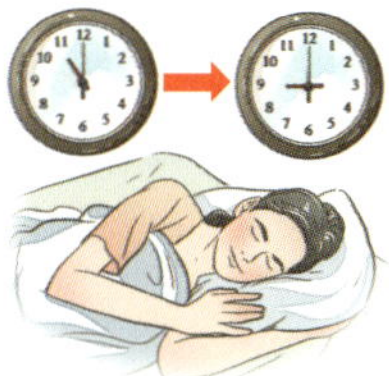

가: 어제는 잠을 열 시간 잤어요.

나: ______________________

3) 

가: 저는 구두가 스무 켤레 있어요.

나: ______________________

4) 

가: 어제는 소설책을 일곱 권 읽었어요.

나: ______________________

●●● 밖에

1 Answer as shown in the example.

보기 와 같이 답하십시오.

> **보기**
>
> 가: 여기에서 학교까지 걸어서 오 분쯤 걸려요.
>
> 나: 여기에서 학교까지 오 분밖에 안 걸려요?

1) 가: 파티에 친구들이 많이 왔어요?

나: 아니요, ______________________. (세 명)

2) 가: 점심에 빵을 한 개 먹었어요.

나: ______________________? (한 개)

3) 가: 교실에서 아는 사람이 리사 씨하고 누구예요?

나: ______________________. (리사 씨)

2 Talk as shown in the example.

보기 과 같이 이야기하십시오.

보기

가: 아침에 뭘 드세요?

나: 아침에 우유밖에 안 마셔요.

1)

가: 옷이 몇 벌이나 있어요?

나: ____________________

2)

가: 여기에서 지하철역까지 얼마나 걸려요?

나: ____________________

3)

가: 학생들이 다 왔어요?

나: ____________________

4)

가: 지난 주말에 경복궁에도 가고 명동에도 갔어요?

나: 아니요, 머리가 아파서 ____________________

1~3 Read and answer the questions.

읽고 질문에 답하십시오.

저는 수업이 끝나고 신문사에 갑니다.
보통 버스나 지하철을 타고 갑니다.
학교 앞에서 버스 정류장이나 지하철역까지는 조금 멉니다.
오늘은 시간이 없어서 학교 앞에서 택시를 불렀습니다.
기사 아저씨가 여러 가지 이야기를 하셨습니다.
아저씨가 아주 친절하셨습니다.
"어디에 세워 드릴까요?"
"신문사 앞은 복잡하니까 저기 횡단보도 앞에 세워 주세요."
저는 횡단보도 앞에서 내려서 신문사까지 걸어서 갔습니다.
택시로 10분 밖에 안 걸렸습니다.
그렇지만 택시 요금이 8,000원이나 나왔습니다.
조금 비쌌지만 편했습니다.

1 How does this person usually get to the newspaper office? Write.

이 사람은 보통 신문사에 어떻게 갑니까? 쓰십시오.

---

2 Read and choose the correct answer. (   )

읽고 맞는 것을 고르십시오.

① 택시 요금은 비싸지 않았습니다.
② 오늘은 아파서 택시를 탔습니다.
③ 택시를 타서 빨리 도착했습니다.
④ 지하철역이 학교에서 멀지 않습니다.

저기 over there   택시요금 taxi fare

3 **Why didn't the person get off in front of the newspaper office?**

왜 신문사 앞에서 내리지 않았습니까? 쓰십시오.

---

4 **Where do you go when you take a taxi? Talk as shown in the example.**

여러분은 어디에 갈 때 택시를 탑니까? 보기 와 같이 이야기해 봅시다.

보기

기사: 어서 오세요. 어디로 갈까요?

손님: ________ 으로/로 가 주세요. ________ 얼마나 걸립니까?

기사: ________ 분쯤 걸립니다.

기사: 어디에서 세워 드릴까요?

손님: ________ 에 세워 주세요.

1~2 Listen and choose the correct answer.

듣고 맞는 답을 고르십시오.

1 (　　)

① 택시를 몰라요.
② 택시를 부를까요?
③ 택시가 더 빨라요.
④ 택시는 지하철하고 달라요.

2 (　　)

① 세 시간이나요?
② 세 시간밖에 안 걸렸어요.
③ 그럼 학교까지 걸어서 가세요.
④ 집에서 학교까지 얼마나 걸려요?

3~4 Listen and answer the questions.

듣고 질문에 답하십시오.

3 **Where will the two people go? Write.**

두 사람은 어디에 가겠습니까? 쓰십시오.

---

4 **Choose the answer that does not match what you heard. (　　)**

들은 내용과 다른 것을 고르십시오.

① 신촌까지 택시로 가면 오래 걸립니다.
② 신촌까지 지하철로 가면 40분이나 걸립니다.
③ 두 사람은 지하철을 타고 신촌에 가겠습니다.
④ 여자는 남자에게 신촌까지 빨리 가는 방법을 알려줍니다.

오래 long time

5~6 Listen and answer the questions.

듣고 질문에 답하십시오.

5 Complete the table.

표를 완성하십시오.

이야기하는 곳	
가는 곳	
걸리는 시간	

6 Choose the correct answer. (   )

맞는 것을 고르십시오.

① 택시비는 10,000원입니다.
② 남대문 시장 안은 복잡합니다.
③ 여자는 시장 안에서 내렸습니다.
④ 남자는 여자에게 2,000원을 줬습니다.

7 Do you often take a taxi? How do you call the taxi? Talk about it.

여러분은 택시를 자주 탑니까? 택시를 어떻게 부릅니까? 이야기해 봅시다.

남대문 시장 Namdaemun Market   짜리 a thing worth

1 **Call a taxi in Korea using the taxi app. Take notes as shown in the example.** 한국에서 택시 앱(APP)으로 택시를 부릅니다. 보기 와 같이 메모해 봅시다.

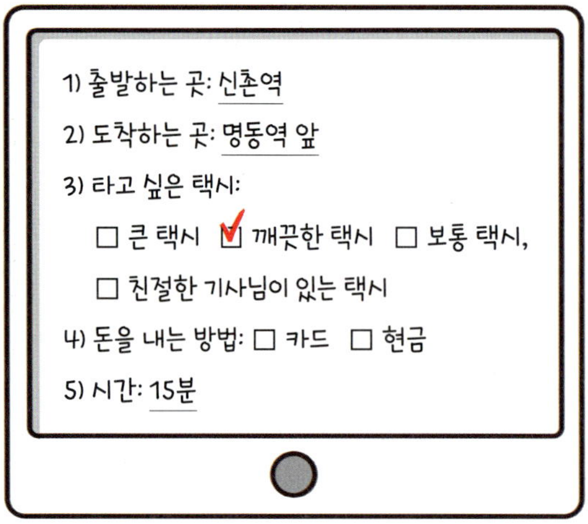

1) 출발하는 곳: ____________

2) 도착하는 곳: ____________

3) 타고 싶은 택시:

☐ 큰 택시 ☐ 깨끗한 택시 ☐ 보통 택시

☐ 친절한 기사님이 있는 택시

4) 돈을 내는 방법: ☐ 카드 ☐ 현금

5) 시간: ____________

2 **Talk about the notes you made above as shown in the example.**
위에서 메모한 내용을 보기 와 같이 이야기해 봅시다.

보기

저는 신촌역에서 명동역까지 가고 싶어요.
택시로 가면 더 편하고 빨라서 택시 앱을 이용할 거예요.
여러 택시 중에서 깨끗한 택시를 타고 싶어요.
그리고 택시비를 카드로 내고 싶어요.
버스로 가면 30분이나 걸려요. 그렇지만 택시로 가면 15분밖에 안 걸려요.

3 **Talk about the experience of using the taxi app.**
택시 앱(APP)을 이용한 경험을 이야기해 봅시다.

택시 앱(APP)에 들어가요.

→

출발하는 곳과 도착하는 곳을 써요.

→

타고 싶은 택시를 골라요.

→

돈을 내는 방법, 시간을 보고 기다려요.

내다 to pay　카드 card　현금 cash　앱 app(application)

문화

서울의 대중교통

한국의 대중교통 수단에는 버스와 지하철이 있습니다. 가까운 시내를 돌아다니는 시내버스와 근교를 이어주는 버스, 그리고 다양한 지하철 노선이 있습니다. 종류에 따라 이용 요금이 다릅니다. 한국은 대중교통 요금이 싼 편입니다. 대중교통을 이용할 때 보통 교통카드를 많이 사용하는데 환승을 할 때 할인을 받을 수 있어서 아주 편리합니다.

7과 전화번호

01 이따가 전화할게요

Learning Objective

To ask for and give phone numbers

Grammar

-을게요, 만

Vocabulary

Phone numbers

MP3_13

- 리사가 무엇을 묻습니까?
- 여러분이 고향에서 사용하는 전화번호가 몇 번입니까?

서준: 리사 씨, 이따가 오후에 전화해 주세요.
리사: 네, 전화번호 좀 가르쳐 주세요.
서준: 010-0121-3590이에요.
리사: 연구실은 전화번호가 몇 번이에요?
서준: 연구실에는 오전에만 있을 거니까 휴대 전화로 전화해 주세요.
리사: 그래요? 그럼 이따가 4시쯤에 전화할게요.

이따가 later today　연구실 lab　전화번호 telephone number　휴대 전화 cell phone

전화번호

1 전화

국제 전화

시외 전화

휴대 전화 / 핸드폰

2 지역 번호

서울	02	부산	051
경기도	031	전주	063
인천	032	제주도	064

3 전화번호 읽기

02-2123-4567

공이(의),
이일이삼(의) 사오육칠

서울 이천백이십삼 국의
사천오백육십칠 번

032-749-2114

공삼이(의),
칠사구(의) 이일일사

인천 칠백사십구 국의
이천백십사 번

공일공(의)
천오백육십칠(의)
팔천 번

국제 전화 international call　시외 전화 long distance call　핸드폰 cellular phone
지역 번호 area code　경기도 Gyeonggi Province　전주 Jeonju　인천 Incheon

4 주요 전화번호

범죄 신고	112
화재 신고, 응급 환자 신고	119
서울특별시 120다산콜재단	120
관광 정보 안내	1330
핸드폰 찾기 콜 센터	1566-4300
외국인 종합 안내 센터	1345

어휘 연습

1 Match the correct one.

연결하십시오.

보기 불이 났습니다 • — • ② 119

1) 제주도 호텔에 전화하고 싶습니다. •
2) 한국에서 미국 가족에게 전화합니다. •
3) 서울 신촌에 있는 연세대학교에 전화합니다. •
4) 외국어로 길을 묻고 싶습니다. •
5) 택시에 핸드폰을 두고 내렸습니다. •

• ① 02
• ② 119
• ③ 064
• ④ 1345
• ⑤ 1566-4300
• ⑥ 국제 전화

범죄 신고 crime report　화재 신고 fire report　응급 환자 신고 emergency patient report
다산콜재단 Dasan Call Foundation　관광 정보 안내 tourist information guide　콜 센터 call center
외국인 종합 안내 센터 Immigration Contact Center　불 fire　나다 to break out
외국어 foreign language　두다 to leave behind

Ⅰ -을게요/ㄹ게요

P60

1 **Answer as shown in the example.** 보기 와 같이 답하십시오.

보기
가: 이따가 전화하세요.
나: 네, 이따가 전화할게요.

1) 누가 읽겠어요? → ______
2) 언제 이메일을 쓸 거예요? → 네, ______
3) 지금은 바쁘니까 내일 오세요. → 네, ______
4) 술을 마시지 마세요. → ______

Ⅱ 만

P60

1 **Answer as shown in the example.** 보기 와 같이 답하십시오.

보기
가: 아침에 뭘 드세요?
나: (커피) 커피만 마셔요.

1) 가: 무슨 과일을 좋아하세요?
나: (포도) ______

2) 가: 어느 나라를 여행했어요?
나: (멕시코) ______

3) 가: 어떤 술을 자주 드세요?
나: (맥주) ______

4) 가: 주말에 집에 계세요?
나: (토요일) ______

1~3 Read and answer the questions.

읽고 질문에 답하십시오.

한국 사람들은 보통 휴대 전화로 전화를 합니다.
데이비드 씨도 한국에 와서 휴대 전화를 샀습니다.
데이비드 씨는 오늘 학교 친구에게 전화를 했습니다.
친구는 전화를 받지 않았습니다.
"메시지를 남기고 별표나 우물 정자를 누르십시오."

"이게 무슨 말입니까?"
데이비드 씨는 한국 친구에게 물었습니다.
한국 친구가 가르쳐 주었습니다.
그래서 "저 데이비드예요. 이따가 다시 전화할게요." 하고 말하고 별표를 눌렀습니다.
친구가 메시지를 듣고 데이비드 씨에게 전화해 주었습니다.

1 Who did David call today?

데이비드 씨는 오늘 누구에게 전화를 했습니까?

2 Choose the answer that does not match what you read. (　　)

읽은 내용과 다른 것을 고르십시오.

① 친구가 데이비드 씨에게 먼저 전화를 했습니다.
② 데이비드 씨는 한국에서 휴대 전화를 샀습니다.
③ 데이비드 씨는 친구에게 메시지를 남겼습니다.
④ 친구가 데이비드 씨의 메시지를 들었습니다.

메시지 message　남기다 to leave a message　별표 star, asterisk　우물 정자 pound key

3 Read the text above and write the numbers in order.

위 글을 읽고 순서대로 번호를 쓰십시오.

1) 친구가 데이비드 씨의 메시지를 듣습니다. ( )
2) 데이비드 씨가 친구에게 메시지를 남깁니다. ( )
3) 친구가 데이비드 씨에게 전화를 합니다. ( )
4) 친구가 전화를 받지 않습니다. ( )
5) 데이비드 씨가 친구에게 전화를 합니다. (1)

4 What do you do when your friend doesn't answer the phone? Talk about it.

여러분은 친구가 전화를 받지 않으면 어떻게 합니까? 이야기해 봅시다.

과제 2 들어 봅시다

1~2 Listen and choose the correct answer.

듣고 맞는 답을 고르십시오.

1 (   )

① 이따가 전화하세요.
② 이따가 전화할게요.
③ 좋아요, 전화할게요.
④ 내일 다시 전화하겠어요?

2 (   )

① 네, 집에 계세요.
② 아니요, 집에만 있어요.
③ 아니요, 집에 안 계세요.
④ 네, 집에만 있을 거예요.

3~4 Listen and answer the questions.

듣고 질문에 답하십시오.

3 **What are they talking about? (   )**

무슨 이야기를 합니까?

① 전화번호 ② 만날 시간 ③ 내일 회의 ④ 전화 시간 약속

4 **What is Emma's phone number? Write.**

엠마 씨 휴대 전화는 몇 번입니까? 쓰십시오.

5 James called Emma again. Continue the conversation over the phone.

제임스 씨가 엠마 씨에게 다시 전화를 했습니다. 이어서 전화로 이야기해 봅시다.

보기

저녁 8:30

제임스: 엠마 씨, 저 제임스예요.

엠마: 네, 전화 기다렸어요.

제임스: 엠마 씨, 내일 시간 있으세요?

엠마: ____________________

제임스: ____________________

엠마: ____________________

제임스: ____________________

6 In your country, how do you first greet someone on the phone?

여러분 나라에서는 전화를 받으면 처음에 어떻게 인사합니까?

1 Ask and answer about your friends' phone numbers as shown in the example.

보기 와 같이 친구들의 전화번호를 묻고 대답하십시오.

보기

가: ______________ 씨, 실례지만 전화전호가 몇 번이에요?

나: 제 전화 번호는 ____________________ 이에요/예요.

2 Write your friends' phone numbers and SNS IDs in the table below. Find friends on SNS and send messages.

친구들의 전화번호와 에스앤에스 아이디를 아래 표에 메모하십시오. 에스앤에스에서 친구들을 찾아서 메시지를 보내 봅시다.

이름	전화번호	에스앤에스 아이디
보기 미나미 리사		

3 Collect the contact information of your classmates and create an emergency contact network.

반 친구들의 연락처를 모아서 비상연락망을 만들어 보십시오.

에스앤에스 SNS　　아이디 ID　　비상연락망 emergency contact

memo 메모

7과 전화번호

02 바로 전데요

Learning Objective

To call and talk about your business

Grammar

-기 때문에, -는데요

Vocabulary

Phone calls1

MP3_14

- 리사가 누구에게 전화를 걸었습니까?
- 여러분은 전화를 걸어서 처음에 어떻게 말합니까?

리사: 여보세요, 거기 법대 사무실이지요? 김선희 씨 계세요?
선희: 바로 전데요. 누구세요?
리사: 저 리사예요. 지금 안 바쁘세요?
선희: 어떡하죠? 지금 회의가 있기 때문에 가야 돼요.
리사: 그럼 이따가 다시 연락할게요. 죄송해요.
선희: 괜찮아요, 회의가 끝나면 제가 연락할게요.

여보세요 Hello　법대 사무실 law school administration office　연락하다 to contact
죄송하다 to be sorry　괜찮다 to be okay

전화 1

전화를 걸다
전화하다

전화를 받다

전화번호를 누르다

신호가 가다

전화벨이 울리다

잘못 걸다

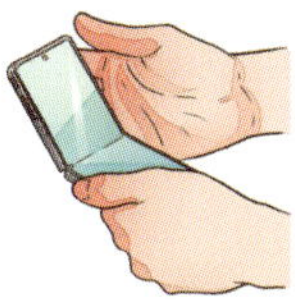

휴대 전화를/핸드폰을 켜다
휴대 전화를/핸드폰을 끄다

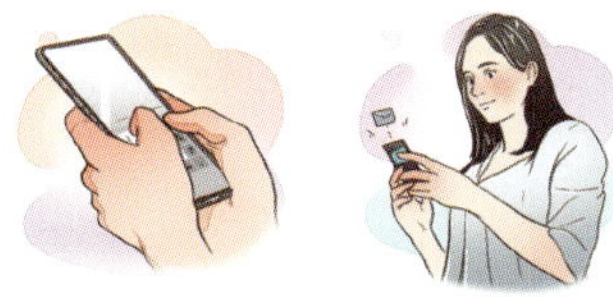

문자 메시지를 보내다
문자 메시지를 확인하다

음성 메시지를 남기다
음성 메시지를 확인하다

어휘 연습

1 Fill in the blank and read. 빈칸을 채우고 읽어봅시다.

오늘 친구하고 약속이 있었습니다. 그런데 시간을 바꾸고 싶었습니다.

그래서 친구에게 **보기** 전화를 걸었습니다.

따르릉 따르릉 1) ____________________

그런데 친구가 핸드폰을 받지 않았습니다.

그래서 2) ____________________

조금 뒤에 친구가 문자 메시지를 확인했습니다.

친구에게서 3) ____________________

전화를 걸다 to make a phone call　신호 signal　전화벨 telephone ring　울리다 to ring
잘못 mistake　켜다 to turn on　끄다 to turn off　문자 메시지 text message　확인하다 to check
음성 메시지 voice message

-기 때문에

P62

1 Make sentences as shown in the example.

보기 와 같이 문장을 만드십시오.

> **보기**
> 김진 씨는 선생님입니다. 날마다 학교에 갑니다.
> → 김진 씨는 선생님이기 때문에 날마다 학교에 갑니다.

1) 냉면을 좋아합니다. 자주 먹으러 갑니다.

→ ______________________________.

2) 월요일입니다. 차가 많습니다.

→ ______________________________.

3) 요즘 숙제가 많습니다. 주말에도 도서관에 갔습니다.

→ ______________________________.

4) 시험이 끝났습니다. 친구들하고 노래방이나 놀이공원에 갈 겁니다.

→ ______________________________.

놀이공원 amusement park

2 Talk as shown in the example. 보기 와 같이 이야기하십시오.

보기

가: 이 식당에는 손님이 많군요.
나: 이 식당이 새로 문을 열었기 때문에 사람들이 많아요.

1) 

가: 요즘도 바쁘세요?
나: 아니요, ______________________________

2) 

가: 왜 이렇게 음식을 많이 준비했어요?
나: ______________________________

3) 

가: 왜 안 나가세요?
나: ______________________________

4) 

가: 오늘이 무슨 날이에요? 학교 앞에서 꽃을 팔아요.
나: ______________________________

5) 

가: 엠마 씨가 기분이 안 좋은데 무슨 일이 있어요?
나: ______________________________

새로 newly　　졸업식 graduation ceremony

01 -는데요/은데요/ㄴ데요

P62

1 Answer as shown in the example.

보기 와 같이 답하십시오.

> **보기**
>
> 가: 밖에 나갑시다.
>
> 나: (날씨가 춥다) 날씨가 추운데요.

1) 가: 내일 만날까요?

   나: (다른 약속이 있다) ______________________.

2) 가: 식사하러 갑시다.

   나: (밥을 먹었다) ______________________.

3) 가: 영화를 보는 건 어때요?

   나: (내일은 좀 바쁘다) ______________________.

4) 가: 돈 좀 빌려 주세요

   나: (돈이 없다) ______________________.

2 Complete the dialogue.

대화를 완성하십시오.

정희: 여보세요, 거기 중국집이지요?

중국집: 네, 그렇다 → 그런데요.

정희: 음식을 주문하고 싶다 → 1) ______________________.

중국집: 주소가 어디십니까?

정희: 연세 하숙집 203호이다 → 2) ______________________.

중국집: 뭘 주문하시겠어요?

정희: 짜장면하고 탕수육이요.

중국집: 탕수육은 시간이 오래 걸리다 → 3) ______________________.
괜찮으시겠어요?

정희: 네, 괜찮아요.

중국집: 그럼 배달해 드리겠습니다. 고맙습니다.

1~3 Read and answer the questions.

읽고 질문에 답하십시오.

제임스 씨는 다니엘 씨에게 전화를 걸었습니다.
"다니엘 씨 핸드폰이지요?"
"네, 바로 전데요. 누구세요?"
"저 제임스예요."
"안녕하세요, 제임스 씨? 무슨 일이세요?"
"이번 크리스마스에 시간이 있어요? 저녁 6시에 우리 집에서 파티를 해요."
"그래요? 그날 약속이 없기 때문에 시간이 있어요. 초대해 줘서 고마워요. 그런데 집이 어디예요?"
"우리 집은 학교 근처에 있어요. 지하철 2호선 신촌역에서 내리세요. 길이 어렵지 않지만 지하철에서 내리면 전화하세요. 제가 나갈게요."
제임스 씨는 리사 씨에게도 전화했습니다.
리사 씨는 전화를 받지 않았습니다.
그래서 리사 씨에게 초대 문자 메시지를 보냈습니다.
리사 씨가 문자 메시지를 확인하고 답장을 보냈습니다.

1 Who did James invite to the party?

제임스 씨는 파티에 누구를 초대했습니까?

---

2 Read the text above and write the numbers in order.

위 글을 읽고 순서대로 번호를 쓰십시오.

1) 제임스 씨와 친구들이 크리스마스 파티를 합니다. (   )
2) 제임스 씨에게 리사 씨가 문자 메시지를 보냅니다. (   )
3) 제임스 씨하고 다니엘 씨가 만날 약속을 합니다. (   )
4) 제임스 씨가 다니엘 씨에게 전화합니다. (1)
5) 제임스 씨가 리사 씨에게 전화를 합니다. (   )

초대하다 to invite 답장 reply

3 **Write a reply text message from Lisa.**

리사 씨의 답 문자 메세지를 써 봅시다.

안녕하세요? 제임스 씨, 문자 메시지를 지금 확인했어요.

______________________________________.

______________________________. 그럼 그날 만나요.

-리사-

4 **When you have a party, how do you invite friends? Try inviting them over the phone.**

여러분은 파티를 할 때 어떻게 친구를 초대합니까? 전화로 초대해 봅시다.

1~2 Listen and choose the correct answer.

듣고 맞는 답을 고르십시오.

1 (　　)

① 실례합니다. ② 네, 바로 전데요.
③ 휴대 전화가 없는데요 ④ 네, 제가 마이클입니다.

2 (　　)

① 일이 많으니까 가지 맙시다.
② 반 모임이 있으니까 회사에 가지 마세요.
③ 우리 반 모임이 있기 때문에 거기 가야 돼요.
④ 회사에서 할 일이 많기 때문에 회사에 가야 돼요.

3~5 Listen and answer the questions.

듣고 질문에 답하십시오.

3 **Why does James call twice? (　　)**
제임스 씨가 왜 두 번 전화를 겁니까?

① 리사가 없어서 ② 전화번호를 몰라서
③ 시간이 많아서 ④ 전화를 잘못 걸어서

4 **Why did James call Lisa? Write.**
제임스 씨가 왜 리사 씨에게 전화했습니까? 쓰십시오.

5 **Write down Michael's cell phone number.**
마이클 씨의 휴대 전화번호를 쓰십시오.

웬일 for what reason　잠시만 just for a moment

6~8 **Listen and answer the questions.**

듣고 질문에 답하십시오.

6 **Where did the woman call?**

여자가 어디에 전화했습니까?

____

7 **Where will the woman receive the delivery?**

배달을 받을 곳은 어디입니까?

① 신촌 하숙집 1001호 ② 신촌 기숙사 1001호

③ 연세 하숙집 1011호 ④ 연세 기숙사 1011호

8 **Why does bibimbap take time?**

비빔밥은 왜 시간이 걸립니까?

____

9 **You received a wrong call. How do you respond? Talk about it.**

잘못 건 전화를 받았습니다. 어떻게 말합니까? 이야기해 봅시다.

가: 여보세요, 거기 중국집이지요?

나: 아닙니다. 전화 1) ____________ 거셨습니다.

가: 2124-3478 아니에요?

나: 몇 번에 2) ____________?

가: 죄송합니다.

나: 아닙니다.

주소 address 계산하다 to pay, to calculate

과제 3 해 봅시다

1 Call your friends and talk as shown in the example.

친구들에게 전화를 걸어서 보기 와 같이 이야기해 봅시다.

보기

가: 여보세요, 리사 씨 핸드폰입니까?
나: 네, 맞습니다. 누구시지요?
가: 저 마이클이에요~~이에요/예요~~. 지금 전화할 시간이 있어요?
나: 아, 네, 마이클 씨, 잘 지냈어요? 웬일이세요?
가: 숙제를 몰라서~~아서/어서/여서~~ 전화했어요.
나: 네. 잠깐만요. 오늘은 숙제가 없어요.
가: 고마워요, 내일 학교에서 봐요.
나: 네, 들어가세요.

1) **상황 1**

리사 씨에게 전화를 하십시오.
리사 씨는 편의점에서 아르바이트를 하고 있습니다.
전화를 걸어서 오늘 숙제를 물어 보십시오.

2) **상황 2**

리암 씨에게 전화를 하십시오.
리암 씨는 연세 무역에서 일하고 있습니다.
전화를 걸어서 다니엘 씨의 전화번호를 물어 보십시오.

3) **상황3**

엠마 씨에게 전화를 하십시오 .
엠마 씨는 영화를 보고 있습니다.
전화를 걸어서 "일요일에 같이 공원에서 자전거를 탑시다." 하고 말해 봅시다.

문화

호칭

한국어에는 상대방을 부르는 호칭이 여러 가지 있습니다. 친구는 보통 '수영아', '선희야'와 같이 이름을 부릅니다. 직장에서 윗사람은 '사장님', '부장님'과 같이 직위로 부르고 아랫사람은 보통 '이수영 씨'라고 이름과 '씨'를 함께 사용하여 부릅니다. 학교나 직장에서 선배에게는 '선배', '선배님'이나 '형', '오빠', '누나', '언니'와 같은 가족 호칭을 쓰기도 합니다. 그리고 결혼한 여자는 '아주머니', 결혼한 남자는 '아저씨'라고 부릅니다.

8과 통화

01 다니엘 씨 생일이라서 전화했어요

Learning Objective

To make an appointment over the phone

Grammar

이라서, -고 나서

Vocabulary

Appointments

MP3_15

- 두 사람은 전화로 무슨 이야기를 합니까?
- 여러분은 친구와 약속할 때 무엇을 이야기합니까?

리사: 서준 씨, 수영 씨한테서 전화 받았어요?
서준: 아니요, 안 받았는데요.
리사: 토요일이 다니엘 씨 생일이라서 전화했어요.
서준: 그래요? 몇 시에 파티를 해요?
리사: 아직 안 정했어요. 나중에 전화 드릴게요.
서준: 그럼 아르바이트를 하고 나서 같이 선물을 사러 가요.
늦으면 전화할게요.

아직 still　정하다 to decide　나중에 later　늦다 to be late

약속

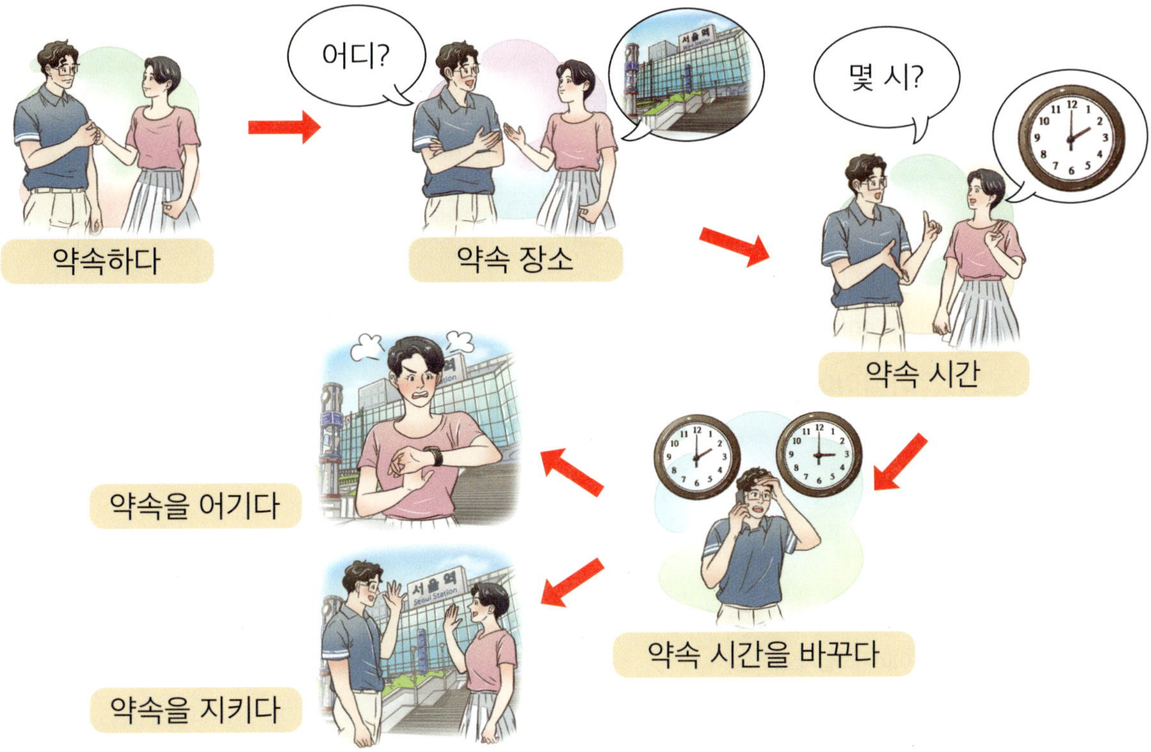

어휘 연습

1 **Look at the picture and talk.** 위 그림을 보고 이야기하십시오.

보기 리사 씨는 다니엘 씨와 약속을 했습니다.

약속 장소는 **1)** ______________________.

약속 시간은 **2)** ______________________.

그런데 다니엘 씨가 바쁜 일이 있어서 약속 시간을 **3)** ______________________.

다니엘 씨가 3시에 왔습니다. 다니엘 씨는 약속을 **4)** ______________________.

약속하다 to make an appointment, to promise　바꾸다 to change　어기다 to break, to violate
지키다 to keep a promise or rule

이라서/라서

P65

1 Match and make sentences.

연결하고 문장을 만드십시오.

보기 주말이라서 백화점에 사람이 많아요.

보기	주말이에요. • ――	• 날마다 비가 와요.
1)	방학이에요. •	• 백화점에 사람이 많아요.
2)	장마철이에요. •	• 계단으로 올라왔어요.
3)	엘리베이터가 수리 중이에요. •	• 학교에 학생들이 없어요.

2 Talk as shown in the example.

보기 와 같이 이야기하십시오.

보기

가: 매운 음식을 못 먹는 친구에게 불고기를 만들어 주면 어때요?

나: 불고기는 맵지 않은 음식이라서~~이라서/라서~~ 친구가 좋아할 거예요.

1)

가: 내일 저녁에 시간이 있어요?

나: 아니요, ____________ 이라서/라서 저녁에 파티를 해요.

2)

가: 왜 이렇게 길에 차가 많아요?

나: ____________ 이라서/라서 집에 가는 사람들이 많을 거예요.

3) 

가: 오늘은 왜 학교에 안 가요?

나: ____________ 이라서/라서 ____________.

4) 

가: 오늘 도서관에 학생들이 많아요.

나: ____________ 이라서/라서 ____________.

02 -고 나서

P65

1 Make sentences as shown in the example.

보기 와 같이 문장을 만드십시오.

> **보기**
>
> 숙제를 해요. / 게임을 해요.
>
> → 숙제를 하고 나서 게임을 해요.

1) 청소를 해요. / 빨래를 해요.

→ ____________________.

2) 카페에서 커피를 마셨어요. / 학교에 갔어요.

→ ____________________.

3) 수업을 들어요. / 점심을 먹을 거예요.

→ ____________________.

빨래 laundry

2 Talk as shown in the example.

보기 와 같이 이야기하십시오.

보기

가: 아침에 일어나서 뭘 했어요?
나: 세수하고 나서 아침을 먹었어요.

1)

가: 아침을 먹고 뭘 했어요?
나: ______________ 고 나서 ______________.

2)

가: 운동을 하고 뭘 했어요?
나: ______________ 고 나서 ______________.

3)

가: ______________ 씨, 어제 뭘 했어요?
나: ______________ 고 나서 ______________.

4)

가: ______________ 씨, 집에 가서 뭘 할 거예요?
나: ______________ 고 나서 ______________.

1~3 Read and answer the questions.

읽고 질문에 답하십시오.

스티븐 씨는 월요일에 미영 씨에게 전화를 걸었습니다.
"토요일 저녁에 시간이 있어요? 같이 연극도 보고 저녁도 먹을까요?
인기 있는 연극이라서 같이 보고 싶어요."
"네, 낮에는 일이 있지만 저녁에는 괜찮아요."
"좋아요, 그럼 그날 7시에 만나요."
두 사람은 약속을 했습니다.
그런데 스티븐 씨는 토요일 오후에 다시 미영 씨에게 전화를 걸었습니다.
"미영 씨, 여기 김포공항이에요. 급한 일이 생겨서 지금 부산에 갑니다.
정말 미안해요. 내일 저녁에 시간이 있어요? 일을 하고 나서 만납시다."
"글쎄요, 내일 다시 전화하세요."
미영 씨 목소리가 좋지 않았습니다.
'미영 씨가 아플까?', '미영 씨가 화가 났을까?'
스티븐 씨는 걱정을 했습니다.

1 **What is the passage about? ( )**

무슨 이야기입니까?

① 부산 여행 ② 식사 초대 ③ 주말 계획하기 ④ 약속 시간 바꾸기

2 **Read and choose the correct answer. ( )**

읽고 맞는 것을 고르십시오.

① 스티븐 씨는 고속버스로 부산에 갑니다.
② 스티븐 씨는 아파서 약속을 취소했습니다.
③ 스티븐 씨는 미영 씨와 연극을 보고 싶어 했습니다.
④ 스티븐 씨는 미영 씨를 만나지 못해서 화가 났습니다.

연극 play 낮 day time 급하다 to be urgent 생기다 to come up, to arise 글쎄요 well
목소리 voice 화가 나다 to get angry 취소 cancellation

3 Why was Steven worried? Write.

스티븐 씨는 왜 걱정을 했습니까? 쓰십시오.

4 What should Steven do? Talk about it.

스티븐 씨가 어떻게 하면 좋겠습니까? 이야기해 봅시다.

- 미영 씨에게 약을 주러 가야 됩니다.
- 미영 씨에게 꽃을 선물해야 됩니다.
- 미영 가 전화를 받을 때까지 전화를 해야 됩니다.
- 미영 씨가 먼저 전화할 때까지 기다립니다.
- ________________________________?

1~2 Listen and choose the correct answer.

듣고 맞는 답을 고르십시오.

1 (　　)

① 내일은 시험이니까 도서관에 갑시다.
② 내일은 시험이어서 도서관에서 공부를 했어요.
③ 내일은 시험이라서 도서관에 학생들이 많아요.
④ 내일은 시험이어서 도서관에 학생들이 많이 없어요.

2 (　　)

① 영화를 보고 나서 식사를 해요.
② 식사를 하고 나서 영화를 봤어요.
③ 주말이라서 영화표를 예매해야 돼요.
④ 영화를 보러 신촌역 앞 영화관에 가요.

3~4 Listen and answer the questions.

듣고 질문에 답하십시오.

3 **Why did Lisa call? Write.**

리사 씨는 왜 전화했습니까? 쓰십시오.

4 **Choose the answer that does not match what you heard. (　　)**

내용과 다른 것을 고르십시오.

① 리사 씨는 점심에 일이 생겼습니다.
② 리사 씨가 수영 씨에게 전화했습니다.
③ 두 사람은 오늘 같이 저녁을 먹겠습니다.
④ 수영 씨는 저녁에 바빠서 만나기가 어렵습니다.

영화표 movie ticket　　예매하다 to book a ticket

5~6 Listen and answer the questions.

듣고 질문에 답하십시오.

5 When and where will the two people meet tomorrow? Write.

두 사람은 내일 언제, 어디에서 만나겠습니까? 쓰십시오.

( )에 ( )에서 만나겠습니다.

6 Choose the correct answer. ( )

맞는 것을 고르십시오.

① 두 사람은 신촌역에 가고 싶어합니다.
② 서준 씨는 내일 오후에 시간이 없습니다.
③ 두 사람은 내일 신촌에서 쇼핑하겠습니다.
④ 선희 씨는 서준 씨에게 전화를 걸었습니다.

7 When you make plans with friends, do you talk on the phone or through text? Talk about it.

여러분은 친구와 약속할 때 전화로 이야기합니까? 메시지로 약속합니까? 이야기해 봅시다.

1 Do you have someone you want to meet over the weekend? Write as shown in the example. 여러분은 주말에 만나고 싶은 사람이 있습니까? 보기 와 같이 써 봅시다.

만나고 싶은 사람	약속 장소	약속 시간	만나면 하고 싶은 일
보기 서준	신촌 지하철역 근처	1시 반	동대문 시장, 쇼핑

2 Call the person you want to meet over the weekend as shown in the example. 보기 와 같이 주말에 만나고 싶은 사람에게 전화를 해 봅시다.

선희: 여보세요. 서준 씨 계십니까?
서준: 네, 전데요. 누구세요?
선희: 서준 씨, 저 선희예요. 내일 오후에 시간이 있어요?
서준: 네, 괜찮아요. 왜요?
선희: 같이 동대문 시장에 쇼핑하러 갈까요?
서준: 네, 좋아요. 저도 동대문 시장에 가고 싶었어요. 언제 갈까요?
선희: 1시 반은 어떠세요?
서준: 1시 반 좋습니다.
선희: 어디에서 만날까요? 저는 학교가 신촌이라서 신촌 지하철역 근처에서 만나는 게 편해요.
서준철: 그럼 신촌 지하철역 1번 출구에서 만납시다.
선희: 알겠습니다. 그럼 내일 봅시다.

3 Talk about the plans you made with your friend over the phone.

친구와 전화로 약속한 것을 이야기해 봅시다.

보기

저는 서준 씨와 약속을 했습니다. 우리는 같이 동대문 시장에 쇼핑하러 가겠습니다. 약속 장소는 신촌 지하철역 1번 출구입니다. 약속 시간은 금요일 1시 30분입니다.

8과 통화

02 지금 전화를 받지 못해요

Learning Objective

To ask for someone over the phone

Grammar

-지 못하다, -게

Vocabulary

Phone calls 2

MP3_16

- 서준 씨는 누구하고 이야기하고 싶어 합니까?
- 여러분은 다른 사람이 전화를 받으면 어떻게 이야기합니까?

서　준: 여보세요, 죄송하지만 다니엘 씨 좀 바꿔 주세요.
남　자: 다니엘 씨가 지금 전화를 받지 못해요. 잠시만 기다리세요.
· · · · · · ·
다니엘: 전화 바꿨습니다.
서　준: 다니엘 씨, 저 정서준이에요.
다니엘: 서준 씨, 언제 올 거예요?
서　준: 미안해요, 아직 회사예요. 아마 30분쯤 늦게 도착할 거예요.

전화를 바꾸다 to put someone on the phone　아마 probably　늦게 late

전화 2

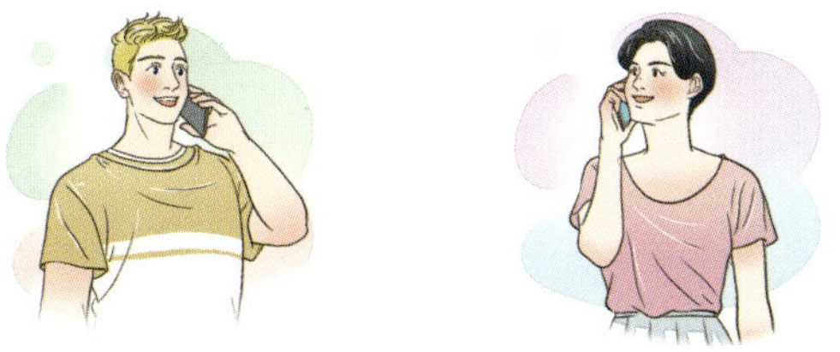

통화하다

전화를 끊다

바꾸다

통화 중이다

어휘 연습

1 James called Lisa. Write the numbers in order.

제임스 씨가 리사 씨에게 전화를 했습니다. 순서대로 번호를 쓰십시오.

(❶) → (   ) → (   ) → (   ) → (   ) → (❹)

❶ 제임스가 리사에게 전화를 했습니다.

❷ 조금 이따가 다시 전화를 했습니다.

❸ 통화 중이었습니다.

❹ 두 사람은 통화했습니다.

❺ 그래서 전화를 끊었습니다.

❻ 리사가 전화를 받았습니다.

통화하다 to talk over the phone 전화를 끊다 to hang up the phone
통화 중이다 to be talking over the phone

-지 못하다 P67

1 Make a sentence as shown in the table.

보기 와 같이 문장을 만드십시오.

보기 운전을 해요. → 운전을 하지 못해요.

1) 파티에 가요. → ______________________

2) 오늘 만나요. → ______________________

3) 한국 음식을 만들어요. → ______________________

2 Complete the table and talk with friends as shown in the example.

표를 완성하고 보기 와 같이 친구들과 이야기해 봅시다.

	친구1	친구2
보기 부모님께 자주 연락해요?	자주 연락해요.	자주 연락하지 못해요.
1) 운동을 자주 해요?		
2) 여행을 자주 가요?		
3) ?		
4) ?		
5) ?		

보기

가: 부모님께 자주 연락해요?

나: 네, 자주 연락해요. / 아니요. 자주 연락하지 못해요.

00 -게

P67

1 Make a sentence as shown in the example.

보기 와 같이 문장을 만드십시오.

보기 칠판에 이름을 (크다) / 써 주세요. → 칠판에 이름을 <u>크게</u> 써 주세요.

1) 어디에서 옷을 (싸다) / 샀어요? → ______________________

2) 요즘 일이 많아서 (바쁘다) / 지내요. → ______________________

3) 한국 음식을 (맛있다) / 만들고 싶어요. → ______________________

2 Talk as shown in the example.

보기 와 같이 이야기하십시오.

보기

가: 여기가 시끄러워서 리사 씨 말을 잘 못 들었어요.
나: <u>그럼 다시 크게 말할게요.</u>

1)

가: 왜 머리를 잘랐어요?

나: 더워서 ______________________ 게 잘랐어요.

2)

가: 어제 무엇을 했어요?

나: 친구들을 만나서 ______________________ 게 놀았어요.

3)

가: 오늘 어디에 가요? 옷이 너무 예뻐요.

나: 오늘 파티에 가야 돼서 ______________________.

4)

가: 선희 씨 방이 정말 깨끗해요.

나: ______________________.

1~3 **Read and answer the questions.**
읽고 질문에 답하십시오.

미국에서 온 케빈 씨는 요즘 한국어를 배웁니다.
이제는 한국말을 좀 합니다.
그러나 전화가 오면 겁이 납니다.
듣기도 어렵고 말하기도 잘 하지 못합니다.
지난주 토요일에 케빈 씨는 하숙집에 혼자 있었습니다.
"따르릉, 따르릉"
케빈 씨는 겁이 났지만 전화를 받았습니다.
"거기 중국집이지요?"
"네? 여보세요, 몇 번에 거셨습니까?"
"거기가 중국집 아니에요?"
"전화 잘못 거셨습니다."
"아, 정말 죄송합니다."
"아니요, 괜찮습니다." 케빈 씨가 크게 대답했습니다.
전화를 끊고 나서 케빈 씨는 한국어로 전화를 잘 받아서 기뻤습니다.

1 **Why does Kevin get scared when he gets a phone call? Write.**
케빈 씨는 왜 전화가 오면 겁이 납니까? 쓰십시오.

2 **Read and choose the correct answer. (　　　)**
읽고 맞는 것을 고르십시오.

① 케빈 씨는 중국집에 전화를 했습니다.
② 케빈 씨는 전화를 잘 받지 못했습니다.
③ 케빈 씨는 전화를 받고 싶지 않았습니다.
④ 케빈 씨는 듣기는 어렵지만 말하기는 쉽습니다.

그러나 but　　겁이 나다 to be scared　　기쁘다 to be pleased

3 **Why did Kevin feel good after the phone call? Write.**

케빈 씨는 왜 기분이 좋았습니까? 쓰십시오.

4 **Have you ever dialed the wrong number or received a wrong call? Talk about it.**

여러분은 전화를 잘못 건 적이 있습니까? 아니면 잘못 온 전화를 받은 적이 있습니까? 이야기해 봅시다.

1~2 **Listen and choose the correct answer.**
듣고 맞는 답을 고르십시오.

1 ( )

① 백화점에서 옷을 사지 마세요.
② 옷이 너무 비싸서 사지 못했어요.
③ 그 가게 옷이 예뻐서 자주 가는데요.
④ 오늘은 백화점 세일 기간이라서 옷값이 싸요.

2 ( )

① 선생님, 좀 크게 써 주세요.
② 선생님, 칠판에 글씨를 쓸게요.
③ 선생님, 좀 깨끗하게 청소해 주세요.
④ 선생님, 칠판에 글씨를 쓰고 나서 지웠어요.

3~4 **Listen and answer the questions.** 듣고 질문에 답하십시오.

3 **Why did the student call the office? Write.**
학생은 왜 사무실에 전화했습니까? 쓰십시오.

4 **Choose the correct answer. ( )**
맞는 것을 고르십시오.

① 사무실에 지금 직원이 한 명 있습니다.
② 사무실 직원이 학생에게 전화를 걸었습니다.
③ 사무실에 학생증 일을 하는 직원이 있습니다.
④ 처음에 학생증 일을 하는 직원이 전화를 받았습니다.

세일 기간 sale period 글씨 handwriting 지우다 to erase 담당하다 to be in charge of
직원 employee, staff

5~6 Listen and answer the questions.

듣고 질문에 답하십시오.

5 Where did this person call? Write.

이 사람은 어디에 전화를 걸었습니까? 쓰십시오.

____

6 Choose the answer that does not match what you heard. (　　)

들은 내용과 다른 것을 고르십시오.

① 남자는 제임스 씨하고 통화하겠습니다.

② 지금 집에 없는 사람은 수영 씨입니다.

③ 리사 씨는 지금 전화를 받기 어렵습니다.

④ 남자는 처음에 리사 씨하고 통화하고 싶었습니다.

7 What do you do when you call a friend and someone else answers the phone? Talk about it.

여러분이 친구에게 전화를 했는데 다른 사람이 받으면 어떻게 합니까? 이야기해 봅시다.

1 This is Sooyoung's story. Do you also have experiences like Sooyoung, such as "dialing the wrong number", "having someone put you on the phone", and "talking to someone else when your friend wasn't around"? Talk about it.

수영 씨의 이야기입니다. 여러분도 수영 씨처럼 '전화를 잘못 건 일', '다른 사람이 전화를 바꿔 준 일', '친구가 없을 때 다른 사람과 통화한 일'이 있습니까? 이야기해 봅시다.

이야기1

선희 씨 전화번호는 265-3397입니다. 수영 씨는 선희 씨에게 전화하고 싶었지만 265-3497번으로 전화를 잘못 걸었습니다. 그곳은 노래방이었습니다.

이야기2

수영 씨는 이지은 선생님과 통화하고 싶었지만 선생님이 안 계셨습니다. 박 선생님이 전화를 받으셨습니다. 그리고 이지은 선생님을 바꿔 주셨습니다.

이야기3

수영 씨는 친구 민호 씨에게 전화했지만 민호 씨의 어머니가 전화를 받으셨습니다. 민호 씨의 어머니는 수영 씨를 집으로 초대하셨습니다.

2 Tell the story above over the phone as shown in the example.

보기 와 같이 위의 이야기를 전화로 이야기해 봅시다.

이야기1 수영 씨는 선희 씨와 전화하고 싶었지만 전화를 잘못 걸었습니다.

↓

보기

수영: 여보세요, 선희 씨 집이지요?
노래방 주인: 아니요, 여기는 노래방입니다. 잘못 거셨습니다.
수영: 아, 그래요? 선희 씨 집 아니에요? 거기 전화번호가 몇 번이지요?
노래방 주인: 265-3497입니다.
수영: 전화번호 뒷자리가 '3497'이에요? 저는 '3397'에 전화했는데요.
제가 전화를 잘못 걸었습니다. 죄송합니다.

이야기2 수영 씨는 이지은 선생님과 통화하고 싶었지만 박 선생님께서 전화를 받으셨습니다. 그리고 이 선생님을 바꿔 주셨습니다.

↓

수영: ______________________

박 선생님: ______________________

수영: ______________________

박 선생님: ______________________

수영: ______________________

박 선생님: ______________________

이 선생님: 네, 전화 바꿨습니다. 이지은입니다.

이야기3 수영 씨는 민호 씨와 통화하고 싶었지만 민호 씨가 집에 없어서 민호 어머니께서 전화를 받으셨습니다. 민호 씨 어머니께서 수영 씨를 집에 초대하셨습니다.

↓

수영: ______________________

민호 어머니: ______________________

수영: ______________________

민호 어머니: ______________________

수영: ______________________

민호 어머니: ______________________

수영: 네, 알겠습니다. 그럼 내일 뵙겠습니다.

뵙다 to meet(honorific)

문화

한국인의 전화 예절

한국 사람은 전화를 걸거나 받을 때 '여보세요.'라고 말하면서 통화를 시작합니다. 전화를 끊을 때는 특별히 정해진 말은 없지만 보통 '감사합니다.'나 '안녕히 계세요.' 등 간단한 인사말을 하거나 '이만 끊겠습니다.'라고 말하고 전화를 끊습니다.

한국 사람과 전화를 할 때 지켜야 하는 예절이 있습니다. 윗사람과 통화를 한 경우에는 윗사람이 먼저 전화를 끊고 난 후에 전화를 끊습니다. 윗사람이 아닌 사람과 통화를 한 경우에도 용건이 끝나자마자 바로 수화기를 내려놓는 것보다 잠깐 수화기를 들고 있다가 전화를 끊는 것이 좋습니다.

memo 메모

9과 날씨

01 곧 비가 오겠어요

Learning Objective
To explain today's weather

Grammar
-겠-², -네요

Vocabulary
Weather 1

MP3_17

- 두 사람이 보는 날씨가 어떻습니까?
- 오늘 날씨는 어떻습니까?

선 희: 오늘 날씨가 흐리네요.
제임스: 하늘에 구름이 많이 꼈어요.
선 희: 바람도 좀 부는데요.
제임스: 곧 비가 오겠어요. 우산을 가지고 왔어요?
선 희: 가지고 왔어요. 내일은 비가 그치겠지요?
제임스: 네, 내일은 맑을 거예요.

흐리다 to be cloudy　하늘 sky　구름이 끼다 to be cloudy, to become cloudy　바람 wind
불다 to blow　곧 soon　가지고 오다 to bring　그치다 to stop, to end up

날씨 1

흐리다

개다

맑다

구름이 끼다

안개가 끼다

비가 오다 / 내리다 →

비가 그치다

눈이 오다 / 내리다 →

눈이 그치다

바람이 불다

바람이 강하다

바람이 약하다

어휘 연습

1 How is the weather? Speak as shown in the example.

날씨가 어떻습니까? 보기 와 같이 이야기하십시오.

보기

비가 옵니다.

1) 

2) 

3) 

4) 

개다 to clear up　맑다 to be clear　안개 fog　강하다 to be strong

문법 연습

-겠-[2]

P70

1 Answer as shown in the example. 보기 와 같이 답하십시오.

보기

가: 어제 밤에 3시간밖에 안 자고 공부했어요.
나: 피곤하겠어요.

1) 가: 오늘 아침, 점심을 모두 먹지 못했습니다.
   나: ______________________________.

2) 가: 어제 가장 친한 친구가 고향으로 돌아갔습니다.
   나: ______________________________.

3) 가: 우리 형은 프랑스에서 10년 일했어요.
   나: ______________________________.

4) 가: 어제 기말 시험이 끝났습니다.
   나: ______________________________.

2 Look at Woobin's family photo and talk about it as shown in the example. 우빈 씨의 가족 사진을 보고 보기 와 같이 이야기하십시오.

우빈 씨는 서울에 있는 회사에 다닙니다.
회사가 멀어서 날마다 두 시간쯤 걸립니다.

보기 회사가 멀어서 힘들겠습니다 ~~겠습니다~~.

우빈 씨는 결혼을 해서 아이들이 네 명 있습니다.

1) 아이들이 많아서 ______________ 겠습니다.

그리고 우빈 씨의 아버지와 어머니께서도 우빈 씨와 함께 사십니다. 아버지, 어머니, 우빈 씨, 아내, 아이들 네 명까지 모두 8명입니다.

2) ______________ 겠습니다.

우빈 씨 집 근처에는 크고 깨끗한 공원이 있습니다.

3) 공원이 있어서 ______________ 겠습니다.

공원에 산책하는 길과 자전거 타는 길이 있습니다.

4) 공원에서 ______________ 겠습니다.

주말에는 김밥을 가지고 부모님과 아이들과 소풍을 갑니다.

5) ______________ 겠습니다.

소풍 picnic

01 -네요

P70

1 **Fill in the table according to the following situation.**

다음 상황에 맞게 표를 채우십시오.

상황	지금 알았어요!	어떻게 말할까요?
오늘 리암 씨를 처음 만났어요.	한국말을 아주 잘 해요.	리암 씨, 한국말을 아주 잘 하시네요.
서점에 들어왔어요.	책이 비싸요.	1)
맛집에 왔어요.	이 식당은 음식이 정말 맛있어요.	2)
주말이라서 백화점에 왔어요.	주말이지만 사람이 많지 않아요.	3)
TV에서 드라마를 보고 있어요.	배우의 목소리가 좋아요.	4)

2 **Complete the dialogue.**

대화를 완성하십시오.

엄마: 하늘을 좀 보세요. 하늘이 참 **보기** (아름답다) → (아름답네요).

지민: 네, 1) (그렇다) → (   ).

엄마: 파란 하늘과 바다를 보니까 기분이 참 2) (좋다) → (   ).

지민: 네, 그래요. 이제 밥을 먹으러 갈까요?

엄마: 네, 좋아요. 가요.

엄마: 이 식당은 맛집이에요? 사람이 정말 3) (많다) → (   ).

지민: 네, 아주 유명해요. 아, 이제 음식이 4) (나오다) → (   ).

엄마: 와, 이 메뉴가 뭐예요? 정말 5) (맛있겠다) → (   ).

지민: 국물 먼저 드셔 보세요. 어때요?

엄마: 정말 6) (맛있다) → (   ).

여기 오기를 7) (잘 했다) → (   ).

1~3 Read and answer the questions.

읽고 질문에 답하십시오.

오늘 8.4(금)	구름 조금	최저 25℃ 최고 33℃
내일 8.5(토)	흐리고 소나기	최저 23℃ / 최고 31℃

요즘 날마다 날씨가 무덥습니다.
물놀이 사고도 많습니다.
조심하십시오.
오늘 날씨입니다.
오늘은 날씨가 맑겠습니다.
하지만 낮에는 구름이 조금 끼겠습니다.
아침 기온은 25도이고 낮 최고 기온은 33도입니다.
내일은 흐리고 오후에 소나기가 오겠습니다.
아침 기온은 23도이고 낮 최고 기온은 31도입니다.
날씨였습니다.

1 **What is the passage about?**
무슨 이야기입니까?

2 **How is the weather today?**
오늘 날씨는 어떻습니까?

무덥다 to be very hot and humid　물놀이 water-related activities　사고 accident　최고 highest
기온 temperature　소나기 shower　최저 lowest

3 Choose the answer that does not match what you read.

읽은 내용과 다른 것을 고르십시오. (   )

① 요즘 날씨가 많이 덥습니다.

② 요즘 물놀이 사고가 많습니다.

③ 내일은 날씨가 더 덥겠습니다.

④ 내일은 오후에 비가 잠깐 오고 그치겠습니다.

4 Look at the picture and talk about the weather today and tomorrow.

그림을 보고 오늘과 내일의 날씨를 이야기해 봅시다.

오늘
12.24(수)

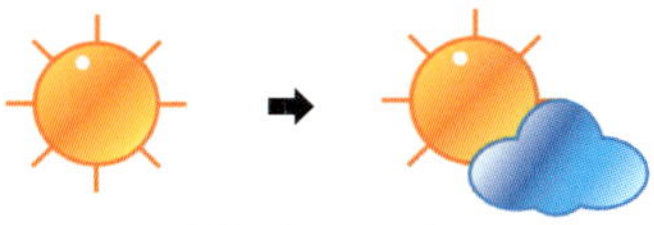

맑은 후 흐림

최저 −3℃
최고 6℃

내일
12.25(목)

흐리고 눈

최저 −5℃
최고 4℃

1~2 **Listen and choose the correct answer.**

듣고 맞는 답을 고르십시오.

1 (　　)

① 하늘이 맑지요?
② 산책을 합시다.
③ 우산을 가지고 가세요
④ 저녁에는 비가 올 거예요.

2 (　　)

① 비가 오네요.
② 구름이 끼네요.
③ 아니요, 비가 그치겠어요.
④ 네, 오후부터 맑을 거예요.

3 **Listen and match the correct one.**

듣고 알맞은 그림을 연결하십시오.

1) •　　2) •　　3) •　　4) •

• ①　　• ②　　• ③　　• ④

4~6 Listen and answer the questions.
듣고 질문에 답하십시오.

4 When can you listen to this weather forecast? (　　)
언제 들을 수 있는 일기예보입니까?

① 밤　　② 낮　　③ 아침　　④ 저녁

5 How is the weather today? Write. (　　)
오늘 날씨가 어떻겠습니까? 쓰십시오.

① 제주 : 지금 비가 옵니다.
→ ______________________________.

② 서울 : 오전에 흐립니다.
→ ______________________________

6 Listen to the weather forecast for Seoul and choose the correct statement. (　　)
서울에서 일기예보를 듣고 할 수 있는 말로 맞는 것을 고르십시오.

① 눈이 오네요.
② 우산을 갖고 가세요.
③ 바람이 강하게 부네요.
④ 비가 오니까 빨래를 하지 마세요.

7 Read today's weather forecast on the internet and discuss it.
인터넷으로 오늘 일기예보를 찾아서 같이 읽고 이야기해 봅시다.

전국 the whole country　지방 region　일기예보 weather forecast

1 What kind of weather do you like? Talk about it with friends.

어떤 날씨를 좋아합니까? 친구들과 이야기하십시오.

질 문	보기	내 대답	친구 대답
어떤 날씨를 좋아해요?	비 오는 날		
왜 그런 날씨를 좋아해요?	덥지 않아서		
그런 날에 무엇이 있어야 돼요?	우산, 비옷, 장화		
그런 날에 무엇을 먹어요?	파전, 막걸리		
그런 날에 누구를 만나요?	오래된 친구들		
____________________?			

2 Write and present your favorite weather as shown in the example.

좋아하는 날씨를 보기 와 같이 쓰고 발표해 봅시다.

보기

저는 비가 오는 날을 좋아합니다.
비가 오면 편안한 기분을 느낍니다.
비가 오는 날에는 우산을 가지고 가야 합니다.
비옷을 입고 장화를 신으면 기분이 더 좋습니다.
이런 날에는 오래된 친구들에게 연락해서 파전을 먹으러 갑니다.
비가 오는 날에 파전과 막걸리를 먹으면 정말 맛있습니다.
친구들과 이야기도 하고 맛있는 음식도 먹으면 행복합니다.

비옷 rain coat 장화 boots 파전 pajeon(green onion pancake)
막걸리 makgeolli(unrefined rice wine) 오래되다 to be old 느끼다 to feel

memo 메모

9과 날씨

02 오늘보다 따뜻할 거예요

Learning Objective

To compare weathers

Grammar

보다, -으면서

Vocabulary

Weather 2

MP3_18

- 날씨가 어떻습니까?
- 여러분 고향 날씨와 한국의 날씨가 어떻게 다릅니까?

제임스: 오늘은 바람도 불면서 비도 오네요.

선 희: 오후에는 비가 그치면서 날씨가 갤 거예요.

제임스: 내일은 날씨가 어떨까요?

선 희: 오늘보다 따뜻할 거예요.

제임스: 선희 씨 고향은 겨울에 날씨가 어때요?

선 희: 제 고향은 남쪽이기 때문에 서울보다 따뜻해요.

남쪽 south

날씨 2

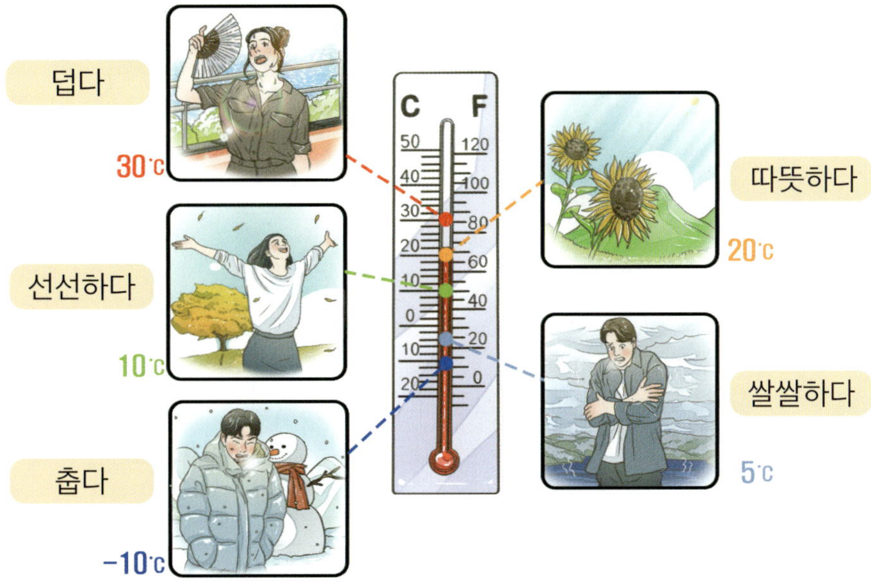

어휘 연습

1 How is the weather? Look at the map and write down the weather in the city. 날씨가 어떻습니까? 지도를 보고 도시의 날씨를 쓰십시오.

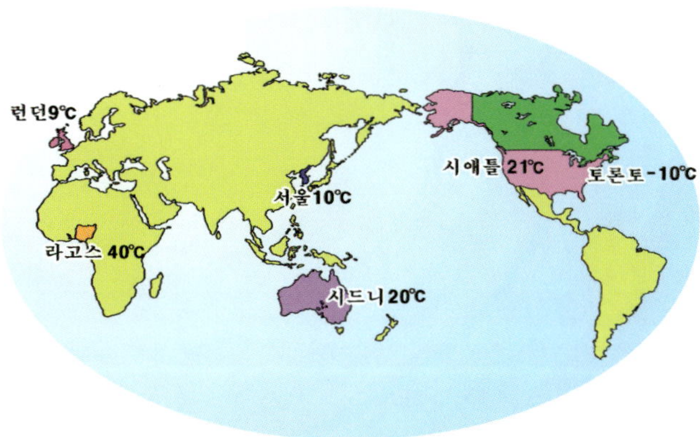

보기 런던: 선선합니다.

1) 서울: ______

2) 시애틀: ______

3) 시드니: ______

4) 라고스: ______

5) 토론토: ______

선선하다 to be cool　쌀쌀하다 to be chilly　시애틀 Seattle　라고스 Lagos

❶ 보다

P72

1 Speak as shown in the example.

보기 와 같이 말하십시오.

> **보기**
>
> 키: 마리가 앤보다 키가 작아요.
> 마리보다 앤이 키가 커요.

1) 머리: ____________________

____________________.

2) 가방: ____________________

____________________.

3) 신발: ____________________

____________________.

키 height　　키가 크다 to be tall

- 으면서/면서

P72

2 Look at the picture and speak as shown in the example.

그림을 보고 보기 와 같이 말하십시오.

보기

손뼉을 치면서 웃습니다.

1)

____

2)

____

3)

____

4)

____

5)

____

손뼉을 치다 to clap

1~3 Read and answer the questions.

읽고 질문에 답하십시오.

이번 여름은 정말 더웠습니다.
우리 가족은 속초로 가족 여행을 갔습니다.
여행을 가는 날 아침에 서울에는 바람도 불고 구름도 많이 꼈습니다.
"비가 오면 어떻게 해요?" 하고 모두들 걱정을 했습니다.
"오랜만에 가는 여행인데……."
속초까지는 자동차로 세 시간쯤 걸렸습니다.
속초에는 비가 내리지 않았습니다.
서울보다 날씨가 좋았습니다.
바다와 하늘이 모두 파랗고 깨끗했습니다.
우리 가족은 3박 4일 동안 재미있게 지냈습니다.
날씨가 좋아서 바다에서 수영도 하고 배도 탔습니다.
여행을 하면서 가족들과 이야기도 많이 하고 사진도 많이 찍었습니다.

1 **What is the passage about? (　　　)**

무슨 이야기입니까?

① 날씨　② 여행　③ 운동　④ 고향

2 **What did they do at the beach? Write.**

바다에 가서 무엇을 했습니까? 쓰십시오.

____

속초 Sokcho　박 일 -nights and -days

3 Choose the answer that does not match what you read. (　　)

읽은 내용과 다른 것을 고르십시오.

① 속초는 날씨가 맑고 좋았습니다.
② 우리는 속초에서 3일 밤을 잤습니다.
③ 여행을 가는 날 서울에 비가 왔습니다.
④ 서울에서 속초까지 3시간 걸렸습니다.

4 Did you travel last summer? What do you usually do during summer vacation in your hometown? Talk about it with friends.

여러분은 지난 여름에 여행을 했습니까? 여러분 고향에서는 여름 방학 때 보통 무엇을 합니까? 친구와 이야기해 봅시다.

과제 2 들어 봅시다

1~2 **Listen and choose the correct answer.**

듣고 맞는 답을 고르십시오.

1 (　　)

① 네, 서울보다 따뜻해요.
② 네, 서울보다 고향이 추워요.
③ 네, 고향보다 서울이 추워요.
④ 네, 서울보다 고향이 따뜻해요.

2 (　　)

1)	2)	3)	4)
ㄱ	ㄴ	ㄷ	ㄹ
미국 마이애미	한국 서울	캐나다 밴쿠버	뉴질랜드 웰링턴

구름 조금 37°	구름 많음 27°	흐리고 비 10°	맑음 20°

3~4 **Listen and answer the questions.**

듣고 질문에 답하십시오.

3 **How is the morning and evening weather these days?** (　　)

요즘 아침과 저녁 날씨가 어떻습니까?

① 덥다　② 춥다　③ 선선하다　④ 쌀쌀하다

4 **What will these people do in the evening?**

이 사람들은 저녁에 무엇을 하겠습니까? 쓰십시오.

____

바닷가 beach　마이애미 Miami　밴쿠버 Vancouver　웰링턴 Wellington

5~7 Listen and answer the questions.

듣고 질문에 답하십시오.

5 What is the story about? (　　)

무슨 이야기입니까?

① 장마철　② 1월의 날씨　③ 날씨와 방학　④ 한국의 날씨

6 How is the weather in Korea? Write.

한국의 날씨가 어떻습니까? 쓰십시오.

① 3월, 4월, 5월: ______________________.

② 6월, 7월, 8월: ______________________.

③ 9월, 10월, 11월: ______________________.

④ 12월, 1월, 2월: ______________________

7 Listen and choose the statement that cannot be made. (　　)

이야기를 듣고 할 수 있는 말이 아닌 것을 고르십시오.

① 3월은 2월보다 날씨가 따뜻해요.

② 7월의 장마철에는 비가 자주 와요.

③ 10월은 쌀쌀해서 밖에서 운동을 하지 못해요.

④ 1월은 춥고 건조해서 로션을 잘 발라야 돼요.

8 How is the weather in your hometown these days? Talk about it while looking at the internet weather forecast.

요즘 여러분 고향의 날씨가 어떻습니까? 인터넷 일기예보를 보면서 이야기해 봅시다.

습하다 to be humid　장마 Jangma(rain in the rainy season)　장마철 rainy season　북쪽 north
차갑다 to be cold　건조하다 to be dry　로션 lotion　바르다 to put(lotion)

1 How is the weather in Korea and your hometown these days? Fill in the table.

요즘 한국 날씨와 고향 날씨는 각각 어떻습니까? 표를 채우십시오.

질 문	한국 날씨	고향 날씨
고향이 어디예요?		
지금이 몇 월이에요?		
날씨가 어때요?		
아침에 날씨가 어때요?		
낮에 날씨가 어때요?		
저녁에 날씨가 어때요?		
비가 자주 와요?		
______________?		

2 Compare and write about the weather in Korea and your hometown as shown in the example.

한국과 고향의 날씨를 보기 와 같이 비교해서 써 봅시다.

보기

제 고향은 밴쿠버입니다. 지금은 6월입니다.
밴쿠버는 한국의 서울보다 북쪽에 있습니다.
그래서 서울보다 덥지 않습니다.
특히 아침하고 저녁에는 선선합니다.
낮에도 별로 덥지 않습니다.
한국은 6월이 끝나고 7월이 되면 비가 많이 오면서 아주 덥습니다.
그렇지만 제 고향 밴쿠버에는 장마철이 없습니다.
밴쿠버는 날씨가 습하지 않습니다.

별로 not very

문화

등산

한국에는 산이 많습니다. 설악산, 한라산, 지리산 등이 유명합니다. 서울에도 북한산, 도봉산, 남산, 관악산 등 산이 많습니다. 그래서 주말이 되면 가까운 산에 등산을 하러 가는 사람들을 볼 수 있습니다. 등산은 한국인이 가장 좋아하는 취미 활동입니다. 특히 날씨가 좋은 봄이나 가을에 등산을 하는 사람이 많습니다.

10과 계절

01 저는 스키를 탈 수 있는 겨울이 좋아요

Learning Objective

To talk about seasons

Grammar

-는데, -을 수 있다

Vocabulary

Seasons

MP3_19

- 지금은 무슨 계절입니까?
- 여러분의 고향은 지금 무슨 계절입니까?

선　희: 저는 봄을 좋아하는데 제임스 씨는 어느 계절을 좋아하세요?

제임스: 저는 스키를 탈 수 있는 겨울이 좋아요.

선　희: 스키를 좋아하세요?

제임스: 네, 겨울이 되면 스키장에 자주 가요.

선　희: 그럼 이번 겨울에는 같이 스키장에 갈까요?

제임스: 좋은 생각이네요.

봄 spring　계절 season　스키 ski　되다 to become　스키장 ski resort　생각 thought, idea

계절

어휘 연습

1 Look at the picture and match the correct one.

그림을 보고 연결하십시오.

1) 진달래꽃이 핍니다. •	• 봄
2) 스키를 탑니다. •	• 여름
3) 수박을 먹습니다. •	• 가을
4) 단풍 구경을 갑니다. •	• 겨울
5) 수영을 합니다. •	
6) 눈사람을 만듭니다. •	

진달래 azalea 개나리 forsythia 수박 watermelon 휴가 vacation 가을 autumn
단풍 autumn leaves 감 persimmon 눈사람 snowman 피다 to bloom(flower)

1 -는데/은데/ㄴ데

P74

1 Match and make sentences.

연결하고 문장을 만드십시오.

보기	한국의 여름은 덥습니다.	김밥은 맵지 않습니다. →
1)	옷이 예쁩니다.	같이 볼래요? →
2)	이 영화가 재미있습니다.	제임스 씨 고향의 여름은 어때요? → 한국의 여름은 더운데 제임스 씨 고향의 여름은 어때요?
3)	떡볶이는 좀 맵습니다.	서준 씨는 기숙사 식당에서 점심을 먹어요. →
4)	저는 보통 학생식당에서 점심을 먹습니다.	어디에서 샀어요? →

2 Talk as shown in the example.

보기 와 같이 이야기하십시오.

보기

가: 저는 여름을 좋아하는데 다니엘 씨는 무슨 계절을 좋아해요?

나: 저는 겨울은 좋아하는데 여름은 좋아하지 않아요.

1) 가: 저는 ______________ 는데/은데/ㄴ데 선희 씨는 ______________?

   나: 저는 보통 도서관에서 공부해요.

2) 가: 리사 씨, ______________ 는데/은데/ㄴ데 ______________?

   나: 날마다 한국 친구하고 말하기 연습을 해요.

3) 가: 서울하고 고향은 무엇이 달라요?

   나: ______________ 는데/은데/ㄴ데 ______________.

4) 가: 쉬는 시간에 교실에서 친구들이 무엇을 해요?

   나: ______________ 는데/은데/ㄴ데 ______________.

00 -을/ㄹ 수 있다

P75

1 Write as shown in the example.

보기 와 같이 쓰십시오.

> **보기** 한국말을 해요. → <u>한국말을 할 수 있어요.</u>

1) 한국 신문을 읽어요. → ______________________

2) 매운 음식을 먹어요. → ______________________

3) 스키를 타요. → ______________________

4) 오늘 만나요. → ______________________

5) 한국 음식을 만들어요. → ______________________

2 Ask and answer as shown in the example.

보기 와 같이 이야기하십시오.

질문	친구 1	친구 2
한국 음식	O	X
한국 노래		
스키		
수영		
자전거		
운전		

> **보기**
> 가: 한국 음식을 만들 수 있어요?
> 나: (친구1) 네, 한국 음식을 만들 수 있어요.
> (친구2) 아니요, 한국 음식을 만들 수 없어요.

1~3 Read and answer the questions.

읽고 질문에 답하십시오.

제 고향은 1년 내내 무척 더운데 한국에는 사계절이 있어서 좋습니다.
저는 작년 가을에 한국에 왔습니다.
날씨가 선선했습니다.
춥지도 않고 덥지도 않았습니다.
그리고 가을 산은 단풍이 들어서 아주 아름다웠습니다.
가을에 아름다운 단풍을 볼 수 있어서 기뻤습니다.
지금은 추운 겨울이 지나고 따뜻한 봄입니다.
여기저기에 예쁜 꽃도 많이 피었습니다.
그래서 사람들은 봄꽃을 구경하러 산이나 공원에 갑니다.
저도 다음 주말에 반 친구들과 소풍을 가겠습니다.

1 What is the autumn weather like in Korea? Write.

한국의 가을 날씨는 어떻습니까? 쓰십시오.

2 Choose the answer that does not match what you read. (　　)

읽은 내용과 다른 것을 고르십시오.

① 한국은 지금 추운 겨울입니다.
② 한국의 가을 산은 단풍이 듭니다.
③ 친구들과 다음 주말에 소풍을 가겠습니다.
④ 봄에 산이나 공원에 가면 꽃을 구경할 수 있습니다.

내내 all the time, continually　무척 very　사계절 four seasons
단풍이 들다 to turn red and yellow for the autumn leaves　지나다 to pass by　봄꽃 spring flowers

3 What is the weather like in this person's hometown right now? Write.

지금 이 사람의 고향은 날씨가 어떻습니까? 쓰십시오.

4 What seasons are there in your hometown? Talk about it by dividing the year as shown in the example.

여러분 고향에는 무슨 계절이 있습니까? 보기 와 같이 1년을 나누어 이야기해 봅시다.

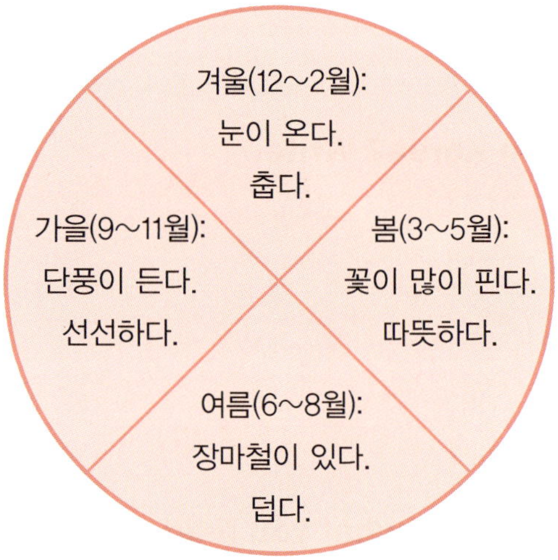

보기 한국

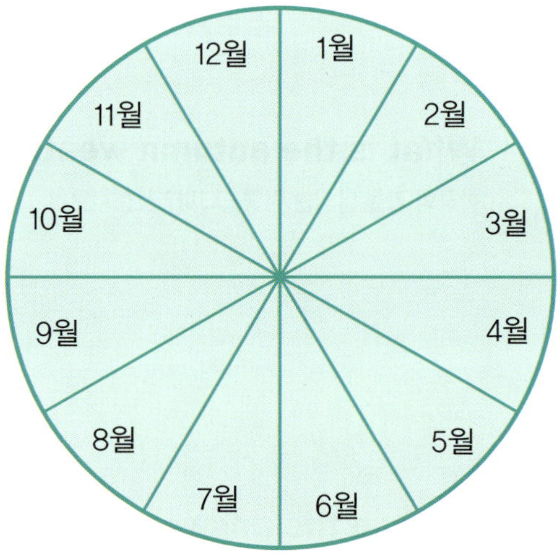

1~2 Listen and choose the correct answer.

듣고 맞는 답을 고르십시오.

1 (　　)

① 서울은 날씨가 추워요.
② 서울은 추운데 고향은 따뜻해요.
③ 서울 날씨와 고향 날씨가 좋아요.
④ 텔레비전에서 서울 날씨를 볼 수 있어요.

2 (　　)

① 네, 내일 파티에 갈 수 있어요.
② 네, 오늘 파티에 갈 수 없어요.
③ 아니요, 내일 파티에 갈 수 있어요.
④ 아니요, 오늘 파티에 갈 수 없어요.

3~4 Listen and answer the questions.

듣고 질문에 답하십시오.

3 **What is the winter weather like in Korea? Write.**

한국의 겨울 날씨는 어떻습니까? 쓰십시오.

4 **What is the winter weather like in William's hometown? (　　,　　)**

윌리엄 씨 고향의 겨울 날씨는 어떻습니까?

① 춥습니다. ② 덥습니다. ③ 눈이 옵니다. ④ 비가 옵니다.

5~6 Listen and answer the questions.

듣고 질문에 답하십시오.

5 What season's weather are the two people talking about? Write.

두 사람은 무슨 계절의 날씨를 이야기합니까? 쓰십시오.

---

6 Choose the answer that does not match what you heard. (　　)

들은 내용과 다른 것을 고르십시오.

① 한국과 일본은 모두 사계절이 있습니다.

② 한국의 여름은 일본 여름보다 덥습니다.

③ 일본의 여름은 한국 여름보다 습합니다.

④ 두 사람 고향 날씨는 비슷하지만 좀 다릅니다.

7 What season do you like? What would you do during that season? Talk about it.

여러분은 무슨 계절을 좋아합니까? 그 계절에 무엇을 할 수 있습니까? 이야기해 봅시다.

비슷하다 to be similar

1 **Where did you go on your trip? What season did you go there? How was the weather? Talk about it.**

여러분은 어디로 여행을 갔어요? 무슨 계절에 갔어요? 날씨가 어땠어요? 이야기해 봅시다.

여행한 곳: 하와이
여행한 계절: 여름
날씨: 비가 많이 오지 않아요.
할 수 있는 것: 수영, 서핑

여행한 곳: ____________
여행한 계절: ____________
날씨: ____________
할 수 있는 것: ____________

보기

제가 여행한 곳은 하와이예요.
여름에 하와이에 갔는데 좀 덥지만 비가 많이 오지 않아서 좋았어요.
하와이에서 수영하고 서핑도 할 수 있어서 재미있었어요.

2 **Introduce the places you have traveled, the good seasons and the weather to travel including the activities you can enjoy there.**

친구에게 여행한 곳과 여행하기에 좋은 계절, 날씨, 그곳에서 할 수 있는 것을 소개해 봅시다.

보기

리사: 수영 씨, 제가 이번 방학에 여행을 가고 싶은데 어디가 좋아요? 소개해 주세요.
수영: 저는 지난 여름에 하와이에 갔는데 날씨도 좋고 너무 재미있었어요.
리사: 한국은 여름에 비가 많이 오는데 하와이의 여름 날씨는 어때요?
수영: 한국은 여름에 비가 많이 오는데 하와이는 비가 많이 오지 않아요.
리사: 그래요? 여름에 하와이에 가면 무엇을 할 수 있어요?
수영: 여름에 가면 아름다운 바다에서 수영도 하고 서핑도 할 수 있어요.
리사: 저도 이번 여름 방학에 하와이로 여행을 가야겠어요. 여행 장소를 소개해 줘서 고마워요.

3 Introduce a travel destination to a friend as shown in the example.

보기 와 같이 친구에게 여행 장소를 소개하는 글을 써 봅시다.

보기

이번 여름에 여행하고 싶은 곳은 하와이입니다.
다른 계절도 좋지만 여름에 가면 하와이에서 더 즐겁게 여행할 수 있습니다.
한국은 여름에 비가 많이 오는데 하와이는 여름에 비가 많이 오지 않습니다.
여름에 하와이에 가면 아름다운 바다에서 수영도 하고 서핑도 할 수 있어서 좋습니다.
아름다운 바다와 수영, 서핑을 좋아하는 친구들은 여름에 하와이로 여행을 가면 좋겠습니다.

memo 메모

10과 계절

02 이번 여름에는 수영을 한번 배워 보세요

Learning Objective

To talk about seasonal activities

Grammar

-고 있다, -어 보다

Vocabulary

Seasonal activities

MP3_20

- 두 사람은 무슨 이야기를 합니까?
- 여러분은 계절마다 무슨 운동을 합니까?

제임스: 봄이라서 등산을 하는 사람이 많네요.
선　희: 제임스 씨도 등산을 좋아하세요?
제임스: 네, 저도 주말마다 등산을 하고 있어요. 선희 씨는요?
선　희: 저는 등산보다 수영을 더 좋아해서 수영을 자주 해요.
제임스: 저도 수영을 배워 보고 싶은데 어디에서 배울 수 있어요?
선　희: 우리 학교 수영장 시설이 굉장히 좋아요.
이번 여름에는 수영을 한번 배워 보세요.

등산 hiking　수영장 swimming pool　시설 facility　굉장히 very

계절 활동

어휘 연습

1 What do you do in the following season? Write.

다음 계절에 무엇을 합니까? 쓰십시오.

봄	여름	가을	겨울
소풍을 가요. 꽃구경을 가요.			

피서를 가다 to go on summer vacation　해수욕장 beach　캠핑 camping　독서하다 to read a book
눈싸움 snowball fight

-고 있다

P77

1 Look at the picture and talk as shown in the example.

그림을 보고 보기 와 같이 이야기하십시오.

보기 지금 신문을 보고 있어요.

1) ______________________

2) ______________________

3) ______________________

4) ______________________

5) ______________________

2 Answer as shown in the example.

보기 와 같이 답하십시오.

> **보기**
> 가: 지금 뭘 하고 있어요?
> 나: 텔레비전을 보고 있어요.

1) 가: 지금 뭘 하고 있어요?
   나: ______________________

2) 가: 옆 친구가 지금 무엇을 하고 있어요?
   나: ______________________

3) 가: 어제 저녁 7시에 무엇을 하고 있었어요?
   나: ______________________

-어/아/여 보다 P77

1 Make sentences as shown in the example.

보기 와 같이 문장을 만드십시오.

> **보기** 한국에서 **운전했어요.** → 한국에서 **운전해 봤어요.**

1) 갈비를 **먹었어요.** → ______________________.
2) 한국에서 **등산을 못 했어요.** → ______________________.

> **보기** 한국에서 **운전하고 싶어요.** → 한국에서 **운전해 보고 싶어요.**

3) 한국말을 **배우고 싶어요.** → ______________________.
4) 그 음식은 **먹고 싶지 않아요.** → ______________________.

2 Talk as shown in the example. 보기 와 같이 이야기하십시오.

> **보기**
> 가: 제주도에 가 봤어요?
> 나: 아니요, 저는 제주도에 가 보지 못했어요. 저도 제주도에 가 보고 싶어요.

1) 가: 리사 씨, 한복을 입어 봤어요?
   나: 네, ______________________ 어/아/여 봤어요.

2) 가: 제임스 씨, 한국 음식을 만들어 봤어요?
   나: 아니요, ______________________ 어/아/여 보지 못했어요. 저도 ______________________ 어/아/여 보고 싶어요.

3) 가: 한국에서 가고 싶은 곳이 어디예요?
   나: 저는 부산에 ______________________ 어/아/여 보고 싶어요.

4) 가: 머리가 너무 아파요.
   나: ______________________ 어/아/여 보세요.

1~3 Read and answer the questions.

읽고 질문에 답하십시오.

우리 고향은 겨울에 눈이 오지 않습니다.
그러나 한국은 겨울에 눈이 옵니다.
지금도 창 밖에 눈이 오고 있습니다.
저는 이렇게 하얀 눈이 오는 겨울이 좋습니다.
겨울에는 제가 좋아하는 스키도 탈 수 있습니다.
지난 겨울에 처음 스키장에 가 봤습니다.
처음에는 정말 많이 넘어졌지만 이제는 스키 타기가 어렵지 않습니다.
제가 가는 스키장은 서울 근처에 있습니다.
그곳에는 즐겁게 스키를 타는 사람이 많습니다.
가끔 스키를 타는 것이 무서워서 그 자리에 가만히 있는 사람도 있습니다.
그리고 스키를 타지 않고 눈싸움만 하는 사람도 있습니다.
모두가 웃는 얼굴입니다. 웃는 얼굴을 보면 저도 즐겁습니다.

1 **Why does this person like winter? Write them all.**

이 사람은 왜 겨울을 좋아합니까? 모두 쓰십시오.

1) ____________________

2) ____________________

2 **Choose the answer that does not match what you read. (   )**

읽은 내용과 다른 것을 고르십시오.

① 우리 고향에는 눈이 오지 않습니다.
② 처음부터 스키를 잘 탈 수 있었습니다.
③ 내가 자주 가는 스키장은 서울에서 가깝습니다.
④ 지금은 스키를 타는 것이 어렵지 않고 재미있습니다.

이렇게 like this　넘어지다 to fall down　무섭다 to be scared, afraid　가만히 still, quietly
얼굴 face　즐겁다 to be pleased

3 Read the text above and complete the story.

위 글을 읽고 이야기를 완성하십시오.

지난 겨울에 1) ______________________ 에 갔습니다.

처음에는 스키장에 가서 많이 넘어졌지만 이제는 2) __________________.

스키장은 3) _____________ 에서 가깝습니다.

스키장에는 4) _____________ 는 사람도 있고 무서워서 가만히 있는 사람도 있습니다. 그리고 5) ______________________ 는 사람도 있습니다.

4 What do you usually do during the following season? Talk about it.

여러분은 보통 다음 계절에 무엇을 합니까? 이야기해 봅시다.

봄	여름	가을	겨울

1~2 Listen and choose the correct answer.

듣고 맞는 답을 고르십시오.

1 (   )

① 등산보다 수영이 더 좋아요.
② 저는 한국 노래를 듣고 있어요.
③ 저는 요즘 바빠서 운동을 할 수 없어요.
④ 저는 내일 공원에 가서 산책을 할 거예요.

2 (   )

① 고향보다 한국에 친구가 많아요.
② 친구와 같이 한강공원에 가 보세요.
③ 고향에서 한국으로 친구가 오고 있어요.
④ 한강공원에서 사람들이 운동하고 있어요.

3~4 Listen and answer the questions.

듣고 질문에 답하십시오.

3 **What did Daniel often do in the summer in his hometown? (   )**

다니엘 씨는 고향에서 여름에 무엇을 자주 했습니까?

① 등산 ② 여행 ③ 캠핑 ④ 서핑

4 **What will Daniel do during this summer vacation? (   )**

다니엘 씨는 이번 여름 방학에 무엇을 하겠습니까?

① 다니엘 씨는 여름 방학에 등산을 하겠습니다.
② 다니엘 씨는 여름 방학에 수영을 배우겠습니다.
③ 다니엘 씨는 여름 방학에 고향으로 돌아가겠습니다.
④ 다니엘 씨는 여름 방학에 바다로 여행을 가겠습니다.

서핑하다 to surf

5~6 Listen and answer the questions.

듣고 질문에 답하십시오.

5 What season is it now? Write.

지금은 무슨 계절입니까? 쓰십시오.

---

6 Choose the answer that does not match what you heard. (   )

들은 내용과 다른 것을 고르십시오.

① 강릉에는 산과 바다가 있어요.
② 주말에는 날씨가 따뜻할 거예요.
③ 제임스 씨는 가족들과 같이 수영할 거예요.
④ 지금 강릉에 가면 예쁜 꽃을 볼 수 있어요.

7 What season do you like? Where would you like to go and what would you do during that time? Talk about it.

여러분은 무슨 계절을 좋아합니까? 그때 어디에 가서 무엇을 하고 싶습니까? 이야기해 봅시다.

좋아하는 계절	
가고 싶은 곳	
하고 싶은 일	

강릉 Gangneung

1 Korean people engage in various activities each season. Have you ever engaged in such activities in your hometown? Talk about it.

한국 사람들은 계절마다 다양한 활동을 합니다. 여러분도 고향에서 계절마다 이런 활동을 한 적이 있습니까? 이야기해 봅시다.

봄	여름
-꽃구경을 가요. -등산을 해요. -공원에서 산책해요. -딸기를 먹어요. -봄나물을 먹어요.	-수영을 해요. -서핑을 해요. -바다로 여행을 가요. -수박을 먹어요. -빙수를 먹어요.
가을	**겨울**
-단풍 구경을 해요. -등산을 해요. -공원에서 산책해요. -사과를 먹어요. -송편을 먹어요.	-스키를 타요. -스케이트를 타요. -스노보드를 타요. -귤을 먹어요. -김장을 해요.

보기

저도 고향에서 여름마다 바다에서 수영을 했어요.
겨울에는 스키를 타러 스키장에 가요.

봄나물 spring herbs　빙수 Korean shaved ice　송편 songpyeon(half-moon-shaped rice cake)
김장하다 make kimchi

2 How are the seasonal activities in Korea and those in your hometown? Talk about similarities and differences as shown in the example.

한국 사람들의 계절 활동과 고향 사람들의 계절 활동은 어떻습니까? 비슷한 것과 다른 것을 보기 와 같이 이야기해 봅시다.

보기

비슷한 것: 여름에는 수영을 많이 하고 겨울에는 스키를 많이 타는 것이 비슷해요.

다른 것: 봄과 가을에 한국 사람들은 고향 사람들보다 등산을 자주 해요.

비슷한 것: ______________________________

____

다른 것: ______________________________

____

3 Write and present a comparison between seasonal activities in Korea and your hometown.

한국과 고향의 계절 활동을 비교하는 글을 쓰고 발표해 봅시다.

보기

저는 지금 한국에 살고 있습니다.
한국과 고향의 계절 활동은 비슷한 것도 있고 다른 것도 있습니다.
한국 사람들은 여름에는 수영을 많이 하고 겨울에는 스키를 많이 탑니다.
우리 고향 사람들도 여름에는 수영을 많이 하고 겨울에는 스키를 많이 탑니다.
그렇지만 다른 점도 있습니다. 고향 사람들은 산보다 바다에 더 자주 갑니다.
한국 사람들은 봄과 가을에 등산을 자주 합니다.
저도 봄이나 가을에 한국에서 등산을 해 보고 싶습니다.

문화

꽃구경과 단풍놀이

한국은 봄에 날씨가 따뜻하고 꽃이 많이 핍니다. 그래서 봄꽃을 구경하러 가는 사람들이 많습니다. 서울에서도 4월이 되면 벚꽃을 구경하러 여의도에 가는 사람이 많습니다. 가을에는 단풍이 듭니다. 빨갛고 노랗게 단풍이 들면 아주 아름답습니다. 특히 설악산과 속리산은 아름다운 단풍으로 유명합니다. 그래서 단풍을 구경하러 가는 사람이 아주 많습니다.

Workbook 102

YONSEI KOREAN for college students

어휘

1 Choose the correct word and fill in the blanks.
알맞은 단어를 골라 빈칸에 쓰십시오.

한식집 양식집 중국집 일식집

1) 엠마 씨는 자주 ____________ 에 갑니다.
불고기, 비빔밥, 갈비탕, 삼계탕, 된장찌개, 김치찌개를 먹습니다

2) 리사 씨는 ____________ 에서 일본 음식을 먹습니다.

3) 선희 씨와 서준 씨는 가끔 ____________ 에 스테이크를 먹으러 갑니다.

4) ____________ 에 메뉴가 정말 많습니다.
중국 사람들도 좋아하고 한국 사람들도 좋아합니다.

2 Last night, a thief came into the store. Look at the store security camera and choose the appropriate words to complete the story.
지난 밤에 가게에 도둑이 들어왔습니다. 가게 보안카메라를 보고 알맞은 단어를 골라 이야기를 완성하십시오.

가다 오다 나가다 나오다 들어가다 올라가다 내려오다

보기

가게 주인이 집에 (갑니다). 가게에서 (나갑니다).

1) 

도둑이 가게에 (   ).

2) 

도둑이 가게 안에 들어옵니다. 바로 2층에 (   ).

3) 

도둑이 2층에서 1층에 (   ).

4) 

도둑이 가게에서 (   ). 도둑이 돌아갑니다.

5) 

경찰이 (   ).

문법

-습니다/ㅂ니다, -습니까/ㅂ니까?

2 Complete the table.
표를 완성하십시오.

	-습니다	-습니까?
먹다	먹습니다	
닫다		
있다		
입다		
듣다		듣습니까?
쉽다		
긋다		
	-ㅂ니다	**-ㅂ니까?**
이다	입니다	입니까?
아니다		아닙니까?
가다	갑니다	
오다		
주다		
쓰다		
예쁘다		예쁩니까?
바쁘다		
쉬다		
마시다		
가르치다		
인사하다		
공부하다		
노래하다		
조용하다		
복잡하다		

3 Complete the dialogue.
대화를 완성하십시오.

선희: 보기 안녕하세요?(→ 안녕하십니까?) 저는 1) 김선희예요(→ ________).
리암: 저는 2) 부쉬 리암이에요(→ ________).
3) 미국에서 왔어요(→ ________).
선희: 4) 만나서 반가워요(→ ________).
리암 씨 부모님은 5) 어디에 계세요(→ ________)?
리암: 부모님께서는 미국에 계세요.
미국 사람이 아닙니다. 한국 사람입니다.
저는 한국에서 한국말을 공부하고 동생은 6) 프랑스에 있어요(→ ________).
동생은 7) 학생이 아니에요(→ ________).
선희: 한국말 공부가 조금 어렵지요?
리암: 8) 괜찮아요(→ ________). 9) 재미있어요(→ ________).
선희 씨 전공은 10) 무엇이에요(→ ________)?
선희: 저는 대학원에서 법학을 11) 전공해요(→ ________).
리암: 아, 저도 법학을 12) 전공할 거예요(→ ________).

-지요?

4 Complete the dialogue.
대화를 완성하십시오.

보기
가 : 날씨가 춥지요?
나 : 네, 날씨가 춥습니다.

1) 가: 한국말이 ________?
나: 네, ________.

2) 가: 다이아몬드가 ________?
나: 네, ________.

4) 가: 제임스 씨가 ______________________________?

나: ______________________________.

5) 가: 김치가 ______________________________?

나: ______________________________.

6) 가: 날마다 ______________________________?

나: ______________________________.

5 Read James' diary and complete the conversation using "-지요?"

제임스의 일기를 읽고 '-지요?'를 사용해서 대화를 완성하십시오.

> 오늘은 리사 씨 생일입니다.
> 그래서 오늘 리사 씨 생일 파티를 했습니다.
> 요즘 날씨가 아주 더웠습니다. 리사 씨는 냉면을 좋아합니다. 그래서 저와 친구들은 리사 씨 하고 같이 한식집에 갔습니다.
> 한식집에 사람이 많았습니다. 이 한식집이 아주 유명합니다.
> 우리는 냉면을 시켰습니다. 냉면이 시원하고 맛있었습니다.
> 친구들하고 이야기도 많이 했습니다.

제임스: 리사 씨,오늘 **보기** 생일이지요?

리　사: 네, 맞아요.

제임스: 생일을 축하합니다. 오늘 날씨가 **1)** ______________ 지요?

리　사: 네, 아주 **2)** ______________ 습니다/ㅂ니다.

제임스: 리사 씨는 냉면을 **3)** ______________ 지요?

리　사: 네, **4)** ______________ 습니다/ㅂ니다.

제임스: 같이 한식집에 갈까요?

리　사: 네, 좋아요.

(두 사람은 식당에 갑니다.)

제임스: 이 식당에 사람이 **5)** ______________ 지요?

리　사: 네, 많습니다.

제임스: 이 식당이 **6)** ______________ 지요?

리　사: 네, 이 식당을 저도 알아요. 냉면이 시원하고 **7)** ______________ 지요?

리　사: : 네, **8)** ______________ 습니다/ㅂ니다.

1과 2항 맵지 않고 조금 답니다

어휘

1 Look at the picture and choose the correct word.
그림을 보고 알맞은 단어를 고르십시오.

보기 ((맛있다), 맛없다)

1) (쓰다, 달다)

2) (시다, 맵다)

3) (싱겁다, 짜다)

4) (쓰다, 맵다)

5) (쓰다, 싱겁다)

2 Choose the correct word and fill in the blanks.
알맞은 단어를 골라 빈칸에 쓰십시오.

초밥	자장면	스테이크	달다	시다	쓰다	싱겁다

보기 일식집에서 (초밥을)을/를 먹습니다. 간장이 없습니다. 조금 (싱겁습니다).

1) 사탕이 아주 ( ). 아이가 좋아합니다.
2) 저는 레몬을 좋아합니다. 레몬이 아주 ( ).
3) 마리아 씨는 양식을 좋아합니다. ( )을/를 자주 먹습니다.
4) 약국에서 약을 먹습니다. 약이 ( ).
5) 수진 씨는 가끔 중국 식당에 갑니다. ( )을/를 먹습니다.

문법

-지 않다

3 **Youngsoo and Minsoo, they're brothers, but they are very different. Look at the picture and complete the sentence using '-지 않다'.**

영수 씨와 민수 씨는 형제입니다. 그렇지만 두 사람은 아주 다릅니다. 그림을 보고 '-지 않다'로 문장을 완성하십시오.

	영수	민수
보기	날마다 숙제가 많아요	보통 숙제가 많지 않아요.
1)	운동을 좋아합니다.	
2)	어제	어제 고기를 먹었습니다.
3)		중국어를 공부할 거예요.
4)	도서관에 자주 갑니다 .	

4 Read and answer the questions.
이야기를 읽고 질문에 대답하십시오.

엠마 씨는 연세대학교 학생입니다. 연세대학교에서 한국 역사를 공부합니다. 숙제가 조금 있습니다. 가끔 도서관에 갑니다. 도서관이 아주 조용합니다. 엠마 씨는 고기를 좋아하지 않습니다. 그렇지만 불고기는 좋아합니다. 불고기는 맵지 않습니다. 달고 맛있습니다.

보기
가 : 엠마 씨가 연세대학교에서 한국어를 공부합니까?
나 : 아니요, 한국어를 공부하지 않습니다. 한국 역사를 공부합니다.

1) 가: 엠마 씨는 숙제가 많습니까?

나: 아니요, ______________________

2) 가: 엠마 씨가 날마다 도서관에 갑니까?

나: 아니요, ______________________

3) 가: 도서관이 시끄럽습니까?

나: 아니요, ______________________

4) 가: 엠마 씨가 고기를 좋아합니까?

나: 아니요, ______________________

5) 가: 불고기가 맵습니까?

나: 아니요, ______________________

ㄹ 동사

5 Complete the table.
표를 완성하십시오.

	-습니다/ㅂ니다	-을/ㄹ 거예요	-으세요/세요
달다	답니다		
멀다			
살다		살 거예요	
열다			
놀다			
팔다			파세요
만들다			

6 Complete the dialogue.
대화를 완성하십시오.

> **보기**
> 가 : 지금 어디에서 삽니까 습니까/ㅂ니까? (살다)
> 나 : 신촌에서 삽니다 ~~습니다/ㅂ니다~~.

1) 가: 한국말을 ____________ 습니까/ㅂ니까? (알다)

나: 네, 한국말을 조금 ____________ 습니다/ㅂ니다.

2) 가: 불고기가 ____________ 습니까/ㅂ니까? (달다)

나: 네, 조금 ____________ 을/ㄹ 거예요.

3) 가: 누구하고 같이 ____________ 으러/러 갑니까? (놀다)

나: 대학 선배하고 같이 ____________ 으러/러 갑니다.

4) 가: 무슨 음식을 ____________ 으세요/세요? (만들다)

나: 김치전을 좀 ____________ 을/ㄹ 겁니다.

5) 가: 창문을 좀 ____________ 으세요/세요. (열다)

나: 에어컨을 켰어요. 그래서 창문은 조금 이따가 ____________ 을/ㄹ 거예요.

7 Choose the correct word and complete the story.

알맞은 단어를 골라 이야기를 완성하십시오.

달다 살다 알다 팔다 놀다 만들다

제 이름은 피터입니다. 미국에서 왔습니다. 지금 기숙사에서 **보기** 삽니다. 저는 연세대학교 한국어학당에서 한국말을 공부합니다. 그래서 한국말을 조금 **1)** ____________.
저는 한국 친구가 많습니다. 그래서 한국 친구하고 자주 **2)** ____________.
우리는 친구 집에서 한국 음식을 **3)** ____________. 김치찌개는 **4)** ____________ 지 않습니다. 맵습니다. 미국의 식당에서도 한국 음식을 **6)** ____________.

어휘

1 **Mark "O" if it is food you have eaten, and "X" if it isn't.**
여러분이 먹은 음식에 ○표를, 안 먹은 음식에는 X 표 하십시오.

비빔밥	갈비	삼겹살	삼계탕
○			

김치찌개	된장찌개	순두부찌개	갈비탕

냉면	라면	김밥	떡볶이

2 What do you usually eat? Complete the table and answer the questions.

여러분은 보통 무엇을 먹습니까? 표를 완성하고 질문에 대답하십시오.

	아침	점심	저녁
엠마	토스트, 우유	자장면	스테이크, 커피
리사	밥, 순두부찌개, 김치	김밥, 라면	갈비, 냉면
나			

1) 엠마 씨는 아침에 무엇을 먹습니까?

→ ______________________________

2) 엠마 씨는 점심에 무슨 식당에 갑니까?

→ ______________________________

3) 리사 씨는 점심에 무엇을 먹습니까?

→ ______________________________

4) 누가 한식을 좋아합니까?

→ ______________________________

5) 여러분은 아침에 보통 무슨 음식을 먹습니까?

→ ______________________________

문법)))

-겠-[1]

3 Complete the sentence.

문장을 완성하십시오.

보기

내일은 학교에 일찍 오다

→ 내일은 학교에 일찍 오겠습니다.

1)

내일 다시 전화하다

→ ______________________________.

2)

열심히 공부하다

→ ______________________________.

3)

제가 읽다

→ ______________________________.

4)

술을 마시지 않다

→ ______________________________.

4 Choose the appropriate sentence to complete the story.

알맞은 문장을 골라 이야기를 완성하십시오.

보기

1)

2)

3)

4)

한국 차를 마시다	부모님을 만나다	불고기를 먹다
부모님과 많이 이야기하다	쇼핑을 하다	

내일 부모님이 한국에 오십니다.

인천 공항에서 보기 부모님을 만나겠습니다.

저는 부모님하고 같이 한식집에 가겠습니다.

한식집에서 1) ______________________.

그리고 인사동에 가겠습니다. 인사동에서 2) ______________________.

3) ______________________.

그리고 호텔에 가겠습니다.

호텔에서 4) ______________________.

■■ -고 싶다

5 What would you like to do? Find and write a related sentence.
무엇을 하고 싶습니까? 관계가 있는 문장을 찾아서 쓰십시오.

보기 목이 마릅니다 •	• 쉬다
1) 배가 고픕니다 •	• 물을 마시다
2) 한국말을 모릅니다 •	• 밥을 먹다
3) 피곤합니다 •	• 창문을 열다
4) 덥습니다 •	• 한국말을 배우다

보기 목이 마릅니다. 물을 마시고 싶습니다.

1) 배가 고픕니다. ______________________.

2) ______________________.

3) ______________________.

4) ______________________.

6 Eli is getting married to his girlfriend next year. Look at the table and use '-고 싶다' to write the thoughts of the two people.
일라이 씨는 내년에 여자 친구하고 결혼합니다. 표를 보고 '-고 싶다'를 사용해서 두 사람의 생각을 쓰십시오.

	보기 계절	1) 장소	2) 신혼여행	3) 결혼 선물	4) 집
일라이	겨울	교회	하와이	시계	서울
여자 친구	여름	호텔	파리	반지	샌프란스시코

나 (일라이)	여자 친구
보기 저는 겨울에 결혼하고 싶습니다.	보기 여자 친구는 여름에 결혼하고 싶어 합니다.
1)	
2)	
3)	
4)	

2과 2항 뭘 드시겠습니까?

어휘

1 **Write the numbers and choose the appropriate words to fill in the blanks.**
숫자를 쓰고 알맞은 단어를 골라 빈칸에 쓰십시오.

권	잔	병	그릇	인분	명

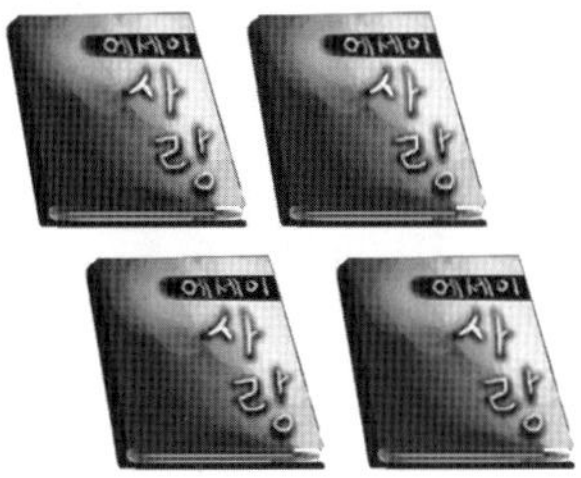

보기 책이 네 권 있습니다.

1) 날마다 커피를 ________ 마십니다.

2) 냉면 ________ 을/를 시킵니다.

3) 오렌지 주스를 ________ 삽니다.

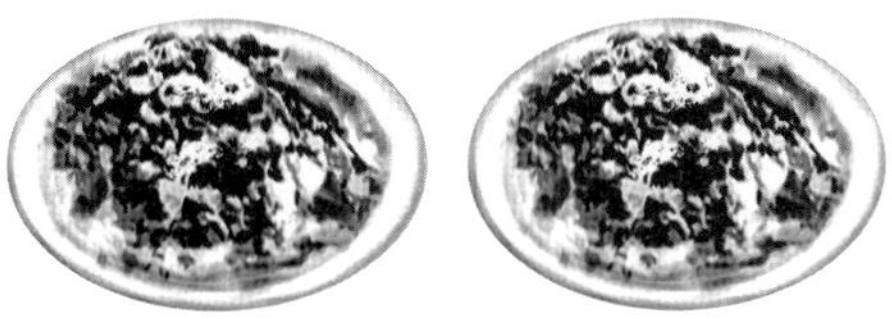

4) 불고기 ________ 을/를 먹습니다.

5) 우리 반 학생은 모두 ________ 입니다.

문법

-으시/시-

3 Rewrite the sentence.
문장을 바꿔 쓰십시오.

> 보기
> 친구가 책을 읽습니다. → 아버지께서 책을 읽으십니다. (아버지)

1) 제가 일합니다. → ________________. (어머니)

2) 샤오밍 씨가 앉습니다. → ________________. (선생님)

3) 동생이 병원에 갑니다. → ________________. (할머니)

4) 언니가 전화할 거예요. → ________________. (교수님)

5) 형이 커피를 마셨어요. → ________________. (할아버지)

4 Complete the dialogue.
대화를 완성하십시오.

> 보기
> 가: 아버지께서 무엇을 하십니까?
> 나: 아버지께서 은행원이십니다. (은행원이다)

1) 가: 할아버지께서 어디에 사십니까?

   나: ________________. (캐나다)

2) 가: 이름을 누가 지었습니까?

   나: 제 이름은 할아버지께서 ________________. (짓다)

3) 가: 할머니께서 클래식 음악을 좋아하십니까?

나: 네, ____________________. (자주 듣다)

4) 가: ____________________?

나: 네, 조금 덥습니다.

5 Read the passage and choose the correct answer.

이야기를 읽고 맞는 것을 고르십시오.

제 이름은 **보기** 마이클(입니다, 이십니다).
우리 부모님은 미국에 **1)** (있습니다, 계십니다).
우리 아버지께서는 **2)** 한국 사람(입니다, 이십니다).
미국에 일을 **3)** (하러 갔습니다, 하러 가셨습니다).
어머니께서도 미국에서 회사에 **4)** (다닙니다, 다니십니다).
저는 지금 한국에서 할머니하고 **5)** (있습니다, 계십니다).
할머니께서는 요즘 가수 이름을 잘 **6)** (모릅니다, 모르십니다).
저에게 가수 이름을 자주 **7)** (묻습니다, 물으십니다).
할머니께서는 친구가 **8)** (많습니다, 많으십니다).
친구분들하고 자주 **9)** (놉니다, 노십니다).
저의 한국 생활도 재미있습니다. 그렇지만 가끔 부모님이 보고 싶습니다.

-을래요/ㄹ래요?

6 Look at the picture and write a sentence.

그림을 보고 문장을 만드십시오.

보기

이거 드시다

→ <u>이거 드실래요?</u>~~을래요/ㄹ래요~~?

1)

______________________ 을래요/ㄹ래요?

2)

______________________ 을래요/ㄹ래요?

3)

______________________ ?

4)

______________________ ?

5)

______________________ ?

7 Use '-을래요/ㄹ래요?' to complete the conversation.

'-을래요/ㄹ래요?'를 사용해서 대화를 완성하십시오.

(서준 씨가 약속 시간에 1시간 늦었습니다. 미영 씨는 화가 많이 났습니다.)

서준: 정말 미안해요. 아르바이트가 늦게 끝났어요.

미영: …….

서준: 제가 저녁을 사겠습니다. **보기** 무엇을 드실래요?

미영: 지금 배가 고프지 않아요.

서준: 그럼 1) ____________________?

미영: 오늘 커피를 많이 마셨어요.

서준: 그럼 2) ____________________?

미영: 지금 가면 영화표가 없어요. 영화를 못 볼 거예요.

서준: 그럼 3) ____________________?

미영: 노래방은 시끄러워요. 가고 싶지 않아요.

(서준 씨도 화가 났습니다.)

서준: 그럼 4) ____________________?

미영: 서준 씨하고 이야기하고 싶지 않아요.

서준: 그럼 5) ____________________?

미영: 네? 그럼 그렇게 해요.

3과 1항 선물을 사러 갈까요?

어휘

1 Connect related words and answer the question.
관계 있는 단어를 연결하고 질문에 대답을 쓰십시오.

어디에서 무엇을 삽니까?

		보기 과일 가게에서 사과를 삽니다.
보기 과일 가게	① 티셔츠	
1) 빵 가게	② 사과	1) ______.
2) 편의점	③ 공책	2) ______.
3) 옷 가게	④ 케이크	3) ______.
4) 문방구	⑤ 장미꽃	4) ______.
5) 꽃 가게	⑥ 라면	5) ______.

문법

-을까요/ㄹ까요?, -읍시다/ㅂ시다

2 Rewrite the sentence.
문장을 바꿔 쓰십시오.

보기 양식을 먹습니다. → 양식을 먹을까요~~을까요/ㄹ까요~~?

1) 식사 준비를 합니다. → ______을까요/ㄹ까요?

2) 내일은 그냥 쉽니다. → ______을까요/ㄹ까요?

3) 책을 읽습니다. → ______을까요/ㄹ까요?

4) 한식집에 갑니다. → ______을까요/ㄹ까요?

5) 이 옷을 입습니다. → ______을까요/ㄹ까요?

3 Complete the dialogue.

대화를 완성하십시오.

보기

가 : 피곤합니다.

나 : 쉴까요?

1)

가: 배가 고픕니다.

나: ______________________________?

2)

가 : 날씨가 좋습니다.

나: ______________________________?

3)

가: 춥지요?

나: 네, ______________________________?

4)

가: 옷이 쌉니다.

나: ______________________________?

4 Rewrite the sentence.

문장을 바꿔 쓰십시오.

보기 문을 닫습니다. ➜ 문을 닫읍시다~~읍시다/ㅂ시다~~.

1) 여행을 갑니다. ➜ ________________ 읍시다/ㅂ시다.

2) 다음에 만납니다. ➜ ________________ 읍시다/ㅂ시다.

3) 비빔밥을 먹습니다. ➜ ________________ 읍시다/ㅂ시다.

4) 노래합니다. ➜ ________________ 읍시다/ㅂ시다.

5) 의자에 앉아서 기다립니다. ➜ ________________ 읍시다/ㅂ시다.

5 The following is Emma and Lisa's travel plan. Look at the table and complete the conversation.

다음은 엠마 씨와 리사 씨의 여행 계획입니다. 표를 보고 대화를 완성하십시오.

질문	대답
어디에?	전주
누구하고?	하늘
어디에서?	서울역 앞
무슨 음식?	비빔밥
뭘 합니까?	한옥 구경

보기
가 : 전주에 갈까요?
나 : 네, 전주에 갑시다. ~~읍시다/ㅂ시다~~.

1) 가: 하늘 씨하고 같이 갈까요?

나: 네, ________________ 읍시다/ㅂ시다.

2) 가: 어디에서 만날까요?

나: ______________________ 읍시다/ㅂ시다.

3) 가: ______________________ 을까요/ㄹ까요?

나: ______________________ 읍시다/ㅂ시다.

4) 가: ______________________ 을까요/ㄹ까요?

나: ______________________ 읍시다/ㅂ시다.

-지만

6 The husband and wife have different thoughts. Look at the table and write sentences.

남편과 아내는 생각이 다릅니다. 표를 보고 문장을 쓰십시오.

보기 집이 좁다 / 깨끗하다	집이 좁아요.	집이 좁지만 깨끗해요.
1) 책상이 무겁다 / 튼튼하다		
2) 옷이 두껍다 / 따뜻하다		
3) 음식이 비싸다 / 맛있다		
4) 영화가 길었다 / 재미있었다		

7 Complete the sentence.

문장을 완성하십시오.

보기
도시는 공기가 나빠요. 시골은 공기가 좋아요.
→ 도시는 공기가 나쁘지만 시골은 공기가 좋아요.

1) 단어는 쉬워요. 문법은 어려워요.

→ 단어는 ______________ 지만 문법은 어려워요.

2) 시장 물건은 싸요. 백화점 물건은 비싸요.

→ 시장 물건은 ______________ 지만 백화점 물건은 비싸요.

3) 언니는 쇼핑을 좋아해요. 저는 좋아하지 않아요.

→ 언니는 쇼핑을 ______________ 지만 저는 좋아하지 않아요.

4) 날마다 두 시간 걸어요. 피곤하지 않아요.

→ 날마다 두 시간 ______________ 지만 피곤하지 않아요.

5) 저는 어제 숙제를 했어요. 그렇지만 친구는 숙제를 안 했어요.

→ 저는 어제 숙제를 ______________ 지만 ______________________.

3과 2항 좀 큰 건 없어요?

어휘

1 Choose the correct answer to fill in the blank.
질문에 알맞은 답을 골라 빈칸에 쓰십시오.

빨간색 파란색 노란색 하얀색 까만색

보기 무슨 색을 좋아하십니까? 파란색, 노란색

1) 지금 무슨 색 옷을 입었습니까? ______
2) 무슨 색 장미꽃을 사고 싶습니까? ______
3) 무슨 색 자동차를 사고 싶습니까? ______
4) 여러분 나라 국기에는 무슨 색이 있습니까? ______

문법

-은/ㄴ[1]

2 Combine the two sentences into one.
두 문장을 한 문장으로 만드십시오.

어떤?	N	-은/ㄴ N
비싸다	바지를 샀어요.	보기 비싼 바지를 샀어요.
크다	집에서 살고 싶어요.	1) .
좋다	책을 읽으세요.	2) .
머리가 길다	사람이 제 동생이에요.	3) .
덥다	날씨가 싫어요.	4) .
가고 싶다	나라가 어디예요?	5) ?

있다/없다	N	있는/없는 N
여기에 있다	가방이 제 가방이에요.	보기 여기에 있는 가방이 제 가방이에요.
교실에 없다	학생이 누구예요?	6) ?
맛있다	음식을 먹고 싶어요.	7) .
재미없다	영화를 봤어요.	8) .

3 Make questions and answer them.

질문을 만들고 질문에 대답하십시오.

	우리 반에서 ____ 은/ㄴ 사람은 누구예요?	대답
보기 키가 크다	우리 반에서 키가 큰 사람은 누구예요?	제임스 씨
1) 머리가 짧다		
2) 집이 멀다		
3) 제일 바쁘다		
4) 제일 재미있다		
5) 친구가 많다		

4 Mark the answer with an "O", and complete the dialogue.

대답을 골라 O표시를 하고, 대화를 완성하십시오.

보기
가: 어떤 음악을 자주 듣습니까?
나: 저는 조용한 음악을 자주 듣습니다.

(조용하다) | 시끄럽다

1) 가: 어떤 음식을 잘 먹습니까?
나: ____________________.

맵다 | 달다

2) 가: 어떤 영화를 좋아하지 않습니까?
   나: ______________________.

무섭다	슬프다

3) 가: 어떤 친구를 좋아하십니까?
   나: ______________________.

똑똑하다	재미있다

4) 가: 어떤 날씨가 싫습니까?
   나: ______________________.

덥다	춥다

5) 가: 어떤 자동차를 사고 싶습니까?
   나: ______________________.

작고 예쁘다	크고 멋있다

08 ㅎ 동사

5 Complete the table.
표를 완성하십시오.

	-습니까/ㅂ니까?	-어요/아요/여요	-은/ㄴ
빨갛다	빨갛습니까?	빨개요	빨간
파랗다			
노랗다			
하얗다			
까맣다			
어떻다			
이렇다			
저렇다			
그렇다			

6 **Correctly rewrite the given words.**

주어진 단어를 알맞게 고쳐 쓰십시오.

주인 : 어서 오십시오.

영수 : 장미꽃 있어요?

주인 : 네, 있습니다. **보기** 어떤~~은/ㄴ~~(어떻다) 장미꽃을 드릴까요?

영수 : **1)** ________ 은/ㄴ(파랗다) 색 장미꽃 있어요?

주인 : 아니요, **2)** ________ 은/ㄴ(빨갛다) 색하고 **3)** ________ 은/ㄴ(하얗다) 색 장미꽃만 있어요.

영수 : 여자 친구가 **4)** ________ 은/ㄴ(그렇다) 색은 안 좋아해요.

주인 : 그럼, **5)** ________ 은/ㄴ(노랗다) 색 튤립은 **6)** ________ 어요/아요/여요?(어떻다)

영수 : 제 여자 친구는 튤립을 좋아하지 않아요.

주인 : 아, **7)** ________ 어요/아요/여요?(그렇다)

영수 : 죄송합니다. 다음에 다시 오겠습니다. 안녕히 계세요.

주인 : 네, 안녕히 가세요.

4과 1항 장미꽃 좀 보여 주세요

어휘

1 Connect related words and write them down.
관계있는 단어를 연결하고 쓰십시오.

보기 자동차 — 대

자동차, 마리, 2) 책, 병, 켤레, 잔, 6) 빵, 자루, 8) 장미꽃, 7) 연필, 대, 권, 1) 생선, 벌, 5) 커피, 개, 송이, 3) 콜라, 9) 옷, 10) 표, 4) 신발

보기 자동차 한 대

1) ________ 2) ________ 3) ________

4) ________ 5) ________ 6) ________

7) ________ 8) ________ 9) ________

10) ________

2 **Look at the picture and make questions, then answer them.**

그림을 보고 질문을 만드십시오. 그리고 질문에 답하십시오.

_____이/가 몇 _____ 있어요?	대답
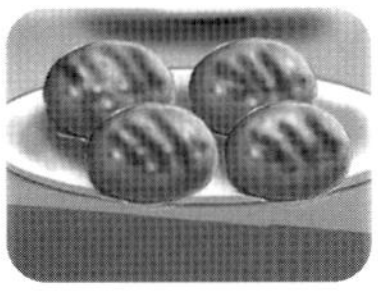 **보기** 빵이 몇 개 있어요?	네 개 있어요.
 1) _______________?	_______________.
 2) _______________?	_______________.
 3) _______________?	_______________.

	4) ________________?	________________.
	5) ________________?	________________.

문법

-어/아/여 주다

3 Rewrite the sentence using "-어/아/여 주다".

'-어/아/여 주다'를 사용해서 문장을 바꿔 쓰십시오.

	-어/아/여 주세요
보기 아이스크림을 삽니다.	아이스크림을 사 주세요.
1) 불을 켭니다.	
2) 칠판에 씁니다.	
3) 천천히 말합니다.	
4) 문을 닫습니다.	
5) 케이크를 만듭니다.	

4 Look at the picture and choose the appropriate expressions to complete the conversation.

그림을 보고 알맞은 표현을 골라 대화를 완성하십시오.

돈을 빌리다	일을 돕다	가방을 들다
사진을 찍다	창문을 열다	전화번호를 가르치다

보기

1)

2)

3)

4)

5)

-어서/아서/여서[1]

5 Make the following into one sentence.
한 문장으로 만드십시오.

보기
배가 고픕니다. / 식당에 갑니다.
→ 배가 고파서 ~~-어서/아서/여서~~ 식당에 갑니다.

1) 오늘은 일요일입니다. / 늦게 일어났습니다.

→ ______________ 어서/아서/여서 ______________.

2) 피곤합니다. / 쉬고 싶습니다.

→ ______________ 어서/아서/여서 ______________.

3) 옷을 많이 입었습니다. / 춥지 않습니다.

→ ______________ 어서/아서/여서 ______________.

4) 어제는 머리가 아팠습니다. / 학교에 안 갔습니다.

→ ______________ 어서/아서/여서 ______________.

5) 늦었습니다. / 죄송합니다.

→ ______________ 어서/아서/여서 ______________.

6 Look at the picture and answer.

그림을 보고 대답하십시오.

보기

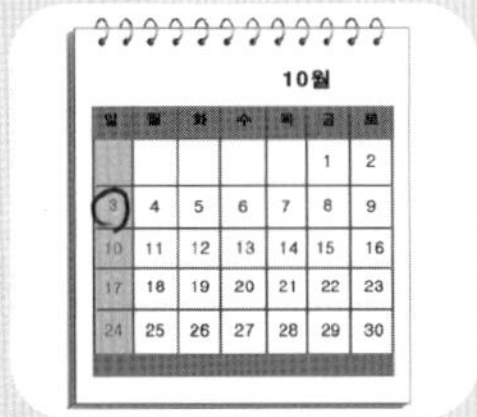

가: 왜 회사에 안 가요?

나: 일요일이어서 ~~어서/아서/여서~~ 안 가요.

1)

가: 왜 김치를 안 먹어요?

나: ____________ 어서/아서/여서 ____________.

2)

가: 왜 그 식당에 자주 가요?

나: ____________ 어서/아서/여서 ____________.

3)

가: 자동차가 커요. 왜 그 자동차를 샀어요?

나: ________________________.

4)

가: 왜 머리가 아파요?

나: 어제 ________________________.

5)

가: 왜 회사에 늦게 왔어요?

나: 오늘 아침에 ________________________.

7 **Look at the picture and choose the correct words to answer.**

그림을 보고 알맞은 단어를 골라 대답하십시오.

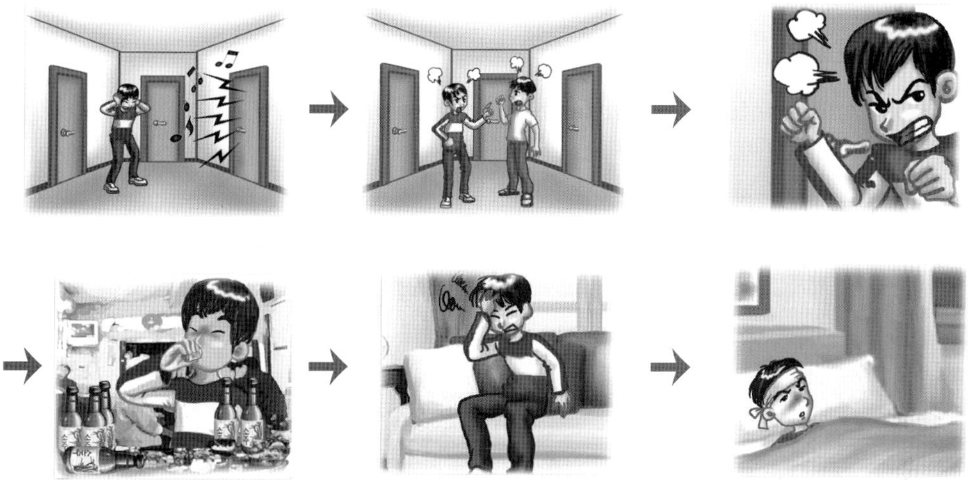

시끄럽다	싸우다	파티를 하다
술을 마시다	머리가 아프다	기분이 나쁘다

보기

가: 왜 오늘 학교에 안 왔어요?

나: 머리가 아파서 안 갔어요.

1) 가: 왜 머리가 아팠어요?

   나: ______________________________.

2) 가: 왜 술을 마셨어요?

   나: ______________________________.

3) 가: 왜 기분이 나빴어요?

   나: ______________________________.

4) 가: 왜 친구와 싸웠어요?

   나: ______________________________.

5) 가: 왜 옆 방이 시끄러웠어요?

   나: ______________________________.

4과 2항 친구가 좋아하는 꽃이에요

어휘

1 Look at the picture and write the correct words.
그림을 보고 알맞은 단어를 찾아 쓰십시오.

손	수	건	인	화	장	품
울	령	타	액	색	김	실
신	상	성	세	만	년	필
불	품	걸	서	억	심	객
탈	권	핀	리	빈	향	수
인	형	설	꽃	다	발	소

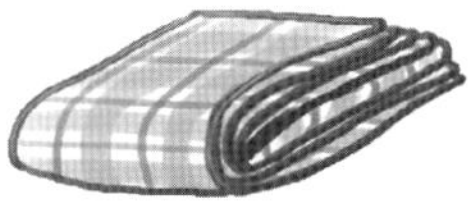

보기 손수건

1) ____________

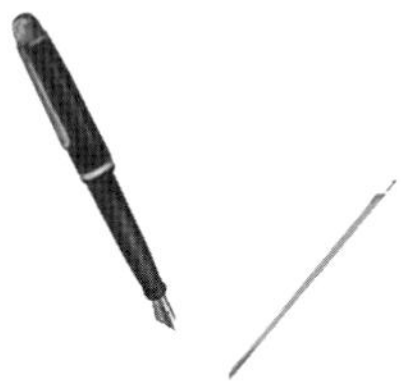

2) ____________

3) ____________

4) ____________

5) ____________

2 What do you want to give as a gift? Choose the appropriate word to fill in the blanks.

무엇을 선물하고 싶습니까? 알맞은 것을 골라 빈칸에 쓰십시오.

인형	향수	상품권	꽃다발
손수건	화장품	만년필	액세서리

할아버지	할머니	아버지	어머니
			꽃다발
언니/누나	**오빠/형**	**동생**	**남자/여자 친구**

문법

한테, 한테서(에게, 에게서)

3 Complete the story.

이야기를 완성하십시오.

어제는 크리스마스였습니다. 저는 **보기** 가족들 (**한테**) 선물을 했습니다. **1)** 아버지( ) 모자를 드렸습니다. **2)** 어머니( ) 화장품을 드렸습니다. **3)** 동생( ) 인형을 줬습니다. 그리고 **4)** 할머니( ) 전화를 드렸습니다. 할머니께서 아주 좋아하셨습니다.

저녁에는 여자 친구를 만났습니다. 여자 친구가 **5)** 저( ) 크리스마스 카드와 선물을 줬습니다. 저도 **6)** 여자 친구( ) 꽃과 선물을 줬습니다.

올해 크리스마스는 아주 행복했습니다.

4 Look at the picture and make a sentence.

그림을 보고 문장을 만드십시오.

보기

친구 / 이야기를 들었어요.

→ 친구한테서 이야기를 들었어요.

1) 

남자 친구 / 꽃을 받았어요.

→ ______________________

2) 

김 선생님 / 한국말을 배워요.

→ ______________________

3) 

언니 / 옷을 빌렸어요.

→ ______________________

4) 

아버지 / 전화가 왔어요.

→ ______________________

5) 

친구 / 책을 샀어요.

→ ______________________

5 **Look at the picture and complete the dialogue.**

그림을 보고 대화를 완성하십시오.

보기

가: 그 이야기를 선희 씨한테서 들었어요?

나: 아니요, 라디오에서 들었어요.

1)

가: 아버지 ________ 수영을 배웠어요?

나: 아니요, ________ 수영을 배웠어요.

2)

가: 누구 ________ 전화가 왔어요?

나: ________ 전화가 왔어요.

3)

가: 이 책을 어디 ________ 빌렸어요?

나: ________ 빌렸어요.

4)

가: 상품권을 누구 ________ 받았어요?

나: ________ 받았어요.

5)

가: 가수 미아 씨가 결혼했어요.

나: 누구 ________ 들었어요?

가: ________ 들었어요.

08 -는, -은/ㄴ², -을/ㄹ

6 **Complete the table.**
표를 완성하십시오.

	-은/ㄴ	-는	-을/ㄹ
사다	산		
읽다			읽을
살다			
묻다		묻는	
짓다			
돕다			

7 **Combine the two sentences into one.**
두 문장을 한 문장으로 만드십시오.

가	나	-은/ㄴ N
일본에서 왔어요.	유카예요.	**보기** 일본에서 온 유카예요.
이것은 어제 배웠어요.	단어예요.	1) ______________ .
전화를 했어요.	사람이 누구예요?	2) ______________ ?
노란 옷을 입었어요.	여자가 제 친구예요.	3) ______________ .
제가 만들었어요.	케이크를 먹었어요?	4) ______________ ?
숙제를 하지 않았어요.	학생이 많아요.	5) ______________ .

8 The following is what our classmates did last Sunday. Complete the sentences.

지난 일요일에 우리 반 친구들이 한 일입니다. 문장을 완성하십시오.

친구 이름	무엇을 했어요?	-은/ㄴ 사람은 ____ 씨예요.
존슨	영화를 봤어요.	보기 영화를 본 사람은 존슨 씨예요.
제니	노래방에 갔어요.	1) ____________ 사람은 제니 씨예요.
후엔	갈비를 먹었어요.	2) ____________ 사람은 후엔 씨예요.
피터	수영을 했어요.	3) ____________.
유미	소설책을 읽었어요.	4) ____________.

9 Combine the two sentences into one.

두 문장을 한 문장으로 만드십시오.

가	나	-는 N
커피를 마셔요.	사람이 많아요.	보기 커피를 마시는 사람이 많아요.
저기에서 공부해요.	사람이 선희 씨예요.	1) ____________.
지금 읽어요.	책이 소설책이에요.	2) ____________.
신촌에 살아요.	학생이 있어요?	3) ____________?
저는 친구를 도와줘요.	것을 좋아해요.	4) ____________.
술을 마시지 않아요.	사람이 누구예요?	5) ____________?

10 Answer the questions and combine the two sentences into one.

질문에 대답하고 한 문장으로 쓰십시오.

질문	대답	-는 N은/는 N입니다.
보기 날마다 무슨 공부를 합니까?	한국어	제가 날마다 하는 공부는 한국어입니다.
1) 어느 식당에 자주 갑니까?	학생 식당	
2) 무슨 음식을 잘 만들어요?		
3) 지금 무슨 책을 읽습니까?		
4) 어떤 한국 노래를 알아요?		

11 Combine the two sentences into one.

두 문장을 한 문장으로 만드십시오.

가	나	-을/ㄹ N
오늘 하겠어요.	일이 많아요.	보기 오늘 할 일이 많아요.
동생에게 주겠어요.	선물을 샀어요.	1) ______________.
저녁에 먹겠어요.	음식이 없어요.	2) ______________.
서울에 살겠어요.	집이 있어요?	3) ______________?
제가 돕겠어요.	일이 있어요?	4) ______________?
내일 오지 않겠어요.	사람이 누구예요?	5) ______________?

12 Answer the questions and combine the two sentences into one.

질문에 대답하고 한 문장으로 쓰십시오.

질문	대답	-을/ㄹ N은/는 N입니다.
보기 방학에 어디에 가겠습니까?	제주도	제가 방학에 갈 곳은 제주도입니다.
1) 어머니께 무슨 선물을 드리겠습니까?		
2) 주말에 무슨 영화를 보겠습니까?		
3) 저녁에 무슨 음식을 만들겠습니까?		
4) 10년 뒤에 어디에서 살겠습니까?		

13 Combine the following into one sentence.

다음을 한 문장으로 만드십시오.

보기
그 분은 압니다. / 사람입니다.
→ 그 분은 아는 사람입니다.

1) 외국에 있습니다. / 동생이 보고 싶습니다.

→ ______________________________.

2) 공부하겠습니다. / 시간이 없습니다.

→ ______________________________.

3) 어제 만났습니다. / 사람이 누구예요?

→ ______________________________?

4) 좋습니다. / 책을 읽으세요.

→ ______________________________.

5) 영어를 배우겠습니다. / 학생이 몇 명입니까?

→ ______________________________?

6) 아침에 먹었습니다. / 빵이 아주 맛있었습니다.

→ ______________________________.

7) 이것은 어렵습니다. / 문법입니다.

→ ______________________________.

8) 김치를 좋아합니다. / 외국인이 많습니까?

→ ______________________________?

5과 1항 6번 출구로 나가서 왼쪽으로 가세요

어휘

1 Look at the picture and choose the appropriate words to complete the story.
그림을 보고 알맞은 단어를 골라 이야기를 완성하십시오.

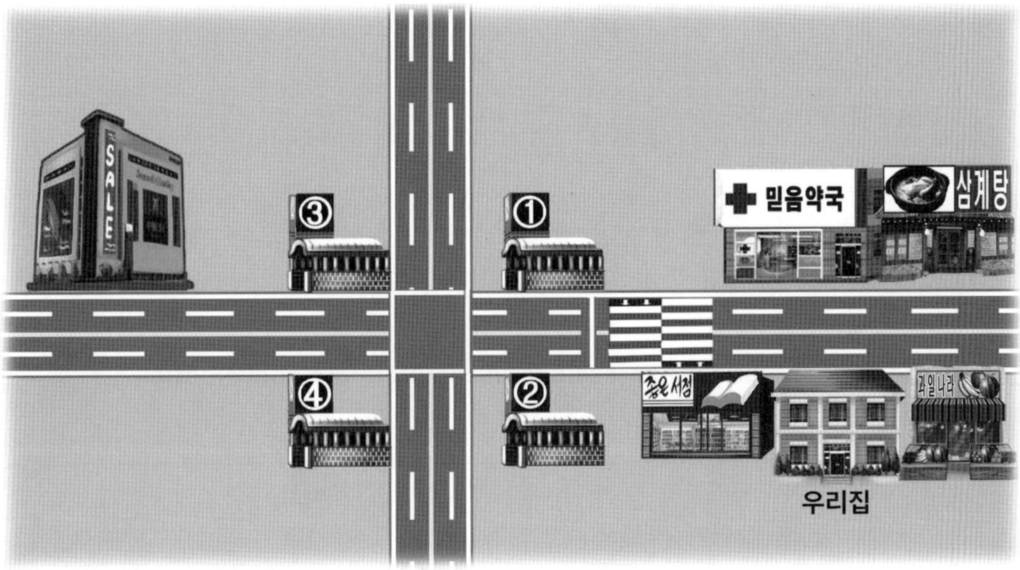

왼쪽 ~~오른쪽~~ 건너편 똑바로 지하도 육교 황단보도

우리집의 **보기** 오른쪽에 과일 가게가 있습니다.

우리집 1) ______________ 에는 서점이 있습니다.

우리집 2) ______________ 에는 약국하고 삼계탕집이 있습니다.

저는 약을 사러 약국에 갑니다.

서점 앞에 있는 3) ______________ 으로/로 길을 건너면 약국이 있습니다.

약을 사고 백화점에 가겠습니다.

4) ______________ 1번 출구로 내려가서 3번 출구로 나갑니다.

3번 출구로 나가서 5) ______________ 가면 백화점이 있습니다.

문법

으로/로²

2 **Choose the correct particle.** 알맞은 조사를 고르십시오.

보기 오른쪽(으로/로) 돌아가십시오.

1) 을지로(으로/로) 가 주세요.
2) 2층(으로/로) 올라가십시오.
2) 이쪽(으로/로) 오십시오.
4) 이 버스는 잠실(으로/로) 갑니다.
5) 횡단 보도 앞에서 과일 가게 쪽(으로/로) 건너오세요.

3 **Choose the appropriate expressions to complete the conversation.**
알맞은 표현을 골라 대화를 완성하십시오.

올라가다	내려가다	똑바로 가다
돌아가다	들어가다	나가다

1) 가: 이 근처에 서점이 있어요?
   나: 네, 저기에서 오른쪽으로 ______________ 으면/면 서점이 있습니다.
2) 가: 은행에 어떻게 가요?
   나: 저기에 계단이 있지요?
   이 건물 2층으로 ______________ 으면/면 은행이 있어요.
3) 가: 화장실이 어디에 있어요?
   나: 건물 밖으로 ______________ 어서/아서/여서 오른쪽으로 ______________ 으면/면 화장실이 있어요.
4) 가: 슈퍼마켓이 어디에 있어요?
   나: 엘리베이터를 타고 지하 2층으로 ______________ 으세요/세요.
5) 가: 이 근처에 병원이 있어요?
   나: 네, 50m 앞에 있어요. ______________ 으세요/에요.

4 **From <Start>, go in the direction of the arrow (→). What word do you get when you find the letters? Write it down.**
<출발>에서 화살표(→) 방향으로 가십시오. 글자를 찾으면 무슨 단어가 나옵니까? 쓰십시오.

호	등	송	니	단	요	서
세	다	고	속	습	사	선
오	죄	하	찌	컴	문	퓨
신	국	출발	우	남	교	어
녕	니	님	학	개	기	교
순	말	사	겠	수	통	과
스	시	공	버	부	수	항

보기

(→ 3) 오른쪽으로 세 칸 가십시오. [교]
(↓ 2) 아래로 두 칸 내려가십시오. [통]
(← 1) 왼쪽으로 한 칸 가십시오. [수]
(↑ 5) 위로 다섯 칸 가십시오. [단] 답: 교통수단

1) (↓ 3) ______ [ ]
(→ 4) ______ [ ] 답: ______

2) (← 2) ______ [ ]
(↑ 3) ______ [ ]
(→ 1) ______ [ ] 답: ______

3) (↑ 2) ______ [ ]
(→ 1) ______ [ ]
(↓ 5) ______ [ ]
(← 3) ______ [ ] 답: ______

■■ -어서/아서/여서[2]

5 Connect the related options and combine them into one sentence.

관계 있는 것을 연결하고 한 문장으로 만드십시오.

보기 학교에 오다 •	• ① 주스를 만들까요?.
1) 똑바로 가다 •	• ② 한국말을 배웁니다.
2) 오렌지를 사다 •	• ③ 왼쪽으로 돌아가세요.
3) 일찍 일어나다 •	• ④ 운동을 하겠습니다.
4) 집에 들어가다 •	• ⑤ 먹읍시다.
5) 불고기를 만들다 •	• ⑥ 쉬세요.

보기 학교에 와서 한국말을 배웁니다.

1) ______________________________.

2) ______________________________.

3) ______________________________.

4) ______________________________.

5) ______________________________.

6) ______________________________.

6 Read the passage and complete the dialogue.

이야기를 읽고 대화를 완성하십시오.

리사 씨는 선희 씨 집에 갔습니다.
선희 씨 집은 시장 근처에 있습니다.
리사 씨는 버스를 타고 경복궁 근처로 가서 지하철 3호선을 탔습니다.
압구정역에서 내렸습니다. 4번 출구로 나왔습니다.
10m쯤 똑바로 갔습니다. 오른쪽으로 갔습니다. 시장이 있었습니다.
리사 씨는 시장에 갔습니다. 여러 가지 채소와 계란을 샀습니다.
선희 씨 집은 시장 근처에 있는 꽃집 건물의 3층에 있었습니다.
리사 씨는 선희 씨하고 비빔밥을 만들었습니다. 다 먹었습니다.
밥을 먹고 카페에서 커피를 샀습니다. 그리고 한강 공원에 갔습니다.
자전거를 빌렸습니다. 한 시간 정도 자전거를 탔습니다.

1) <선희 씨 집에 가는 길>

리사: '선희 씨 집에 가는 길' 좀 가르쳐 주세요

선희: 압구정역에서 ① ________________ 어서/아서/여서 4번 출구로 ② ________________ 으세요/세요. 10m 쯤 ③ ________________ 어서/아서/여서 오른쪽으로 ④ ________________ 으면/면 시장이 있습니다.

2) <점심>

리사: 점심은 어떻게 할까요?
제가 집 앞 시장에서 이것저것 살게요. 집에서 먹을까요?

선희: 좋아요. 우리 집에 ⑤ ________________ 어서/아서/여서 먹어요.
비빔밥을 ⑥ ________________ 어서/아서/여서 먹읍시다.

3) <한강 공원으로>

리사: 밥을 먹고 뭘 할까요?

선희: 카페에서 커피를 ⑦ ________________ 어서/아서/여서 한강 공원에 갑시다.
한강 공원에서 자전거를 ⑧ ________________ 어서/아서/여서 탑시다.

7 Read the passage and choose the correct answer.

이야기를 읽고 맞는 것을 고르십시오.

6월 23일 수요일 비

나는 오늘 남자 친구를 **보기** (만나서, 만나고) 영화를 봤습니다.
어제 산 예쁜 원피스를 **1)** (입어서, 입고) 나갔습니다.
어머니가 사 주신 빨간색 가방도 **2)** (들어서, 들고) 갔습니다.
우리는 명동까지 지하철을 **3)** (타서, 타고) 갔습니다.
지하철에는 사람이 많았습니다.
나는 **4)** (앉아서, 앉고) 갔지만 남자 친구는 **5)** (서서, 서고) 갔습니다.
지하철에서 **6)** (내려서, 내리고) 극장까지 많이 걸었습니다.
영화는 아주 슬펐습니다. 나는 영화를 **7)** (봐서, 보고) 울었습니다.
나중에 스트리밍 앱을 다운로드 **8)** (받아서, 받고) 다시 보고 싶습니다.
영화가 **9)** (끝나서, 끝나고) 이탈리아 식당으로 갔습니다.
스파게티를 **10)** (먹어서, 먹고) 커피도 마셨습니다.
그리고 우리는 밖으로 **11)** (나가서, 나가고) 꽃집에 갔습니다.
남자 친구가 장미꽃을 **12)** (사서, 사고) 저에게 주었습니다.
저는 아주 기뻤습니다.

5과 2항 지하철 2호선을 타야 돼요

어휘

1 Connect the related words.
관계있는 단어를 연결하십시오.

보기 케이티엑스(KTX) • —— • ②

보기 케이티엑스(KTX) •	• ①		배
1) 2호선 •	• ②		기차
2) 타이타닉 호 •	• ③		지하철
3) 한국항공 573편 •	• ④		버스
4) 9701번 •	• ⑤		비행기

문법

에서 까지

2 **Fill in the blanks with the correct particle.**
빈칸에 알맞은 조사를 쓰십시오.

보기 공항(에서) 집(까지) 지하철로 왔어요.

1) 이 건물은 30층(　　　) 50층(　　　) 호텔입니다.

2) 12시(　　　) 1시(　　　) 점심시간입니다.

3) 집(　　　)에서 출발했어요? 학교(　　　) 출발했어요?

4) 언제(　　　) 숙제를 낼까요?

5) 여기부터 어디(　　　) 청소할까요?

3 **Look at the table and complete the dialogue.**
표를 보고 대화를 완성하십시오.

	출발 시간	도착 시간	교통 수단
보기 집 → 학교	8 : 30	8 : 45	걸어서
1) 신촌 → 명동	10 : 00	10 : 20	버스
2) 명동 → 잠실	11 : 20	11 : 50	지하철
3) 서울 → 강릉	9 : 30	13 : 00	고속버스
4) 서울 → 부산	6 : 00	8 : 40	기차 (케이티엑스(KTX))
5) 인천 → 상하이	19 : 10	20 : 10 (한국 시간 21:10)	비행기

보기
가: 집에서 학교까지 얼마나 걸려요?
나: 걸어서 15분쯤 걸려요.

1) 가: 신촌________ 명동________ 몇 분쯤 걸려요?

나: ______________________________.

2) 가: 명동________ 잠실____________________?

나: ______________________________.

3) 가: ______________________________?

나: 고속버스로 3시간 반쯤 걸려요 .

4) 가: ______________________________?

나: ______________________________.

5) 가: ______________________________?

나: ______________________________.

■■ -어야/아야/여야 되다

4 What kind of people are they in the following picture? Look at the picture and choose the appropriate expressions to make a sentence.

다음 그림의 사람들은 어떤 사람이어야 됩니까? 그림을 보고 알맞은 표현을 골라 문장을 만드십시오.

보기 

1) 

2) 

3) 

4) 

5) 

눈이 좋다	노래를 잘하다	친절하다
키가 크다	외국어를 잘하다	길을 잘 알다

보기 비행기 조종사는 눈이 좋아야 ~~어야/아야/여야~~ 됩니다.

1) 외교관은 ________________ 어야/아야/여야 됩니다.

2) 가수는 ________________ 어야/아야/여야 됩니다.

3) 유치원 선생님은 ________________ 어야/아야/여야 됩니다.

4) 모델은 ________________.

5) 기사는 ________________.

5 Complete the dialogue.

대화를 완성하십시오.

보기
가: 장학금을 받고 싶어요.
나: 그러면 결석을 안 해야~~어야/아야/여야~~ 됩니다. (결석을 안 하다)

1) 가: 음악회가 지금 시작될 거예요.

나: 그러면 ______________ 어야/아야/여야 됩니다. (핸드폰을 끄다)

2) 가: 건강이 요즘 안 좋아요.

나: 그러면 ______________ 어야/아야/여야 됩니다. (술을 그만 마시다)

3) 가: 해외 여행을 하고 싶어요.

나: 그러면 ______________ 어야/아야/여야 됩니다. (여권을 만들다)

4) 가: 도서관에서 책을 빌려야 돼요.

나: 그러면 ______________ 어야/아야/여야 됩니다. (학생증이 있다)

5) 가: 유명한 가수 제이의 공연에 가고 싶어요

나: 그러면 ______________ 어야/아야/여야 됩니다. (표를 예매하다)

복습 1~5과

말하기

1 Introducing restaurants
식당 소개하기

Introduce a restaurant you go often.
자주 가는 식당을 소개하십시오.

1) **What restaurant do you often go to?**
자주 가는 식당이 어디예요?

2) **What kind of food does the restaurant serve?**
무슨 음식을 만드는 식당이에요?

3) **Where is the restaurant? What food is delicious?**
그 식당은 어디에 있어요? 무슨 음식이 맛있어요?

4) **What do you usually order at the restaurant?**
그 식당에서 보통 무엇을 주문해요?

5) **Why do you like that restaurant?**
그 식당을 왜 좋아해요?

2 Describing objects
물건 묘사하기

Talk about an object you want to buy.
사고 싶은 물건을 이야기하십시오.

1) **What item do you want to buy?**
사고 싶은 물건이 뭐예요?

2) **Why do you want to buy that item?**
그 물건을 왜 사고 싶어요?

3) **When can you use that item?**
언제 그 물건을 쓸 수 있어요?

4) **Where can you buy that item?**
그 물건은 어디에서 살 수 있어요?

5) **What color do you want to buy?**
무슨 색을 사고 싶어요?

3 Explaining directions
길 설명하기

Here are the directions to Yonsei University.
여기에 연세대학교에 오는 방법이 있습니다.
Describe how to get to Yonsei University based on this.
이것을 보고 연세대학교에 오는 방법을 설명하십시오.

■ 지하철 3호선으로 올 때
경복궁역 → 1번 출구 → 버스 171번, 272번, 606번 → 연세대학교 앞 정류장 → 연세대학교

1) **What station do you get off at? Which exit should you take?**
무슨 역에서 내려요? 그리고 몇 번 출구로 나가야 돼요?

2) **Which bus should you take?**
몇 번 버스를 타야 돼요?

3) **If you take the bus, where should you get off?**
버스를 타면 어디에서 내려야 돼요?

쓰기

I Choose the correct particle.
알맞은 조사를 고르십시오.

1 동생(　　) 받은 선물이에요.

① 에　　② 에서　　③ 을　　④ 한테서

2 어머니(　　) 자주 연락을 드려요?

① 께　　② 로　　③ 를　　④ 에게서

3 왼쪽(　　) 가면 은행이 있어요.

① 은　　② 이　　③ 으로　　④ 이나

4 9시부터 1시(　　) 한국말을 공부해요.

① 나　　② 까지　　③ 부터　　④ 에서

II Choose the correct word.
알맞은 말을 고르십시오.

5 자장면을 좋아해서 (　　)에 자주 가요.

① 중국집 ② 일식집 ③ 양식집 ④ 한식집

6 김치가 (　　) 물을 마시고 싶어요.

① 달아서 ② 매워서 ③ 맛있어서 ④ 싱거워서

7 동생 생일에 동생에게 예쁜 모자를 (　　).

① 봤어요 ② 샀어요 ③ 구경했어요 ④ 선물했어요

8 여기에서 신촌까지 얼마나 (　　)?

① 타요 ② 걸려요 ③ 내려요 ④ 떠나요

III Choose the appropriate answer as shown in the example.
보기 와 같이 어울리는 것을 고르십시오.

> 보기
> 의자 - 10 → 의자 (①)
> ① 열 개 ② 열 명

9 장미꽃 - 5 → 장미꽃 (　　)

① 다섯 송이 ② 다섯 개

10 커피 - 3 → 커피 (　　)

① 삼 컵 ② 세 잔

11 삼겹살 - 2 → 삼겹살 (　　)

① 두 그릇 ② 이 인분

12 티셔츠 - 1 → 티셔츠 (　　)

① 한 벌 ② 한 켤레

Ⅳ Choose the correct answer.
보기 와 같이 맞는 것을 고르십시오.

> **보기**
> 내일 ___①___ 일이 많습니다.
> (하다)
> ① 할　　② 하는

13 지금 ____________ 음식이 뭐예요?
(먹고 싶다)

① 먹고 싶는　　② 먹고 싶은

14 어제 ____________ 영화를 봤어요.
(재미있다)

① 재미있은　　② 재미있는

15 이 음식은 어제 ____________ 떡볶이예요.
(만들다)

① 만든　　② 만들은

16 가게에 ____________ 사과가 많아요.
빨갛다

① 빨간　　② 빨갛은

Ⅴ Choose the correct answer.
질문에 알맞은 대답을 고르십시오.

17 가: 매운 음식을 좋아합니까?
나: ____________ (　　)

① 아니요, 음식이 좀 맵습니다.
② 네, 맵지 않은 음식을 좋아합니다.
③ 네, 매운 음식을 좋아하지 않습니다.
④ 아니요, 매운 음식을 좋아하지 않습니다.

18 가: 같이 케이크를 사러 갈까요?

나: ______________ (　　)

① 네, 같이 갑시다.

② 아니요, 케이크를 사러 갑시다.

③ 아니요, 케이크를 사고 싶어요.

④ 네, 제가 케이크를 사러 갈까요?

19 가: 이 옷은 좀 비싸지만 예쁘지요?

나: ______________ (　　)

① 네, 좀 비싸서 예뻐요.

② 아니요, 좀 싸서 예뻐요.

③ 네, 좀 비싸지만 예뻐요.

④ 아니요, 좀 싸서 예쁘지 않아요.

20 가: 실례지만 여기에서 신촌역까지 어떻게 가요?

나: ______________ (　　)

① 지하철 2호선을 타지요?

② 지하철 2호선을 탈래요?

③ 지하철 2호선을 타야 돼요.

④ 지하철 2호선을 타겠습니다.

Ⅵ Write a text with the following title (7 sentences or more).

다음 제목으로 글을 쓰십시오. (7문장 이상)

제목: 좋아하는 음식

읽기

I [1~3] Read and answer the questions.
읽고 질문에 답하십시오.

오늘 친구들이 우리 집에 밥을 먹으러 옵니다.
저와 친구들은 한식을 좋아합니다.
그래서 저는 한국 음식을 몇 가지 만들겠습니다.
반찬도 여러 가지 만들고 한국 차도 준비하겠습니다.
친구들은 모두 불고기를 좋아합니다.
저는 된장찌개를 아주 좋아합니다.
그래서 불고기와 된장찌개를 만들 것입니다.
친구들이 집에 오면 같이 먹겠습니다.

1 **Where is this person meeting friends today? (　　)**
이 사람은 오늘 어디에서 친구들을 만납니까?

① 집　　② 학교　　③ 커피숍　　④ 한식집

2 **Choose the food that this person did not prepare. (　　)**
이 사람은 준비한 음식이 아닌 것을 고르십시오.

① 반찬　　② 커피　　③ 불고기　　④ 된장찌개

3 **Choose the answer that does not match what you read. (　　)**
이 글의 내용과 다른 것을 고르십시오.

① 이 사람은 된장찌개를 만들 것입니다.
② 불고기를 좋아하지 않는 친구도 있습니다.
③ 이 사람과 친구들은 모두 한식을 좋아합니다.
④ 친구들이 집에 와서 이 사람이 한식을 준비합니다.

II [4~6] Read and answer the questions.
읽고 질문에 답하십시오.

저는 한식을 먹고 싶으면 친구와 같이 이 한식집에 자주 옵니다.
이 한식집은 아주 깨끗하고 조용합니다.
그리고 아주머니도 친절하십니다.
저와 제 친구는 김치찌개를 아주 좋아합니다.
그래서 여기에 오면 언제나 김치찌개를 먹습니다.
오늘도 우리는 김치찌개를 ___㉠___.
"여기요, 여기 김치찌개 이 인분 주세요."
김치찌개는 좀 맵지만 참 맛있습니다.

4 How is the Korean restaurant? (　　)
한식집이 어떻습니까?

① 더럽습니다.　② 시끄럽습니다.
③ 깨끗하지 않습니다.　④ 시끄럽지 않습니다.

5 Choose the appropriate answer to fill in ___㉠___ . (　　)
___㉠___ 에 들어갈 말로 어울리는 것을 고르십시오.

① 봅니다　② 팝니다　③ 만듭니다　④ 시킵니다

6 Choose the answer that does not match what you read. (　　)
이 글의 내용과 다른 것을 고르십시오.

① 두 사람은 김치찌개를 자주 먹습니다.
② 이 한식집은 친구하고 자주 가는 곳입니다.
③ 이 사람은 김치찌개가 매워서 먹지 못합니다.
④ 두 사람은 오늘 김치찌개 2인분을 주문했습니다.

III [7~9] Read and answer the questions.
읽고 질문에 답하십시오.

저는 오후에 꽃을 사러 꽃집에 갔습니다.
꽃집에는 여러 가지 예쁜 꽃들이 있었습니다.
빨간색 카네이션 꽃이 많았습니다.
사람들은 빨간색 카네이션 꽃을 많이 샀습니다.
저도 빨간색 카네이션 꽃을 두 ___㉠___ 샀습니다.
꽃은 한 ___㉠___ 에 15,000원이었습니다.
꽃값이 조금 비쌌습니다.
주인 아주머니가 1,000원을 깎아 주셨습니다.
기분이 좋았습니다.
내일 부모님께 이 꽃을 드리겠습니다.

7 Why did this person go to the flower shop? (　　)
이 사람은 왜 꽃집에 갔습니까? (　　)

① 꽃이 예뻐서
② 요즘 꽃값이 싸서
③ 주인 아주머니가 친절해서
④ 부모님께 꽃을 선물하고 싶어서

8 Choose the correct answer to fill in ___㉠___. (　　)
___㉠___ 에 들어갈 말로 어울리는 것을 고르십시오.

① 개　　② 병　　③ 다발　　④ 자루

9 Choose the answer that does not match what you read. (　　)
이 글의 내용과 다른 것을 고르십시오.

① 이 사람은 내일 부모님을 만나겠습니다.
② 꽃집에 빨간 카네이션 꽃만 있었습니다.
③ 이 사람이 산 꽃값은 이만 구천 원입니다.
④ 오늘 많은 사람들이 카네이션 꽃을 샀습니다.

Ⅳ [10~12] Read and answer the questions.
읽고 질문에 답하십시오.

지난 주말에 옷을 사러 동대문 시장에 갔습니다.
동대문 시장에는 옷 가게가 많았습니다.
먼저 까만색 코트를 하나 샀습니다.
코트는 팔만 오천 원이었습니다.
조금 비쌌습니다.
그리고 모자를 파는 가게에도 갔습니다.
따뜻한 털모자와 장갑을 샀습니다.
모자는 만 원이고 장갑은 팔천 원이었습니다.
값이 비싸지 않았습니다.
날씨가 좀 추웠지만 기분은 좋았습니다.

10 Why did this person go to Dongdaemun Market? (   )
이 사람은 동대문 시장에 왜 갔습니까?

① 값이 싸서
② 옷을 사고 싶어서
③ 기분이 좋지 않아서
④ 모자 가게가 많아서

11 What is the person's hat like? (   )
이 사람이 산 모자는 어떻습니까?

① 까만색입니다.
② 십만 원입니다.
③ 값이 좀 비쌉니다.
④ 따뜻해서 겨울에 쓰면 좋습니다.

12 Choose the answer that does not match what you read. (   )
이 글의 내용과 다른 것을 고르십시오.

① 코트 값은 좀 비쌌습니다.
② 날씨가 따뜻하지 않았습니다.
③ 이 사람은 먼저 장갑을 샀습니다.
④ 이 사람은 코트를 한 벌 샀습니다.

V [13~15] Read and answer the questions.
읽고 질문에 답하십시오.

오늘 리사 씨는 친구 줄리아 씨 집에 갔습니다.
3번 출구로 나왔습니다.
리사 씨는 횡단보도를 건넜습니다.
그리고 오른쪽으로 갔습니다.
거기에 시장이 있었습니다.
리사 씨는 시장에서 과일과 고기를 샀습니다.
줄리아 씨 집은 시장 근처에 있는 꽃집 3층에 있었습니다.
리사 씨는 줄리아 씨 집에서 같이 요리했습니다.
줄리아 씨 집에서 나와서 왼쪽으로 5분쯤 가면 영화관이 있습니다.
두 사람은 저녁을 먹고 영화관에 가서 영화를 봤습니다.

13 Where is Julia's house? (   )
줄리아 씨 집은 어디에 있습니까?

① 꽃집 3층 ② 영화관 왼쪽
③ 횡단보도 오른쪽 ④ 지하철역 3번 출구 앞

14 What did the two people not do together? (   )
두 사람이 같이 하지 않은 일은 무엇입니까?

① 요리하기 ② 영화 보기 ③ 저녁 먹기 ④ 시장 가기

15 Choose the answer that does not match what you read. (   )
이 글의 내용과 다른 것을 고르십시오.

① 줄리아 씨 집은 시장하고 가깝습니다.
② 줄리아 씨 집은 영화관하고 가깝습니다.
③ 줄리아 씨가 리사 씨에게 줄 음식을 준비했습니다.
④ 오늘 리사 씨는 줄리아 씨 집까지 지하철을 타고 갔습니다.

듣기

I [1~4] Listen and answer the questions.
듣고 맞는 답을 고르십시오.

MP3_21

1 (　　　　)

① 네, 내일 같이 영화를 봅시다.
② 네, 오늘은 영화를 보지 않아요.
③ 아니요, 저는 영화를 보고 싶어요.
④ 아니요. 오늘은 영화를 보고 싶지 않아요.

2 (　　　　)

① 떡볶이가 좀 맵지요?
② 떡볶이는 맛있지만 매워요.
③ 그럼 떡볶이를 주문할래요?
④ 떡볶이는 매워서 잘 못 먹어요.

3 (　　　　)

① 친구에게 줄 꽃을 살 거예요.
② 학교 앞 꽃집에 가고 싶어요.
③ 친구한테서 선물 받은 꽃이에요.
④ 꽃을 사러 학교 근처 꽃집에 같이 갑시다.

4 (　　　　)

① 인천공항역까지 5분 쯤 걸려요.
② 인천 쪽으로 가는 지하철을 타세요.
③ 인천공항역에 가면 지하철을 탑시다.
④ 인천공항역까지 가는 버스를 탈 거예요.

II [5~6] Where are the two people talking? Choose the answer.
두 사람이 어디에서 이야기합니까? 고르십시오.

5 (　　　)

① 회사　　② 식당　　③ 커피숍　　④ 편의점

6 (　　　)

① 백화점　　② 지하철역　　③ 버스 정류장　　④ 신촌역 4번 출구

III [7~9] Listen and answer the questions.
듣고 질문에 답하십시오.

7 **What are the two people talking about? (　　)**
두 사람은 무슨 이야기를 합니까?

① 한식집　　② 한국 음식의 맛
③ 맵지 않은 음식　　④ 좋아하는 한국 음식

8 **How does samgyetang taste? (　　)**
삼계탕은 맛이 어떻습니까?

① 답니다.　　② 싱겁습니다.
③ 맵지 않습니다.　　④ 쓰지 않습니다.

9 **Choose the answer that does not match what you heard. (　　)**
들은 내용과 다른 것을 고르십시오.

① 여자는 삼계탕을 좋아합니다.
② 남자는 지금까지 삼계탕을 먹지 않았습니다.
③ 여자는 집에서 삼계탕을 먹지 않았습니다.
④ 남자는 여자에게 좋아하는 음식을 물었습니다.

Ⅳ [10~12] Listen and answer the questions.
듣고 질문에 답하십시오.

10 What are the two people talking about? (　　)
두 사람은 무슨 이야기를 합니까?

① 가족들이 간 시장　② 친구에게 줄 선물
③ 가족들에게 줄 선물　④ 친구와 같이 갈 시장

11 What did Lisa buy at the clothing store? (　　)
리사 씨가 옷 가게에서 산 물건은 무엇입니까?

① 인형　② 한복　③ 넥타이　④ 티셔츠

12 Choose the answer that does not match what you heard. (　　)
들은 내용과 다른 것을 고르십시오.

① 동대문 시장에는 가게가 많습니다.
② 동대문 시장에서 선물을 샀습니다.
③ 리사 씨는 동생에게 줄 바지를 샀습니다.
④ 리사 씨는 옷가게에서 부모님께 드릴 선물을 샀습니다.

Ⅴ [13~15] Listen and answer the questions.
[13~15] 듣고 질문에 답하십시오.

13 What did the two people not order? (　　)
두 사람이 주문하지 않은 것은 무엇입니까?

① 콜라　② 불고기　③ 비빔밥　④ 김치찌개

14 How does the kimchi stew taste? (　　)
김치찌개 맛이 어떻습니까?

① 조금 답니다.　② 조금 짭니다.　③ 조금 맵습니다.　④ 조금 싱겁습니다.

15 Choose the answer that does not match what you heard. (　　)
들은 내용과 다른 것을 고르십시오.

① 불고기는 맵지 않습니다.
② 이 식당에는 비빔밥도 있습니다.
③ 두 사람은 콜라도 주문했습니다.
④ 리사 씨는 김치찌개를 먹겠습니다.

6과 1항 사람이 많으니까 조심하세요

어휘

1 Connect the related words.
관계있는 단어를 연결하십시오.

보기 배 •	• 역
1) 비행기 •	• 항구
2) 지하철 •	• 공항
3) 시내버스 •	• 정류장
4) 고속버스 •	• 터미널

2 Choose the correct word and fill in the blanks.
알맞은 단어를 골라 빈칸에 쓰십시오.

역　공항　정류장　터미널　타다　내리다　갈아타다

보기 서울 고속버스 (터미널)에는 꽃 시장도 있어요.

1) 3시 비행기를 (　　　　)으러/러 (　　　　)에 가요.

2) 을지로 3가 (　　　　)에 지하철 2호선과 3호선이 있습니다.
거기에서 지하철 3호선으로 (　　　　)으세요/세요.

3) 다음 (　　　　)은/는 한국대학교입니다.
버스에서 (　　　　)을/ㄹ 분은 벨을 누르십시오.

문법

-으니까/니까

3 Combine the two sentences into one.

두 문장을 한 문장으로 만드십시오.

보기 내일 시험이 있습니다. / 열심히 공부하세요.

→ 내일 시험이 있으니까 열심히 공부하세요.

1) 목이 마릅니다. / 콜라를 마실까요?

→ ______________________________ ?

2) 날씨가 좋습니다. / 밖에 나갑시다.

→ ______________________________ .

3) 오늘은 바쁩니다. / 내일 만납시다.

→ ______________________________ .

4) 방이 더럽습니다. / 청소하십시오.

→ ______________________________ .

5) 지하철 역이 멉니다. / 택시를 탈까요?

→ ______________________________ ?

4 Complete the dialogue.

대화를 완성하십시오.

(제임스 씨가 서준 씨에게 전화합니다.)

제임스: 서준 씨, 오늘 만날까요?

서 준: 네, 오늘은 보기 한가하니까 ~~으니까/니까~~ 11시에 만나요.

제임스: 어디에 갈까요?

서 준: 1) ____________ 으니까/니까 수영장에 가요.

제임스: 거기까지 어떻게 갈까요?

서 준: 2) ____________ 으니까/니까 택시를 타요.

(지금은 오후 1시입니다.)

제임스: 서준 씨, 점심을 먹을까요?

서 준: 네, 3) ____________ 으니까/니까 점심을 먹어요.

제임스: 뭘 먹을까요? 한식을 좋아하세요?

서 준: 네, 4) ____________ 으니까/니까 ____________ 어요/아요/여요.

제임스: 점심을 먹고 뭘 할까요? 수영장 옆 백화점에 갈까요?

서 준: 좋아요. 5) ____________ 으니까/니까 ____________ 어요/아요/여요.

5 Mark "O" if the sentence is correct, and "X" if it isn't. Rewrite if there are any mistakes.

문장이 맞으면 O, 틀리면 X 표시 하십시오. 틀린 부분은 다시 쓰십시오.

보기 시간이 없어서 내일 만납시다. (X) → (없으니까)

1) 아이가 자니까 조용히 하세요. (　　) → (　　)

2) 수업이 끝났으니까 점심을 먹을까요? (　　) → (　　)

3) 이 영화가 재미없어서 보지 마십시오. (　　) → (　　)

4) 만나서 반가워요. (　　) → (　　)

5) 비가 와서 우산을 가지고 가세요. (　　) → (　　)

●● -지 말다

6 Complete the conversation using '-지 말다'.

'-지 말다'를 사용해서 대화를 완성하십시오.

> **보기**
> 마리: 저는 학교에 늦게 오지 않습니다.
> 수지 씨, 늦게 오지 마세요.
> 우리 모두 늦게 오지 맙시다.

1) 진수: 저는 술을 많이 마시지 않습니다.

스티브 씨, ______________________.

우리 모두 ______________________.

2) 피터: 저는 수업 시간에 떠들지 않습니다.

샤오밍 씨, ______________________.

우리 모두 ______________________.

3) 줄리아: 저는 교실에서 영어로 말하지 않습니다.

에릭 씨, ______________________.

우리 모두 ______________________.

4) 리키: 저는 수업 시간에 전화하지 않습니다.

요코 씨, ______________________.

우리 모두 ______________________.

7 Xiaoming went to Marie's house. Marie is not in a good mood today. Complete the conversation.

샤오밍 씨가 마리 씨 집에 갔습니다. 마리 씨는 오늘 기분이 좋지 않습니다. 대화를 완성하십시오

샤오밍: 마리 씨, 같이 한국말을 공부할까요?

마　리: 아니요, **보기** 공부하지 맙시다.

샤오밍: 그럼 텔레비전을 볼까요?

마　리: 아니요, **1)** ______________________.

샤오밍: 그럼 제가 재미있는 이야기를 할까요?

마　리: 아니요, **2)** ______________________.

샤오밍: 그럼 날씨가 좋으니까 밖에 나갈까요?

마　리: 아니요, **3)** ______________________.

샤오밍: 그럼 제가 맛있는 음식을 만들까요?

마　리: 아니요, **4)** ______________________.

샤오밍: 그럼 제가 집에 갈까요?

마　리: 네, 미안하지만 오늘은 그냥 **5)** ______________________.

어휘

1 Choose the correct word and fill in the blanks.
알맞은 단어를 골라 빈칸에 쓰십시오.

직진	우회전	좌회전	신호등	사거리	세우다	출발하다

보기
보통 사거리는~~은/는~~ 교통이 복잡합니다.

1) 횡단보도에서 ________________ 을/를 보고 건넙니다.

2) 오른쪽에 약국이 있습니다. ________________ 하십시오.

3) 저 앞에 백화점이 있습니다. 다른 곳으로 가지 말고 ________________ 하십시오.

4) 왼쪽에 있는 길로 ________________ 해서 들어가세요.
그리고 빵집 앞에 ________________ 어/아/여 주세요.

5) 버스가 곧 ________________ 으니까/니까 빨리 타세요.

2 Look at the picture and write the number of the station the passenger is going to. 그림을 보고 손님이 가는 정류장의 번호를 찾아 쓰십시오.

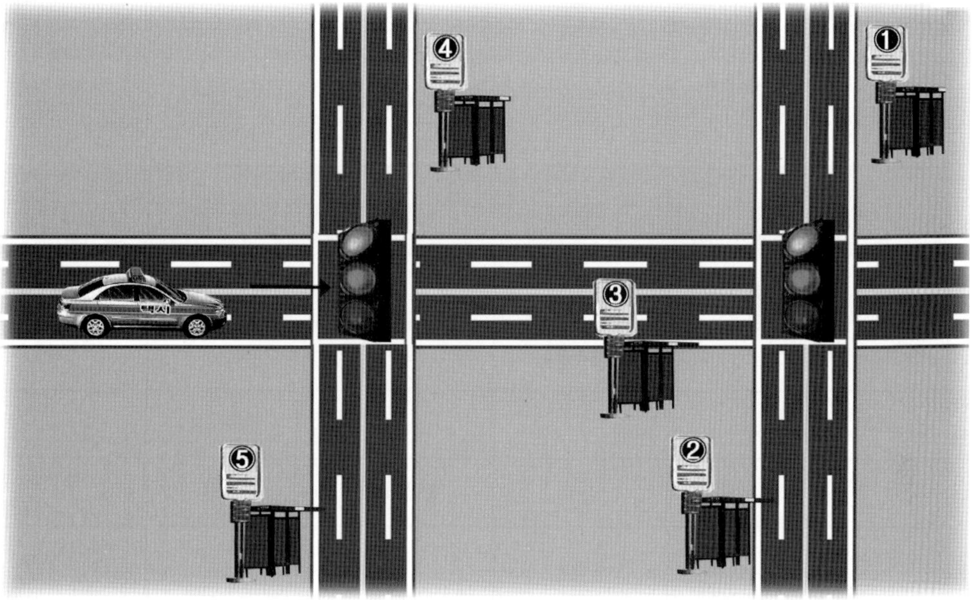

보기 사거리에서 직진해서 버스 정류장 앞에 세워 주세요. (3)

1) 사거리에서 우회전해서 버스 정류장 앞에 세워 주세요. (   )

2) 사거리에서 좌회전해서 버스 정류장 앞에 세워 주세요. (   )

3) 사거리에서 직진하세요. 다음 사거리에서 좌회전해서 버스 정류장 앞에 세워 주세요. (   )

4) 사거리에서 직진하세요. 다음 사거리에서 우회전해서 버스 정류장 앞에 세워 주세요. (   )

문법

❶ 르 동사

3 Complete the table.
표를 완성하십시오.

	-습니다/ㅂ니다	-어요/아요/여요	-었어요/았어요/였어요	-어서/아서/여서	-으니까/니까
고르다	고릅니다				
다르다		달라요			
모르다				몰라서	
빠르다			빨랐어요		
부르다					부르니까
자르다					

4 Rewrite the underlined part of the sentence.
문장의 밑줄 친 부분을 고쳐 쓰십시오.

보기
한국말은 영어와 달르니까 열심히 공부하세요.
→ 다르니까

1) 누가 이 시계를 골렀어요?
→ ____________

2) 그 사람을 모라서 인사를 안 했어요.
→ ____________

3) 지하철이 복잡하지만 빠라요.
→ ____________

4) 무슨 노래를 불를까요?

→ ______________

5) 머리를 자라 주세요.

→ ______________

이나/나²

5 Complete the dialogue.

대화를 완성하십시오.

보기
가: 저는 커피를 하루에 열 잔쯤 마셔요.
나: 열 잔이나요? ~~이나요/나요~~?

1) 가: 어제 친구와 두 시간 동안 전화를 했어요.

나: ______________________ 이나요/나요?

2) 가: 저는 동생이 네 명 있어요.

나: ______________________ 이나요/나요?

3) 가: ______________________.

나: 백만 원이나요?

4) 가: ______________________.

나: 열 권이나요?

5) 가: ______________________.

나: 다섯 마리나요?

6 Answer the question.

질문에 대답하십시오.

보기
가: 시간이 많이 걸렸어요?
나: 네, 두 시간이나 ~~이나/나~~ 걸렸어요.

1) 가: 어제 저녁에 불고기를 많이 먹었어요?

나: 네, ______________ 이나/나 ______________________.

2) 가: 어제 남대문 시장에 가서 돈을 많이 썼어요?

나: 네, ______________ 이나/나 ______________________.

3) 가: 어제 술을 많이 마셨어요?

나: 네, ____________________________________.

4) 가: 수영 씨가 옷을 많이 샀어요?

나: 네, ____________________________________.

5) 가: 오늘 안 온 학생이 많아요?

나: 네, ____________________________________.

●●● 밖에

7 Rewrite the sentence.
문장을 바꿔 쓰십시오.

보기
저는 하루에 네 시간 자요.
→ 저는 하루에 네 시간밖에 안 자요.

1) 친구는 소고기는 먹지만 다른 음식은 먹지 않아요.

→ ______________ 밖에 ______________.

2) 민지 씨는 가수 제이 노래는 부르지만 다른 노래는 부르지 않아요.

→ ______________ 밖에 ______________.

3) 케빈 씨는 하루에 20분 공부하고 다른 시간에는 공부하지 않아요.

→ ______________ 밖에 ______________.

4) 그 사람의 이름은 알지만 다른 것은 몰라요.

→ ______________ 밖에 ______________.

8 Complete the conversation using '밖에'.

'밖에'를 사용해서 대화를 완성하십시오.

가: 리사 씨, 1년 전에 한국에 왔지요?

나: 아니요, **보기** 세 달밖에 안 됐어요. (세 달)

가: 그런데 한국말을 리사 씨는 아주 잘해요. 한국 친구가 많아요?

나: 아니요, **1)** ______________________. (세 명)

가: 그럼 한국말을 오래 배웠어요?

나: 아니요, **2)** ______________________. (두 달)

그렇지만 할아버지가 한국 사람이에요.

가: 아, 그래요? 그럼 아버지도 한국말을 잘 하세요?

나: 아니요, **3)** ______________________. (조금)

가: 가족들이 모두 한국에 있어요?

나: 아니요, 한국에는 **4)** ______________________. (동생)

가: 고향에 있는 가족들하고 자주 만나요?

나: 아니요, **5)** ______________________. (전화)

7과 1항 이따가 전화할게요

1 Choose the correct word and fill in the blanks.
알맞은 단어를 골라 빈칸에 쓰십시오.

국제 전화 시외 전화 지역 번호 국가 번호 휴대 전화

보기 국제 전화		1) ______		
2) ______		3) ______		전화 번호
한국	82	서울	02	2123-2114
미국	1	인천	032	749-5103
프랑스	33	제주	064	720-8000
싱가포르	65	4) ______	010	7121-3590

2 Write the phone number in Korean.
다음 전화 번호를 한글로 쓰십시오

보기
연세대학교(신촌캠퍼스, 서울) : 02) 2123-2114
→ 공이 이일이삼의 이일일사

1) 연세대학교(국제캠퍼스, 인천) 기숙사 : 032) 749-5103

→ ______

2) 국립제주박물관 : 064) 720-8000

→ ______

3) 화재신고 응급환자 신고 : 119

→ ______

문법

-을게요/ㄹ게요

3 Rewrite the sentence.
문장을 바꿔 쓰십시오.

보기 제가 읽겠습니다. → 제가 읽을게요. ~~을게요/ㄹ게요.~~

1) 먼저 가겠습니다.

→ ______________________ 을게요/ㄹ게요.

2) 다음에 다시 오겠습니다.

→ ______________________ 을게요/ㄹ게요.

3) 이번엔 제가 사겠습니다.

→ ______________________ 을게요/ㄹ게요.

4) 거짓말하지 않겠습니다.

→ ______________________ 을게요/ㄹ게요.

5) 수업에 늦지 않겠습니다.

→ ______________________ 을게요/ㄹ게요.

4 **This is James' day. Choose the correct sentence to complete the conversation.**

제임스의 하루입니다. 알맞은 문장을 골라 대화를 완성하십시오.

다음 주까지 써서 내겠습니다.	제가 읽겠습니다.	다녀오겠습니다.
우산을 빌려 드리겠습니다.	우산을 꼭 돌려 드리겠습니다.	

보기

룸메이트: 저녁에 비가 와요. 우산을 가지고 가세요.
제 임 스: 네, 다녀올게요. ~~을게요/ㄹ게요~~.
우산도 가지고 갈게요.

1) 

교수님: 누가 읽겠어요?
제임스: ______________________ 을게요/ㄹ게요.

2) 

교수님: 다음 주까지 리포트를 써서 내세요.
제임스: 네, ______________________ 을게요/ㄹ게요.

3) 

제임스: ______________________ 을게요/ㄹ게요.
리　사: 제임스 씨, 고마워요.

4) 

제임스: 이 우산 나중에 돌려주세요. 나중에 연락하세요.
리　사: 네, ______________________ 을게요/ㄹ게요.

만

5 Look at the following picture and use '-만' to complete the conversation.
다음 그림을 보고 '-만'을 사용해서 대화를 완성하십시오.

보기

(×)

(○)

가: 고기를 좋아하세요?
나: 아니요, 채소만 먹어요.

1)

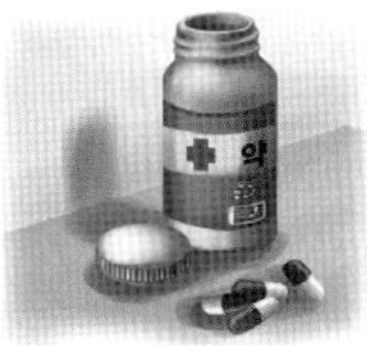

3번 (×)
2번 (○)

가: 이 약을 하루에 세 번 먹어야 돼요?
나: 아니요, ____________________ 으세요/세요.

2)

(×)

(○)

가: 부모님께 편지를 쓰세요?
나: 아니요, ____________________.

3)

(×)

(○)

가: 불고기 삼 인분을 시킬까요?
나: 아니요, ____________________.

4)

가: 500번 버스가 신촌에 가요?
나: 아니요, ____________________.

5)

(×)

(○)

가: 수업시간에 영어로 말합니까?
나: 아니요, ____________________.

7과 2항 바로 전데요

어휘

1 Connect the related words. 관계있는 단어를 연결하십시오.

보기 전화를	① 켜다
1) 전화벨이	② 울리다
2) 핸드폰을	③ 누르다
3) 전화 번호를	④ 보내다
4) 문자 메시지를	⑤ 확인하다
5) 음성 메시지를	⑥ 잘못 걸다

2 Choose the correct word and complete the conversation.
알맞은 단어를 골라 대화를 완성하십시오.

가다　걸다　끄다　남기다　울리다　확인하다

남자: 어제 제가 전화했어요.
여자: 아, 그래요? 몰랐어요.
남자: 저녁 7쯤에 전화를 보기 걸었어요 ~~었어요/았어요/였어요~~.
여자: 그때쯤 저는 영화관에 있었어요.
그래서 핸드폰을 1) ________ 었어요/았어요/였어요.
남자: 전화를 받지 않아서 음성 메시지를 2) ________ 었어요/았어요/였어요.
메시지를 확인했어요?
여자: 음성 메시지도 있었어요? 저는 문자 메시지만 봤어요. 미안해요.
남자: 밤 열 시 반쯤에 다시 전화했어요. 그런데 '뚜뚜뚜' 신호만 3) ________ 고
전화를 받지 않았어요. 왜 안 받았어요?
여자: 전화벨이 4) ________ 었어요/았어요/였어요? 못 들었어요.
어제는 너무 피곤해서 일찍 자서 못 들었어요. 다음에는 꼭 받을게요.

문법

-기 때문에

3 Complete the sentence.
문장을 완성하십시오.

보기 (서비스가 좋다) 서비스가 좋기 때문에 그 식당에 자주 갑니다.

1) (교통이 복잡하다) ____________ 기 때문에 지하철을 타고 다닙니다.

2) (어제 늦게 일어났다) ____________ 기 때문에 지각을 했어요

3) (내일은 주말이다) ____________ 기 때문에 늦게까지 잘 거예요.

4) (맵지 않다) ____________ 기 때문에 아이들도 먹어요.

5) (열심히 공부했다) ____________.

4 Answer the question using "-기 때문에".
'-기 때문에'를 사용해서 질문에 대답하십시오,

보기
가: 왜 오늘은 연구실에 안 나가세요?
나: 오늘은 회의가 없기 때문에 안 나가요.

1) 가: 왜 아직까지 점심을 안 드셨어요?

나: ____________.

2) 가: 어제 왜 수업에 안 왔습니까?

나: ____________.

3) 가: 엠마 씨는 한국말을 참 잘하십니다.

나: ______________________________.

4) 가: 왜 오늘은 도서관에 안 가고 바로 집에 가십니까?

나: ______________________________.

5) 가: 리에 씨, 오늘 왜 기분이 안 좋아요?

나: ______________________________.

08 -는데요/은데요/ㄴ데요

5 Rewrite the sentence.

문장을 바꿔 쓰십시오.

보기 바로 저입니다. ➜ 바로 전데요.

1) 내일은 바쁩니다. ➜ ______________________________.

2) 어제 못 잤습니다. ➜ ______________________________.

3) 오늘 날씨가 좋아요. ➜ ______________________________.

4) 이건 맵지 않습니다. ➜ ______________________________.

5) 숙제는 내일 할 거예요. ➜ ______________________________.

6 Two people need to prepare for the presentation together. Choose the appropriate sentences and complete the conversation using '-는데요'.

두 사람이 함께 발표 준비를 해야 됩니다. 알맞은 문장을 골라 '-는데요/은데요/ㄴ데요'를 사용하여 대화를 완성하십시오.

저예요.	좀 바빠요.	할 일이 많아요.	다 했어요.	전화했어요.

윌리엄: 여보세요. 제임스 씨 핸드폰 맞습니까?

제임스: 네, **보기** 전데요~~는데요/은데요/ㄴ데요~~ . 누구세요?

윌리엄: 저 윌리엄이에요. 오늘 점심에 바쁘세요? 같이 발표 준비를 하고 싶은데요

제임스: 네, 오후에 다른 프로젝트 모둠 회의가 있어서 **1)** ______________ 는데요/은데요/ㄴ데요.

윌리엄: 그럼 저녁은 어때요?

제임스: 오늘은 **2)** ______________ 는데요/은데요/ㄴ데요.

윌리엄: 그럼 이번 주말에 발표 준비를 같이하는 건 어때요?

제임스: 제가 준비 해야 되는 것은 **3)** ______________ 는데요/은데요/ㄴ데요.

윌리엄: 아 그래요? 사실은 저 혼자 하기 어려워서 **4)** ______________ 는데요/은데요/ㄴ데요.

제임스: 그럼 제가 도와드릴게요. 주말에 만납시다.

8과 1항 다니엘 씨 생일이라서 전화했어요

어휘

1 Choose the correct sentence to complete the dialogue.
알맞은 문장을 골라 대화를 완성하십시오.

- 약속 시간을 좀 바꾸고 싶은데요.
- 약속 장소는 한국약국 앞이지요?
- 제가 약속을 어겨서 미안했어요.
- 이번에는 꼭 약속을 지킬게요.
- 우리가 내일 1시에 만나기로 약속을 했지요?

마리: 여보세요, 미나 씨 계세요?

미나: 전데요, 누구세요?

마리: 저 마리예요.

미나: 아, 마리 씨! 지난번에는 **보기** 제가 약속을 어겨서 미안했어요.

마리: 괜찮아요. 그런데 미나 씨, **1)** ______________________

미나: 네. 그런데 무슨 일이 있어요?

마리: **2)** ______________________

미나: 그래요? 몇 시로 바꾸고 싶어요?

마리: 3시 괜찮아요?

미나: 네, 좋아요.

마리: 고마워요. 그리고 **3)** ______________________

미나: 네, 맞아요. 그럼 3시에 한국약국 앞에서 만나요.
4) ______________________

마리: 그래요. 그럼 내일 봐요.

문법

이라서/라서

2 Combine the two sentences into one.
두 문장을 한 문장으로 만드십시오.

보기
내일이 시험입니다. / 오늘 도서관에 학생들이 많습니다.
→ 내일이 시험이라서 ~~이라서/라서~~ 오늘 도서관에 학생들이 많습니다.

1) 바쁘지만 친구의 일입니다. / 도와줬어요.

→ ______________ 이라서/라서 ______________.

2) 오늘은 일요일입니다. / 늦게 일어났습니다.

→ ______________ 이라서/라서 ______________.

3) 내일부터 방학입니다. / 고향에 다녀올 거예요.

→ ______________ 이라서/라서 ______________.

4) 지금 사는 곳이 기숙사입니다. / 학교에 가는 게 편해요.

→ ______________ 이라서/라서 ______________.

5) 고향 친구는 한국이 처음입니다. / 제가 한국 생활을 도와줄 거예요.

→ ______________ 이라서/라서 ______________.

3 Look at the picture and answer the questions.

그림을 보고 대답하십시오.

보기

가: 왜 그 카페에 자주 가요?

나: 조용하고 커피가 맛있는 카페라서~~이라서/라서~~ 그 카페에 자주 가요 .

1)

가: 시험이 끝나면 뭘 할 거예요?

나: ______________ 이라서/라서 파티에 갈 거예요.

2)

가: 날마다 식당에 이렇게 사람이 많아요?

나: 아니요, 오늘은 ______________ 이라서/라서 사람이 많아요.

3)

가: 오늘 약속이 없으면 같이 놀래요?

나: 미안해요. 내일 ______________ 이라서/라서 오늘은 집에서 공부해야 돼요.

4)

가: 리사 씨가 매운 음식을 잘 못 먹어요. 무슨 음식을 같이 먹을까요?

나: 불고기는 ______________ 이라서/라서 리사 씨도 먹을 수 있을 거예요.

5)

가: 내일 백화점에서 밥도 먹고 쇼핑도 하는 게 어때요?

나: 내일부터 ______________ 이라서/라서 백화점에 사람이 많을 거예요. 다른 곳에서 만나는 게 어때요?

00 -고 나서

4 Combine the two sentences into one.
두 문장을 한 문장으로 만드십시오.

보기
창문을 엽니다. / 청소했어요.
→ 창문을 열고 나서 청소했어요.

1) 갈비를 먹어요. / 냉면을 드세요.

→ ______________________________.

2) 영화를 봅니다. / 노래방에 갑시다.

→ ______________________________.

3) 숙제를 해요. / 드라마를 볼 거예요.

→ ______________________________.

4) 점심을 먹어요. / 커피를 마시러 가요.

→ ______________________________.

5) 서준 씨가 전화를 받아요. / 친구를 만나러 갔어요.

→ ______________________________.

5 Look at the picture and complete the dialogue.

그림을 보고 대화를 완성하십시오.

보기

가: 밥을 먹고 뭘 해요?

나: 저는 밥을 먹고 나서 이를 닦아요.

1)

가: 수업을 듣고 어디에 가요?

나: 저는 ______________________ 고 나서 아르바이트를 하러 가요.

2)

가: 밥을 먹고 바로 그릇을 씻어요?

나: 네, 저는 ______________________ 고 나서 바로 그릇을 씻어요.

3)

가: 숙제를 하고 뭘 할 거예요?

나: ______________________ 고 나서 친구 집에 갈 거예요.

4)

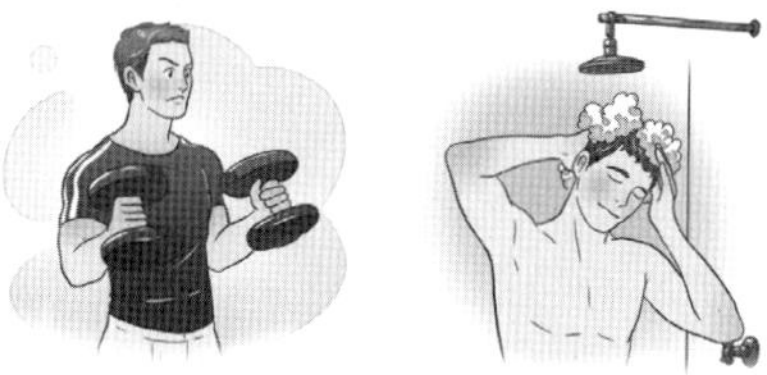

가: 무엇을 하면 기분이 좋아요?

나: ______________________ 고 나서 샤워를 하면 기분이 좋아요.

5)

가: 수업이 어려워요. 엠마 씨는 어떻게 공부해요?

나: 다음 날 배울 것을 먼저 ______________ 고 나서 수업을 들으면 이해하기가 쉬워요.

8과 2항 지금 전화를 받지 못해요

어휘

1 **Choose the appropriate sentence to complete the conversation.**
알맞은 문장을 골라 대화를 완성하십시오.

전화 바꿨습니다.	바꿔 주세요.	전화 끊지 말고 기다리세요.
전화 받으세요.	통화 중이신데요.	

보기
가: 여보세요, 전화 바꿨습니다.
나: 서준 씨, 저 미나예요.

1) 가: 여보세요, 김 선생님하고 통화하고 싶은데요.

나: 지금 다른 분하고 ______________________.

2) 가: 여보세요, 여기 은행인데요. 어머니 계세요?

나: 네, 잠깐만 기다리세요. 어머니! ______________________.

3) 가: 제임스 씨 전화번호를 아세요?

나: 찾아볼게요. 잠깐만 ______________________.

4) 가: 여보세요, 오수지 씨 좀 ______________________.

나: 잠깐만 기다리세요.

문법

-지 못하다

2 Rewrite the sentence using '-지 못하다'.
'-지 못하다'를 사용해서 문장을 바꿔 쓰십시오.

보기 매운 음식을 못 먹어요. → 매운 음식을 먹지 못해요.

1) 한글을 못 읽습니다. → ______.

2) 저는 술을 잘 못 마셔요. → ______.

3) 요즘 텔레비전을 못 봅니다. → ______.

4) 어제 친구를 못 만났습니다. → ______.

5) 아직 음식을 다 못 만들었어요. → ______.

3 Look at the table and answer the question using '-지 못하다'.
표를 보고 '-지 못하다'를 사용해서 질문에 대답하십시오.

	운전	매운 음식	스페인어	커피	수영
요코	O	O	X	X	O
제니	X	X	O	O	X
미나	O	X	O	X	O

보기
가: 제니 씨, 운전을 해요?
나: 아니요, 저는 운전을 하지 못해요.

1) 가: 요코 씨, 커피를 마셔요?

나: 아니요, ______.

2) 가: 미나 씨, 매운 음식을 잘 먹어요?

나: 아니요, ______________________.

3) 가: 제니 씨, 수영을 못 해요?

나: 네, 저는 ______________________.

4) 가: 요코 씨, 스페인어를 하세요?

나: 아니요, 스페인어를 배우지 않아서 ______________________.

4 Complete the dialogue.

대화를 완성하십시오.

보기

가: 잘 잤어요?

나: 아니요, 잘 자지 못했어요.

가: 왜 잘 자지 못했어요?

나: 배가 아파서~~어서/아서/여서~~ 잘 자지 못했어요.

1) 가: 백화점에서 선물을 많이 샀어요?

나: 아니요, ______________________.

가: 왜 ______________________?

나: ______________ 어서/아서/여서 ______________.

2) 가: 어제 영화를 봤어요?

나: 아니요, ______________________.

가: 왜 ______________________?

나: ______________ 어서/아서/여서 ______________.

3) 가: 오늘 제임스 씨 생일 파티에 가요?

나: 아니요, ______________________.

가: 왜 ______________________?

나: ____________ 어서/아서/여서 ____________.

4) 가: 부모님께 자주 전화를 해요?

나: 아니요, ______________________.

가: 왜 ______________________?

나: ______________________.

문법 -게

5 Choose the appropriate word and complete the sentence.

알맞은 단어를 골라 문장을 완성하십시오.

쉽다	짜다	깨끗하다	늦다	재미있다	크다

보기 우리 선생님은 어려운 문법을 쉽게 가르쳐 주십니다.

1) 너무 ____________ 게 먹으면 건강에 좋지 않습니다.

2) 방을 ____________ 게 청소하세요.

3) 중요한 약속이에요. ____________ 게 가지 마세요.

4) 목소리가 작아요. 좀 ____________ 게 말씀해 주세요.

5) 오랜만에 고등학교 때 친구들을 만나서 ____________ 게 놀았어요.

6 **Look at the picture and answer the questions.**

그림을 보고 질문에 대답하십시오.

보기

가: 오늘은 제가 한국 음식을 만들어 줄게요.

나: 맛있게 만들어 주세요.

1)

가: 칠판에 무엇을 쓰셨어요? 잘 안 보여요.

나: 그래요? 그럼 다시 __________ 게 쓰겠습니다.

2)

가: 오늘 수지 씨 집에 친구들이 와요?

나: 네, 그래서 __________ 게 청소했어요.

3)

가: 어제 잠을 왜 못 잤어요?

나: 옆집에서 __________ 게 파티를 해서 잠을 못 잤어요.

4)

가: 주말에 무엇을 했어요?

나: 노래방에 가서 친구들과 같이 __________ 게 놀았어요.

5)

가: 요즘 어떻게 지내요?

나: 일이 많아서 __________ 게 지내요.

9과 1항 곧 비가 오겠어요

어휘

1 Look at the picture and answer the questions.
그림을 보고 질문에 대답하십시오.

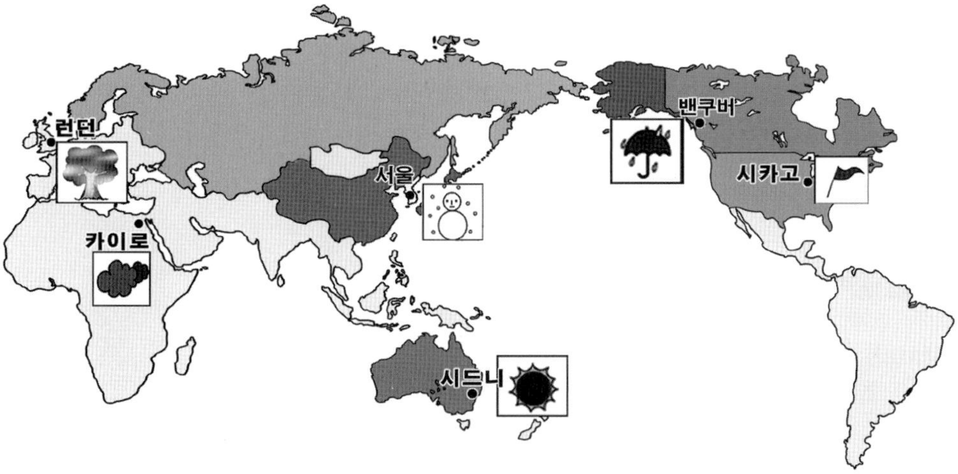

보기
가: 시드니 날씨가 맑아요?
나: 네, 맑아요.

1) 가: 시카고에 바람이 불어요?

나: ______________________________.

2) 가: 서울에 눈이 와요?

나: ______________________________.

3) 가: 런던 날씨가 어때요?

나: ______________________________.

4) 가: 카이로 날씨가 어때요?

나: ______________________________.

5) 가: 밴쿠버 날씨가 어때요?

나: ______________________________.

문법

-겠-[2]

2 Match the correct answer.

알맞은 대답을 찾아 연결하십시오.

보기 어젯밤에 2시간 잤어요.	① 춥겠어요.
1) 저는 여행사에서 일해요.	② 피곤하겠어요.
2) 바빠서 점심을 못 먹었어요.	③ 배가 고프겠어요.
3) 저는 호주에서 10년 살았어요.	④ 기분이 좋겠어요.
4) 눈도 오고 바람도 많이 불어요.	⑤ 영어를 잘하겠어요.
5) 수업이 끝나고 데이트가 있어요.	⑥ 여행을 많이 하겠어요.

3 Complete the dialogue.

대화를 완성하십시오.

보기
가: 친구한테서 꽃다발을 선물 받았습니다.
나: 기분이 좋겠습니다.

1) 가: 하늘을 보세요. 구름이 많이 꼈어요.

나: 곧 ______________________ 겠습니다.

2) 가: 지난 중간 시험이 너무 쉬웠어요.

나: 학생들이 ______________________ 겠습니다.

3) 가: 이번 방학에 선배 회사에서 인턴을 할 거예요.

나: ______________________ 겠습니다.

4) 가: 어제 백화점에 갔어요. 어제부터 세일 기간이었어요.

나: 어제 ______________________ 겠습니다.

5) 가: 이번 방학에는 친구들과 같이 부산으로 여행을 갈 거예요.

나: ______________________ 겠습니다.

■■ -네요

4 Rewrite the sentence using '-네요'.

'-네요'를 사용해서 문장을 바꿔 쓰십시오.

보기 밖에 비가 많이 옵니다. → 밖에 비가 많이 오네요.

1) 여기 경치가 참 아름답습니다. → ______________________.

2) 저 가수는 춤도 잘 춥니다 → ______________________.

3) 기분이 정말 좋으시겠어요. → ______________________.

4) 매운 음식을 잘 드십니다. → ______________________.

5) 식사를 일찍 하셨습니다. → ______________________.

5 Look at the picture and complete the dialogue

그림을 보고 대화를 완성하십시오.

보기

가: 이거 좀 드셔 보세요. 맛이 어때요?

나: 달지 않고 참 맛있네요.

1)

가: 이 옷 디자인이 참 좋지요?

나: 네, ______________________.

2)

가: 하늘에 구름이 많네요.

나: 네, ______________________.

3)

가: 이 아이가 제 동생이에요.

나: 그래요? ______________________.

4)

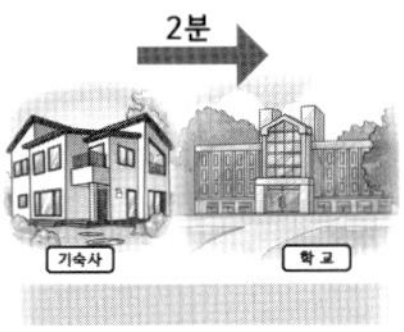

가: 기숙사에서 학교까지 2분밖에 안 걸려요.

나: ______________________

5)

가: 어젯밤에 새벽 4시까지 공부했어요.

나: ______________________

9과 2항 오늘보다 따뜻할 거예요

어휘

1 This is the weather in Korea. Connect the relevant options.
한국의 날씨입니다. 관계있는 것을 연결하십시오.

보기

1)

2)

3)

4)

① 덥다

② 따뜻하다

③ 선선하다

④ 쌀쌀하다

⑤ 춥다

문법

보다

2 **Look at the picture and compare Seoul and Gangneung.**
그림을 보고 서울과 강릉을 비교하여 쓰십시오.

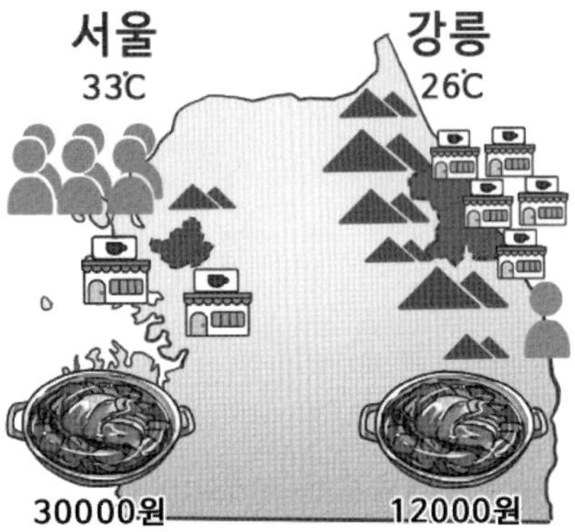

	서울과 강릉
보기 커피	서울보다 강릉에 유명한 커피숍이 많아요.
1) 크기	서울이 강릉보다 ______________.
2) 사람	
3) 산	
4) 날씨	
5) 음식 값	서울보다 강릉이 ______________.

3 **Choose and circle one of the two options and complete the sentence.**
둘 중 하나를 골라서 ○표를 하고 문장을 완성하십시오.

> **보기** (좋다) (말하기 점수) VS 쓰기 점수
> → 말하기 점수가 쓰기 점수보다 좋습니다.

1) (편하다) 혼자 사는 것 VS 가족과 함께 사는 것

→ ______________________________.

2) (키가 크다) 저 VS 동생

→ ______________________________.

3) (노래를 잘하다) 저 VS 동생

→ ______________________________.

4) (많이 먹다) 고기 VS 채소

→ ______________________________.

5) (자주 가다) 한식집 VS 분식집

→ ______________________________.

-으면서/면서

4 Connect the related options and make them into one sentence.

관계있는 것을 연결하고 한 문장으로 만드십시오.

보기 웃다 •	• ① 잤어요.
1) 노래하다 •	• ② 인사하세요.
2) 눈이 오다 •	• ③ 춤을 춥시다.
3) 텔레비전을 보다 •	• ④ 숙제하지 마세요.
4) 지하철을 타고 오다 •	• ⑤ 바람도 강하게 불겠습니다.
5) 어릴 때 사진을 보다 •	• ⑥ 그 때의 친구들 생각을 했습니다.

보기 웃으면서 인사하세요.

1) ______________________________.

2) ______________________________.

3) ______________________________.

4) ______________________________.

5) ______________________________.

5 What goes well together? Choose two each and answer the questions.

무엇과 무엇을 같이 하면 좋습니까? 좋지 않습니까? 두 개씩 골라 질문에 대답하십시오.

같이 하면 좋습니다.		같이 하지 마십시오.	
음악을 듣다	영화 자막을 보다	졸다	스크립트를 보다
맥주를 마시다	운전하다	발표를 하다	껌을 씹다
따라하다	치킨을 먹다	운전하다	말하다

보기

가: 운전하면서 보통 뭐 하세요?

나: 저는 운전하면서 음악을 들어요.

1) 가: 맥주하고 무엇을 같이 먹으면 좋아요?

나: ______________________________ 으면/면 좋아요.

2) 가: 한국어 말하기를 어떻게 공부하면 좋을까요?

나: ______________________________ 으세요/세요.

3) 가: 껌 있어요?

나: 네, 여기 있어요. 그렇지만 ______________________ 지 마세요.

4) 가: 지금 자고 싶지만 운전해야 돼요.

나: 그럼 쉬세요. ______________________________ 지 마세요.

5) 가: 선생님, 발표를 외워서 해야 돼요?

나: 네, ______________________________ 지 마세요.

10과 1항 저는 스키를 탈 수 있는 겨울이 좋아요

어휘

1 Look at the given words and choose the appropriate word.
주어진 단어들을 보고 알맞은 단어를 골라 쓰십시오.

봄　　여름　　가을　　겨울

보기
봄: 딸기, 개나리, 진달래

1) ________ : 감, 단풍, 독서

2) ________ : 귤, 눈사람, 스키

3) ________ : 참외, 수박, 수영

문법

-는데/은데/ㄴ데

2 Combine the two sentences into one.
두 문장을 한 문장으로 만드십시오.

보기
저는 여름을 좋아해요. / 서준 씨는 어느 계절을 좋아해요?
→ 저는 여름을 좋아하는데 서준 씨는 어느 계절을 좋아해요?

1) 이번에 나온 영화가 재미있어요. / 같이 보러 가는 게 어때요?

→ ________________

2) 저는 어제 파티에 못 갔어요. / 민지 씨는 파티에 갔어요?

→ ______________________________

3) 내일 도서관에 갈 거예요. / 같이 갈래요?

→ ______________________________

4) 오늘 제임스 씨 생일이에요. / 생일 선물을 샀어요?

→ ______________________________

5) 이거 제가 만든 음식이에요. / 같이 드실래요?

→ ______________________________

3 Complete the sentence.

문장을 완성하십시오.

> **보기** 저는 양식을 좋아하는데 다니엘 씨는 무슨 음식을 좋아해요?

1) 지수 씨는 수영을 자주 하는데 수연 씨는 무슨 ______________________________?

2) 서울은 ______________ 는데/은데/ㄴ데 제 고향은 따뜻해요.

3) 물냉면은 ______________ 는데/은데/ㄴ데 비빔냉면은 ______________.

4) 우리 하숙집은 ______________ 는데/은데/ㄴ데 다른 하숙집은 ______________.

5) 저는 한국어 듣기는 ______________ 는데/은데/ㄴ데 말하기는 ______________.

4 Look at the picture and write a sentence.

그림을 보고 문장을 쓰십시오.

보기

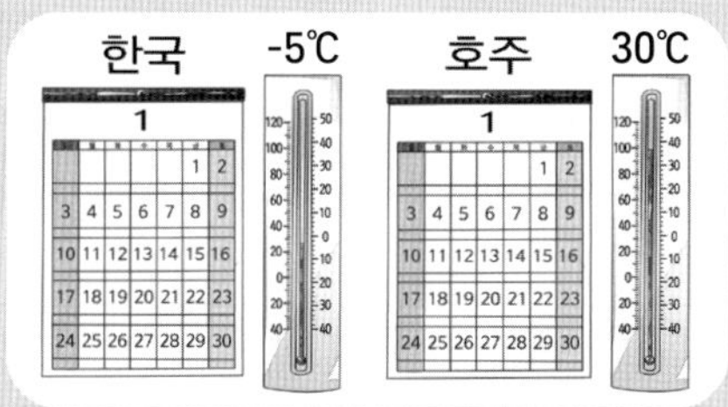

보기 한국은 추운데 호주는 더워요.

1)

____

____

2)

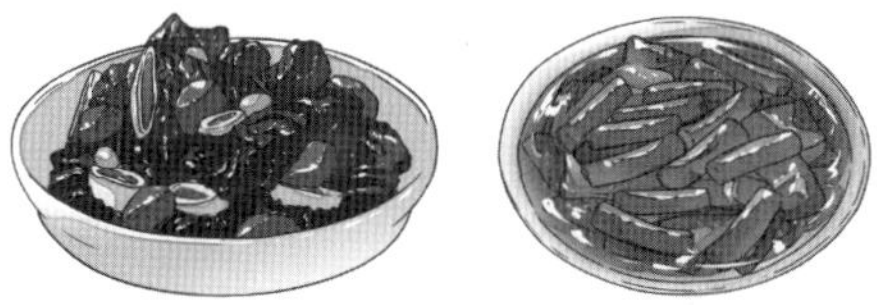

갈비 1인분 28,000원 떡볶이 1인분 5,000원

____

____

3)

____

____

4)

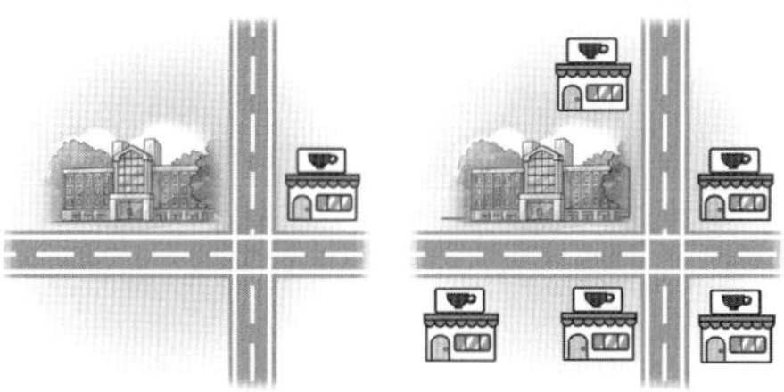

____

____

-을/ㄹ 수 있다

5 What can you do? Complete the table and write it in sentences.
여러분은 무엇을 할 수 있습니까? ✓표를 완성하고 문장으로 쓰십시오.

	할 수 있다	할 수 없다
1) 한글을 읽습니다.	✓	
2) 스키를 탑니다.		
3) 중국말을 합니다.		
4) 떡볶이를 만듭니다.		
5) 한국 뉴스를 듣습니다.		
6) 수영을 합니다.		

보기 저는 한글을 읽을 수 있어요.

1) ______________________________.

2) ______________________________.

3) ______________________________.

4) ______________________________.

5) ______________________________.

6 Look at the picture and complete the dialogue.
그림을 보고 대화를 완성하십시오.

민석: 준호 씨, 12시예요. 오늘 같이 점심을 먹을 수 있어요?

준호: 아니요, 오늘은 **보기** 같이 점심을 먹을 수 없어요.

민석: 왜 1) ______________________?

준호: 2) ______________ 어서/아서/여서 ______________.

민석: 그럼 내일 만날 수 있어요?

준호: 아니요, 내일도 3) ______________________.

민석: 왜 4) ______________________?

준호: 5) ______________ 어서/아서/여서 ______________.

민석: 이번 주말에 제 생일 파티를 할 거예요. 파티에 올 수 있어요?

준호: 아니요. 주말에 6) ______________________.

민석: 왜 7) ______________________?

준호: 8) ______________ 어서/아서/여서 ______________.
제가 이번 주는 너무 바빠요. 다음 주에 만납시다.

10과 2항 이번 여름에는 수영을 한번 배워 보세요

어휘

1 **Read the following sentence and write the correct word.**
다음 문장을 읽고 알맞은 단어를 골라 쓰십시오.

소풍　피서　독서　캠핑　눈사람　해수욕장　단풍 구경

보기 봄에 공원에 가서 도시락을 먹고 재미있게 놀아요. (소풍)

1) 여름에 바닷가에서 수영을 할 수 있는 곳입니다. (　　　　)

2) 제 취미는 책 읽기입니다. (　　　　)

3) 겨울에 눈이 오면 이것을 만듭니다. (　　　　)

4) 날씨가 더우면 시원한 곳으로 갑니다. (　　　　)

5) 산이나 바다에 가서 텐트를 치고 잠을 잡니다. (　　　　)

6) 가을에 빨갛고 노란 나무들을 보러 산에 갑니다. (　　　　)

문법

1 -고 있다

2 **James' classmates are currently at the park. However, they received a call from Masaki in Japan. Look at the picture and answer the questions.**

지금 제임스 씨 반 친구들은 공원에 있습니다. 그런데 일본에 있는 마사키 씨한테서 전화가 왔습니다. 그림을 보고 질문에 대답하십시오.

마사키: 지금 친구들이 뭘 하고 있어요?

제임스: 보기 리키 씨는 수영을 하고 있어요.

제니퍼 씨는 1) ________________.

톰 씨는 2) ________________.

요코 씨는 3) ________________.

현우 씨는 4) ________________.

마사키: 선생님은 뭘 하고 계세요?

제임스: 선생님은 5) ________________.

3 Look at the picture and choose the appropriate words to complete the conversation. 그림을 보고 알맞은 단어를 골라 대화를 완성하십시오.

보기: 쓰다 쉬다 들다 보다 배우다 가르치다

선　희: 제임스 씨, 지금 뭘 하고 있어요?

제임스: 가족사진을 **보기** ___보___ 고 있어요. 어제 미국에 계시는 부모님께 사진을 받았어요.

선　희: 에릭 씨 가족사진을 처음 봐요. 가족을 소개해 주세요.

제임스: 안경을 **1)** ______________ 고 있는 사람이 우리 아버지예요.

선　희: 아버지는 무슨 일을 하세요?

제임스: 교수님이세요. 대학교에서 법학을 **2)** ______________ 고 계세요.

선　희: 오른쪽에 모자를 **3)** ______________ 고 있는 사람은 누구예요?

제임스: 우리 어머니예요. 은행원이셨는데 지금은 집에서 **4)** ______________ 고 계세요.

선　희: 가운데 가방을 **5)** ______________ 고 있는 사람은 누구예요?

제임스: 제 여동생이에요. 예쁘지요?

선　희: 네, 그런데 제임스 씨는 남동생도 있지요? 사진에는 왜 남동생이 없어요?

제임스: 남동생은 지금 프랑스에서 요리를 **6)** ______________ 고 있어요.
그래서 이 사진에 없어요.

-어/아/여 보다

4 This is a note Ayako wrote during her trip. Complete the sentence based on the note.

아야코 씨가 여행을 가서 쓴 메모입니다. 메모를 보고 문장을 완성하십시오.

제주도 여행

보기 한라산 올라가기 ○

1) 서핑하기 ○

2) 바다 낚시하기 X

3) 흑돼지 먹기 X

4) 말 타기 X

5) 녹차 박물관 가기 ○

보기 한라산에 올라가~~어/아/여~~ 봤어요.

1) ______________________ 어/아/여 봤어요.

2) ______________________ 어/아/여 보지 못했어요.

3) ______________________.

4) ______________________.

5) ______________________.

5 What have you tried doing? Look at the table and complete the conversation.

여러분은 무엇을 해 봤습니까? 표를 보고 대화를 완성하십시오.

질문	대답
<보기> 한국에서 가 본 곳	제주도, 부산, 춘천, ________
1) 먹어 본 한국 음식	불고기, 잡채, 설렁탕, ________
2) 만들어 본 한국 음식	김치찌개, 김밥, 된장찌개, ________
3) 한국에서 친구에게 소개하고 싶은 장소	________
4) 친구에게 소개하고 싶은 한국 음식	________

보기

가: 한국에서 어디에 가~~어/아/여~~ 봤어요?

나: 춘천에 가~~어/아/여~~ 봤어요.

1) 가: 한국에서 ________ 어/아/여 봤어요?

나: ________ 어/아/여 봤어요.

2) 가: ________ 어/아/여 봤어요?

나: ________ 어/아/여 봤어요.

3) 가: 한국에서 어디에 가 보면 좋아요?

나: ________ 어/아/여 보세요.

4) 가: 한국 음식을 먹고 싶은데 무슨 음식이 맛있어요?

나: ________ 어/아/여 보세요.

복습 6~10과

말하기

1 Introducing means of transportation
교통수단 소개하기

Introduce the means of transportation you frequently use.
자주 이용하는 교통수단을 소개하십시오.

1) **What do you often take among bus, subway, and taxi?**
   버스, 지하철, 택시 중에서 무엇을 자주 타요?

2) **Where do you usually go by bus (subway, taxi)?**
   ________ 을/를 타고 보통 어디에 가요?

3) **Where do you get on?**
   어디에서 타요?

4) **Why do you often use bus (subway, taxi)?**
   왜 ________ 을/를 자주 타요?

5) **Are there any inconveniences when using bus (subway, taxi)?**
   ________ 을/를 이용할 때 불편한 점도 있어요?

2 Comparing weather
날씨 비교하기

Discuss the weather in Seoul and your hometown.
서울 날씨와 고향 날씨를 이야기하십시오.

1) **How is the weather in Seoul today?**
   오늘 서울 날씨는 어때요?

2) **How was the weather yesterday?**
   어제는 날씨가 어땠어요?

3) **How is the weather in your hometown today?**
   오늘 고향 날씨는 어때요?

4) **What do you usually do when the weather is nice in your hometown?**
   고향에서 날씨가 좋으면 보통 무엇을 해요?

5) **What do you usually do when the weather is bad in your hometown?**
   고향에서 날씨가 나쁘면 보통 무엇을 해요?

3 Talking about seasons
계절 이야기하기

Talk about your favorite season.
좋아하는 계절을 이야기하십시오.

1) **What is your favorite season?**
좋아하는 계절이 뭐예요?

2) **How is the weather during that season?**
그 계절은 날씨가 어때요?

3) **Why do you like that season?**
그 계절을 왜 좋아해요?

4) **What do you usually do during that season?**
그 계절에 보통 무엇을 해요?

5) **Is the weather in your hometown similar to the weather in Korea during that season?**
그 계절에 고향과 한국 날씨가 비슷해요?

쓰기

I Choose the correct particle.
알맞은 조사를 고르십시오.

1 친구 생일(　　) 케이크를 샀어요.

① 만　② 은　③ 에서　④ 이라서

2 겨울에 고향(　　) 서울이 더 추워요.

① 에　② 보다　③ 에서　④ 이나

3 집에서 학교까지 5분(　　) 안 걸려요.

① 밖에　② 부터　③ 으로　④ 이나

4 5분(　　) 기다려 주세요.

① 이　② 만　③ 밖에　④ 이나

II Choose the correct word.
알맞은 말을 고르십시오.

5 지금은 좀 바빠서 ( ) 전화할게요.

① 바로 ② 아마 ③ 아직 ④ 이따가

6 약속 시간에 ( ) 택시를 탔어요.

① 늦어서 ② 바꿔서 ③ 어겨서 ④ 지켜서

7 오늘 아침부터 바람이 강하게 ( ).

① 부네요 ② 오네요 ③ 그치네요 ④ 내리네요

8 겨울에는 보통 스키를 ( ) 스키장에 가요.

① 가러 ② 타러 ③ 하러 ④ 만들러

III Choose a pair of related words as shown in the example.
보기 와 같이 두 단어의 관계가 같은 것을 고르십시오.

보기
시장 - 사과 (②)
① 은행 - 공책 ② 도서관 - 책 ③ 서점 - 컴퓨터 ④ 병원 - 목걸이

9 버스 - 정류장 ( )

① 택시 - 역 ② 지하철 - 역
③ 기차 - 공항 ④ 비행기 - 터미널

10 전화 - 걸다 ( )

① 전화 벨 - 보내다 ② 우물 정자 - 울리다
③ 문자 메시지 - 누르다 ④ 음성 메시지 - 남기다

11 덥다 - 춥다 ( )

① 강하다 - 불다 ② 흐리다 - 맑다
③ 내리다 - 선선하다 ④ 그치다 - 쌀쌀하다

12 산 - 등산 (   )

① 공원 - 산책
② 강 - 단풍 구경
③ 바다 - 꽃 구경
④ 해수욕장 - 눈싸움

Ⅳ Choose the correct answer.
보기 와 같이 맞는 것을 고르십시오.

> **보기**
> 이 물건의 이름을 ___②___ .
> (모르다)
>
> ① 모라요 ② 몰라요

13 지하철보다 택시가 더 ________ .
(빠르다)

① 빠라요 ② 빨라요

14 고향 날씨와 한국 날씨가 너무 ________ 어서/아서/여서 힘들어요.
(다르다)

① 다라서 ② 달라서

15 어제 제가 ________ 은/ㄴ 선물이에요.
(고르다)

① 고른 ② 골른

16 서준 씨가 노래를 잘 ________ 어요/아요/여요.
(부르다)

① 부러요 ② 불러요

V Choose the correct answer.
질문에 알맞은 대답을 고르십시오.

17 가: 여기에서 학교까지 얼마나 걸려요?
나: ______________ ( )

① 2시간이나요?
② 10분이나 걸려요?
③ 10분밖에 안 걸려요.
④ 2시간밖에 안 걸렸어요.

18 가: 수영 씨, 지금 전화를 할 수 있어요?
나: ______________ ( )

① 수영 씨는 지금 전화를 받지 마세요.
② 제가 지금 회의 중이라서 이따가 전화할게요.
③ 네, 전데요. 수영 씨에게 전화를 바꿔 드릴게요.
④ 저는 지금 수업을 듣는 중이라서 전화를 할 수 있어요.

19 가: 윌리엄 씨 고향의 여름 날씨는 어때요?
나: ______________ ( )

① 제 고향에 여름에 가 보세요.
② 제 고향은 여름에 비가 오겠어요.
③ 제 고향의 여름은 한국보다 더워요.
④ 제 고향은 여름인데 한국은 지금 겨울이에요.

20 가: 제임스 씨는 지금 뭘 해요?
나: ______________ ( )

① 책을 읽고 있어요.
② 책을 읽어 보세요.
③ 책을 읽지 마세요.
④ 책을 읽을 수 있어요.

VI Write a text with the following title (7 sentences or more).

다음 제목으로 글을 쓰십시오. (7문장 이상)

제목: 친구와 한 약속

읽기

[1~3] Read and answer the questions.
읽고 질문에 답하십시오.

저는 수업이 끝나고 신문사에 갑니다.
보통 버스나 지하철을 타고 갑니다.
학교 앞에서 버스 정류장이나 지하철역까지는 조금 멉니다.
오늘은 시간이 없어서 학교 앞에서 택시를 불렀습니다.
기사 아저씨가 여러 가지 이야기를 하셨습니다.
아저씨가 아주 친절하셨습니다.
"어디에 세워 드릴까요?"
"신문사 앞은 복잡하니까 저기 횡단보도 앞에 세워 주세요."
저는 횡단보도 앞에서 내려서 신문사까지 걸어서 갔습니다.
택시로 10분밖에 안 걸렸습니다.
그렇지만 택시요금은 8,000원이나 나왔습니다.
요금은 조금 비쌌지만 편했습니다.

1 What did this person take to the newspaper company today? (   )
이 사람은 오늘 신문사까지 무엇을 타고 갔습니까?

① 버스를 타고 갔습니다. ② 택시를 타고 갔습니다.
③ 자전거를 타고 갔습니다. ④ 지하철을 타고 갔습니다.

2 Why did this person get off in front of the crosswalk? (   )
이 사람은 왜 횡단보도 앞에서 내렸습니까?

① 시간이 없어서 ② 신문사가 멀어서
③ 택시 요금이 비싸서 ④ 신문사 앞에 차가 많아서

3 Choose the answer that does not match what you read. (   )
이 글의 내용과 다른 것을 고르십시오.

① 택시를 타면 지하철보다 싸고 편합니다.
② 학교에서 버스 정류장까지 좀 오래 걸립니다.
③ 이 사람은 수업을 듣고 신문사에 갑니다.
④ 이 사람은 운전 기사 아저씨에게서 여러 가지 이야기를 들었습니다.

II [4~6] Read and answer the questions.
읽고 질문에 답하십시오.

스티븐 씨는 월요일에 미영 씨에게 전화를 걸었습니다.
"토요일 저녁에 시간이 있어요? 같이 연극도 보고 저녁도 먹을까요?
인기 있는 연극이라서 같이 보고 싶었어요."
"네, 낮에는 일이 있지만 저녁에는 괜찮아요."
"좋아요, 그럼 그날 7시에 만나요."
두 사람은 약속을 했습니다.
그런데 스티븐 씨는 토요일 오후에 다시 미영 씨에게 전화를 걸었습니다.
"미영 씨, 여기 김포공항이에요. 급한 일이 생겨서 지금 부산에 갑니다.
정말 미안해요. 내일 저녁에 시간이 있어요? 일을 하고 나서 만납시다."
"글쎄요, 내일 다시 전화하세요."
미영 씨 목소리가 좋지 않았습니다.
'미영 씨가 아플까?', '미영 씨가 화가 났을까?'
스티븐 씨는 걱정을 했습니다.

4 What time did the two people originally agree to meet? (　　)
처음에 두 사람이 약속한 시간은 언제입니까?

① 월요일 오전　② 일요일 저녁　③ 토요일 오전　④ 토요일 저녁

5 Why is Steven going to Busan? (　　)
스티븐 씨는 왜 부산에 갑니까?

① 갑자기 일이 생겨서　② 연극을 보고 싶어서
③ 미영 씨가 화가 나서　④ 미영 씨가 보고 싶어서

6 Choose the answer that does not match what you read. (　　)
이 글의 내용과 다른 것을 고르십시오.

① 미영 씨는 토요일 낮에는 시간이 없습니다.
② 미영 씨는 아파서 약속을 취소했습니다.
③ 스티븐 씨는 약속을 일요일로 바꾸고 싶어 했습니다.
④ 스티븐 씨는 서울에서 부산까지 비행기를 타고 갑니다.

Ⅲ [7~9] Read and answer the questions.
읽고 질문에 답하십시오.

미국에서 온 케빈 씨는 요즘 한국어를 배웁니다.
이제는 한국말을 좀 합니다.
그러나 전화가 오면 겁이 납니다.
듣기도 어렵고 말하기도 잘 하지 못합니다.
지난주 토요일에 케빈 씨는 하숙집에 혼자 있었습니다.
"따르릉, 따르릉"
케빈 씨는 겁이 났지만 전화를 받았습니다.
"거기 중국집이지요?"
"네? 여보세요? 몇 번에 거셨어요?"
"거기 중국집 아니에요?"
"전화 잘못 ___㉠___."
"아, 죄송합니다."
"아니요, 괜찮습니다."
케빈 씨가 크게 대답했습니다.
전화를 끊고 나서 케빈 씨는 한국어로 전화를 잘 받아서 기뻤습니다.

7 **Why was Kevin happy after hanging up the phone call? ( )**
케빈 씨는 전화를 끊고 왜 기뻤습니까?

① 한국어로 전화를 잘 걸어서 ② 한국어로 전화를 잘 받아서
③ 한국어로 전화를 잘 끊어서 ④ 한국어로 전화를 잘 바꿔 줘서

8 **Choose the correct word to fill in ___㉠___. ( )**
___㉠___ 에 들어갈 말로 어울리는 것을 고르십시오.

① 거셨습니다 ② 끊었습니다 ③ 바꿨습니다 ④ 받았습니다

9 **Choose the answer that does not match what you read. ( )**
이 글의 내용과 다른 것을 고르십시오.

① 케빈 씨는 요즘 한국어를 공부합니다.
② 케빈 씨는 중국집에 전화를 잘못 걸었습니다.
③ 케빈 씨는 혼자서 한국말로 전화를 받았습니다.
④ 케빈 씨는 처음에 한국말로 전화하는 것이 겁이 났습니다.

IV [10~12] Read and answer the questions.
읽고 질문에 답하십시오.

이번 여름은 정말 더웠습니다.
우리 가족은 속초로 가족 여행을 갔습니다.
여행을 가는 날 아침에 서울에는 바람도 불고 구름도 많이 꼈습니다.
"비가 오면 어떻게 해요?" 하고 모두들 걱정을 했습니다.
"오랜만에 가는 여행인데……."
속초까지는 자동차로 세 시간쯤 걸렸습니다.
속초에는 비가 내리지 않았습니다.
서울보다 날씨가 좋았습니다.
바다와 하늘이 모두 파랗고 깨끗했습니다.
우리 가족은 3박 4일 동안 재미있게 지냈습니다.
날씨가 좋아서 바다에서 수영도 하고 배도 탔습니다.
여행을 하면서 가족들과 이야기도 많이 하고 사진도 많이 찍었습니다.

10 How was the weather in Sokcho? (　　)
속초의 날씨는 어땠습니까?

① 하늘이 맑았습니다.　　② 바람이 불었습니다.
③ 비가 많이 왔습니다.　　④ 구름이 많이 꼈습니다.

11 What did this person do when traveling with family? (　　)
이 사람은 가족들과 여행을 가서 무엇을 했습니까?

① 수영장에 갔습니다.
② 바다에서 낚시를 했습니다.
③ 가족들과 사진을 찍었습니다.
④ 날씨가 나빠서 집에 돌아갔습니다.

12 Choose the answer that does not match what you read. (　　)
이 글의 내용과 다른 것을 고르십시오.

① 여행을 가는 날 아침에 서울 날씨는 흐렸습니다.
② 가족들과 서울에서 속초까지 자동차로 갔습니다.
③ 속초에서 하루만 잠을 자고 다음 날 서울에 돌아왔습니다.
④ 이 사람은 요즘 가족들과 함께 자주 여행을 하지 못했습니다.

V [13~15] Read and answer the questions.
읽고 질문에 답하십시오.

오늘은 날씨가 아주 맑았습니다.
리사 씨와 요코 씨는 오전에 한강공원에 갔습니다.
공원은 아주 컸습니다.
월요일이었지만 사람이 많았습니다.
산책을 하는 사람들도 있고 자전거를 타는 사람들도 있었습니다.
두 사람은 자전거를 빌려서 탔습니다.
리사 씨는 자전거를 타는 것이 어려웠습니다.
요코 씨는 아주 잘 탔습니다.
저녁에는 날씨가 좀 쌀쌀했습니다.
두 사람은 저녁 7시가 되어서 집에 돌아왔습니다.

13 What did the two people do at Hangang Park? (　　)
두 사람은 한강공원에서 무엇을 했습니까?

① 산책을 했습니다.
② 자전거를 샀습니다.
③ 자전거를 탔습니다.
④ 할 일이 없어서 집에 다시 돌아갔습니다.

14 How was Hangang Park? (　　)
한강공원은 어땠습니까?

① 좀 작았습니다.
② 저녁에도 따뜻했습니다.
③ 자전거를 빌릴 수 있습니다.
④ 주말이어서 사람이 많았습니다.

15 Choose the answer that does not match what you read. (　　)
이 글의 내용과 다른 것을 고르십시오.

① 오늘 오전에 날씨가 좋았습니다.
② 오전과 저녁 날씨가 달랐습니다.
③ 리사 씨는 자전거를 잘 타지 못합니다.
④ 요코 씨는 자전거를 잘 탈 수 없습니다.

듣기

MP3_22

I [1~4] Listen and answer the questions.
듣고 맞는 답을 고르십시오.

1 (   )

① 두 시간이나 걸려요?

② 두 시간 쯤 걸리네요.

③ 두 시간 쯤 걸리겠어요.

④ 두 시간밖에 안 걸렸어요.

2 (   )

① 케이크를 사 주세요.

② 친구 생일이라서 샀어요.

③ 친구에게 줄 케이크를 살 거예요.

④ 단 음식을 좋아하지 않아서 사지 않았어요.

3 (   )

① 네, 리사 씨에게 전화하세요.

② 네, 제가 리사인데요. 누구세요?

③ 아니요, 리사 씨를 바꿔 주십시오.

④ 아니요, 리사 씨는 지금 바쁜데요.

4 (   )

① 제임스 씨는 수영을 할 수 있어요.

② 제임스 씨는 수영을 하고 있어요.

③ 제임스 씨보다 제가 더 수영을 잘해요.

④ 저는 수영을 못하는데 제임스 씨는 수영을 할 수 있어요.

II [5~6] What are the two people talking about? Choose the answer.
두 사람이 무슨 이야기를 합니까? 고르십시오.

5 ( )

① 약속 시간 ② 약속 장소 ③ 약속 취소 ④ 약속 바꾸기

6 ( )

① 봄 ② 공원 ③ 등산 ④ 꽃구경

III [7~9] Listen and answer the questions.
듣고 질문에 답하십시오.

7 **What are the two people talking about? ( )**
두 사람은 무슨 이야기를 합니까?

① 가족 ② 강릉 바다 ③ 주말 날씨 ④ 주말에 할 일

8 **Choose the correct answer for what you can not do in Gangneung now. ( )**
지금 강릉에서 할 수 없는 것을 고르십시오.

① 등산을 할 수 있습니다.
② 바다를 볼 수 있습니다.
③ 꽃구경을 할 수 있습니다.
④ 눈싸움을 할 수 있습니다.

9 **Choose the answer that does not match what you heard. ( )**
들은 내용과 다른 것을 고르십시오.

① 주말에 날씨가 따뜻할 거예요.
② 남자는 강릉 바다에서 수영할 거예요.
③ 남자는 가족들과 바다를 구경할 거예요.
④ 남자는 가족들과 강릉에서 배를 탈 거예요.

Ⅳ [10~12] Listen and answer the questions.
듣고 질문에 답하십시오.

10 Where did the man call? (　　)
남자는 어디에 전화했습니까?

① 학교　② 하숙집　③ 신촌역　④ 고향 집

11 Who will the man talk to on the phone? (　　)
남자는 누구하고 통화하겠습니까?

① 리사　② 민지　③ 수영　④ 제임스

12 Choose the answer that does not match what you heard. (　　)
들은 내용과 다른 것을 고르십시오.

① 리사 씨는 지금 전화하고 있습니다.
② 하숙집에 수영 씨와 민지 씨가 있습니다.
③ 제임스 씨는 지금 전화를 받을 수 있습니다.
④ 전화를 했는데 친구가 전화를 받지 않았습니다.

Ⅴ [13~15] Listen and answer the questions.
[13~15] 듣고 질문에 답하십시오.

13 Why did Lisa call Sunhee? (　　)
리사 씨는 선희 씨에게 왜 전화했습니까?

① 시장에 같이 가고 싶어서　② 신촌에 같이 가고 싶어서
③ 같이 영화를 보러 가고 싶어서　④ 선희 씨 집에 놀러 가고 싶어서

14 What is Sunhee's home phone number? (　　)
선희 씨 집 전화번호는 몇 번입니까?

① 331-7650　② 332-7650　③ 341-7650　④ 342-7650

15 Choose the answer that does not match what you heard. (　　)
들은 내용과 다른 것을 고르십시오.

① 선희 씨는 오늘 리사 씨를 만났습니다.
② 두 사람은 내일 영화를 같이 보겠습니다.
③ 리사 씨는 처음에 전화를 잘못 걸었습니다.
④ 두 사람은 오늘 약속 시간과 장소를 정했습니다.

memo 메모

memo 메모

대학생을 위한 연세한국어

YONSEI KOREAN

for college students

102

부록

KOREAN LANGUAGE INSTITUTE

YONSEI UNIVERSITY PRESS

대학생을 위한 연세한국어

YONSEI KOREAN

for college students

102

부록

KOREAN LANGUAGE INSTITUTE

YONSEI UNIVERSITY PRESS

부록

모범답안

1과 음식

01. 학생 식당에 자주 갑니다

▶ 어휘 연습

1. 1) 리　사: 리사 씨가 내려갑니다.
2) 일라이: 일라이 씨가 올라옵니다.
3) 선　희: 선희 씨가 올라갑니다.
4) 엠　마: 엠마 씨가 들어갑니다.
5) 제임스: 제임스 씨가 나옵니다.
6) 수　지: 수지 씨가 돌아갑니다.

▶ 어휘 연습

2. 1) ④　2) ③　3) ②

▶ 문법 연습 1

1. 1) 먹습니다
2) 묻습니다
3) 오다, 옵니다
4) 쓰다, 씁니까?
5) 덥다, 덥습니까?
6) 긋다, 긋습니다

2. ① 가: 선희 씨가 잡니까?
나: 네, 잡니다.
② 가: 수지 씨가 식사합니까?
나: 네, 식사합니다.
③ 가: 수영 씨가 물을 마십니까?
나: 네, 물을 마십니다.
④ 가: 서준 씨가 리포트를 씁니까?
나: 네, 리포트를 씁니다.
⑤ 가: 엠마 씨가 숙제합니까?
나: 네, 숙제합니다.
⑥ 가: 다니엘 씨가 책을 읽습니까?
나: 네, 책을 읽습니다.
⑦ 가: 리사 씨가 텔레비전을 봅니까?
나: 네, 텔레비전을 봅니다.

▶ 문법 연습 2

1. 1) 12월 25일이지요?
2) 집에 들어갔지요?
3) 음악을 자주 듣지요?
4) 눈이 많이 오지요?
5) 가: 음식이 맵지요?
나: 네, 맵습니다.

▶ 과제 1 읽어 봅시다

1. ③
2. ④
3. 1) ④　2) ③　3) ①　4) ②
4. 생략

▶ 과제 2 들어 봅시다

1. ③　**2.** ②
3. ①, ②, ③, ⑥　**4.** ②
5. ① 선희: 정문 앞 중국집
메뉴가 많다. / 비싸지 않다.
② 제임스: 학생식당
음식이 맛있다. / 아주 가깝다.
6. 정문 앞 중국집
7. 생략

▶ 과제 3 해 봅시다

1. 생략
2. 생략
3. 생략

02. 맵지 않고 조금 답니다

▶ 어휘 연습

1. 1) ④　2) ②　3) ③

▶ 어휘 연습

2. 1) ④　2) ③　3) ②　4) ①

▶ 문법 연습 1

1. 1) 먹지 않습니다.
2) 듣지 않습니다.
3) 배가 고프지 않습니다.
4) 시지 않습니다.
5) 바쁘지 않습니다.
6) 숙제하지 않았습니다.

2. 1) 짜지 않습니다.
2) 싱겁지 않습니다.
3) 달지 않습니다.
4) 만들지 않았습니다.
5) 마시지 않았습니다.
6) 맵지 않았습니다.

▶ **문법 연습 2**

1.

	-습니다/ㅂ니다	-습니까?/ㅂ니까?	-을/ㄹ 겁니다	-으세요/세요
달다	답니다	답니까?	달 겁니다	
멀다	멉니다	멉니까?	멀 겁니다	
길다	깁니다	깁니까?	길 겁니다	
놀다	놉니다	놉니까?	놀 겁니다	노세요
살다	삽니다	삽니까?	살 겁니다	사세요
열다	엽니다	엽니까?	열 겁니다	여세요
알다	압니다	압니까?	알 겁니다	아세요
팔다	팝니다	팝니까?	팔 겁니다	파세요
만들다	만듭니다	만듭니까?	만들 겁니다	만드세요

2. 1) 답니다. 2) 팝니까? 3) 압니다.
4) 열 겁니다. 5) 만드세요. 6) 사세요.

▶ **과제 1 읽어 봅시다**

1. 명동
2. 구천 원
3. ①
4. 생략

▶ **과제 2 들어 봅시다**

1. 1) ② 2) 1① 3) ④ 4) 4③
2. ③
3. ① - 싱겁다 ② - 맵다
③ - 시다 ④ - 달다, 시원하다
4. ④ **5.** ①
6. 생략

▶ **과제 3 해 봅시다**

1. 생략
2. 생략

2과 식당

01. 저는 불고기를 먹겠습니다

▶ **어휘 연습**

1. 아침: 밥, 된장찌개
점심: 라면, 김밥
저녁: 비빔밥, 갈비

2. 생략

▶ **문법 연습 1**

1. 1) 열심히 공부하겠습니다.
2) 학교에 다녀오겠습니다.
3) 자전거를 타러 가겠습니다.
2. 1) 10월에 여행하겠습니다.
2) 한식을 먹겠습니다.
3) 가족하고 같이 가겠습니다.

▶ **문법 연습 2**

1. 1) 동해에 가고 싶습니다.
2) 냉면을 먹고 싶습니다.
3) 경제학을 공부하고 싶습니다.
2. 1) 저는 산책하고 싶습니다.
2) 저는 친구를 만나고 싶습니다.
3) 저는 운동하고 싶습니다.
4) 저는 책을 읽고 싶습니다.
5) 저는 여행을 하고 싶습니다.

▶ **과제 1 읽어 봅시다**

1. 오늘 친구들이 집에 옵니다.
친구들과 저는 한식을 좋아합니다.
2. ②
3. 나: 된장찌개
친구들: 불고기
4. 생략

▶ **과제 2 들어 봅시다**

1. ② **2.** ③
3. 삼계탕 **4.** ②
5. ②
6. 같이 불고기를 만들겠습니다.
7. 생략

▶ **과제 3 해 봅시다**

1. 생략
2. 생략
3. 생략

02. 뭘 드시겠습니까?

▶ **어휘 연습**

1. 1) 소주 일곱 병 2) 비빔밥 세 그릇
3) 사과 열 개

▶ **문법 연습 1**

1. 1) 할머니께서 한식을 좋아하십니다.
2) 부모님께서 미국에 사십니다.
3) 손님, 무슨 음식을 드시겠습니까?

2. 1) 할아버지께서 책을 읽으십니다.
2) 할머니께서 내일 산책하실 거예요.
3) 이 선생님께서 한국말을 가르치십니다.
4) 가: 무슨 음식을 드시겠습니까?
나: 저는 비빔밥을 먹겠습니다.

▶ **문법 연습 2**

1. 1) 만들래요?
2) 할래요?
3) 마실래요?

2. 1) 이 과자를 좀 드실래요?
2) 그럼 일곱 시에 만날래요?
3) 그럼 도서관에 갈래요?
4) 병원에 갈래요?

▶ **과제 1 읽어 봅시다**

1. 친절하십니다.
2. ④
3. 여기요, 여기 김치찌개 이 인분 주세요.
4. 생략

▶ **과제 2 들어 봅시다**

1. ③ **2.** ②
3. ③ **4.** ①, ④

5

대화	식당
1	한식집
2	이탈리아 식당
3	삼겹살 집

6.

대화	음식	얼마나
1	물냉면	두 그릇
2	피자, 스파게티	피자 한 판, 스파게티 하나
3	삼겹살	삼 인분

7. 생략

▶ **과제 3 해 봅시다**

1. 생략
2. 생략
3. 생략

3과 선물

01. 선물을 사러 갈까요?

▶ **어휘 연습**

1. 1) ② 2) ⑥ 3) ③ 4) ④ 5) ①

▶ **문법 연습 1**

1.

	-을까요/ㄹ까요?	-읍시다/ㅂ시다
보기 들어가다	들어갈까요?	들어갑시다
1) 먹다	먹을까요?	먹읍시다
2) 묻다	물을까요?	물읍시다
3) 긋다	그을까요?	그읍시다
4) 살다	살까요?	삽시다
5) 입다	입을까요?	입읍시다

2. 1) 사러 갈까요? 2) 선물합시다 .
3) 살까요? 4) 준비할까요?
5) 쇼핑할까요? 6) 갑시다.

▶ **문법 연습 2**

1. 1) 갈비찜이 맛있지만 비쌉니다.
2) 약이 쓰지만 몸에 좋습니다.
3) 파티에 가고 싶지만 내일 시험이 있습니다.
4) 전공 공부가 어렵지만 재미있습니다.

2. 1) 맵지만 맛있습니다.
2) 예쁘지만 비쌉니다.
3) 비싸지만 맛있습니다.
4) 먹었지만 배가 고픕니다.

▶ **과제 1 읽어 봅시다**

1. 남자 친구 생일 선물(소설책과 엘피판)
2. ②
3. 1) 내 남자 친구 생일은 다음 주입니다.
2) 오늘 나는 생일 선물을 사러 가겠습니다.
3) 남자 친구의 취미는 음악 감상과 책읽기입니다.
4) 학교 근처 선물 가게는 물건도 많고 값도 비싸지 않습니다.
4. 생략

▶ **과제 2 들어 봅시다**

1. ① **2.** ②

3. ① **4.** 시월 일 일 토요일

5. 과일하고 빵

6.

	가고 싶어 하는 곳	이유
① 제임스	학교 앞 과일 가게	ㄱ. 종류가 많다.
		ㄴ. 값이 싸다.
		ㄷ. 양이 많다.
		ㄹ. 주인이 좋다.
② 엠마	백화점	질이 좋다

7. 학교 앞 과일 가게

8. 생략

▶ **과제 3 해 봅시다**

1. 생략

2. 생략

02. 좀 큰 건 없어요?

▶ **어휘 연습**

1. 1) 빨간색 장미꽃 2) 노란색 티셔츠
3) 파란색 반바지 4) 까만색 구두
5) 하얀색 모자

▶ **어휘 연습**

2. 1) ① 2) ② 3) ③ 4) ⑤

▶ **문법 연습 1**

1. 1) 예쁜 꽃 2) 먼 고향
3) 더운 날씨 4) 긴 머리
5) 재미있는 영화 6) 좋지 않은 기분

2. 1) 가: 어떤 음식이 좋아요?
나: 매운 음식이 좋아요.
2) 가: 어떤 가방이 좋아요?
나: 주머니가 많은 가방이 좋아요.
3) 가: 어떤 차가 좋아요?
나: 큰 차가 좋아요.
4) 가: 어떤 집에서 살고 싶어요?
나: 창문이 큰 집에서 살고 싶어요.
5) 가: 어떤 음악을 좋아해요?
나: 조용한 음악을 좋아해요.
6) 가: 어떤 영화를 보고 싶어요?
나: 재미있는 영화를 보고 싶어요.

▶ **문법 연습 2**

1.

ㅎ동사	-습니까 /ㅂ니까?	-어요 /아요/여요	-은/ㄴ
어떻다	어떻습니까?	어때요	어떤
빨갛다	빨갛습니까?	빨개요	빨간
파랗다	파랗습니까?	파래요	파란
노랗다	노랗습니까?	노래요	노란
까맣다	까맣습니까?	까매요	까만
하얗다	하얗습니까?	하얘요	하얀

2. 1) 빨간색 2) 노란색 3) 그래요?
4) 까만색 5) 어때요?

▶ **과제 1 읽어 봅시다**

1. 수업이 끝나고

2. 외국 사람들에게 인기 있는 한국 노래

3. ②

4. 생략

▶ **과제 2 들어 봅시다**

1. ① **2.** ④

3. ③

4. 주인: 작지만 튼튼하고 예쁜 가방
손님: 큰 가방

5. 큰 가방이 없었습니다.

6. ③ **7.** ①

8. 가을 옷을 사러

9. 생략

▶ **과제 3 해 봅시다**

1. 생략

2. 생략

4과 물건 사기

01. 장미꽃 좀 보여 주세요

▶ **어휘 연습**

1. 1) 옷 두 벌 2) 커피 두 잔
3) 전화 한 대 4) 꽃 일곱 송이
5) 고양이 한 마리 6) 연필 네 자루
7) 슬리퍼 한 켤레

▶ **문법 연습 1**

1. 1) 만들어 주세요. 2) 닫아 주세요.
3) 사 주세요. 4) 도와주세요.
5) 전화해 주세요.

2. 1) 창문을 열어 주세요.
2) 한국말을 가르쳐 주세요.
3) 이름을 써 주세요.
4) 콘서트에 와 주세요.
5) 꽃과 선물을 사 주세요.

▶ **문법 연습 2**

1. 1) 옷을 사고 싶어서 백화점에 갑니다.
2) 머리가 아파서 병원에 갑니다.
3) 아르바이트를 해서 바쁩니다.
4) 배가 고파서 식당에 갔습니다.

2. 1) 아파서 2) 자서 3) 늦어서
4) 나빠서 5) 안 먹어서

▶ **과제 1 읽어 봅시다**

1. 빨간색 카네이션 꽃
2. ③
3. 29,000원
4. 생략

▶ **과제 2 들어 봅시다**

1. ④ **2.** ③
3. 과일 가게 **4.** ②
5. (하얀색) 티셔츠 **6.** ②
7. 생략

▶ **과제 3 해 봅시다**

1. 생략
2. 생략
3. 생략

02. 친구가 좋아하는 꽃이에요

▶ **어휘 연습**

1. 1) 드릴 2) 드릴 3) 줄

▶ **문법 연습 1**

1. 1) 한테서(에게서)/한테(에게)
2) 한테서(에게서)/한테(에게)
3) 께/께

2. 1) 친구한테(에게) 선물을 줄 거예요.
2) 다니엘 씨한테(에게) 메일을 보내요.
3) 아버지께 자전거를 배웠어요.
4) 이 선생님께 한국말을 배워요.

▶ **문법 연습 2**

1. 1) 춤을 추는 사람이 엠마 씨예요.
2) 와인을 마시는 사람이 제임스 씨예요.
3) 케이크를 먹는 사람이 리사 씨예요.
4) 맥주를 마시는 사람이 다니엘 씨예요.
5) 전화하는 사람이 선희 씨예요.

2. 생략

▶ **과제 1 읽어 봅시다**

1. 옷을 사러 시장에 갔습니다.
2. ①
3. 까만색 코트, 털모자, 장갑
4. 생략

▶ **과제 2 들어 봅시다**

1. ② **2.** ②
3. 바지, 티셔츠, 인형, 넥타이
4. ③
5. 친구한테 줄 생일 선물 / 모자
6. ②
7. 생략

▶ **과제 3 해 봅시다**

1. 생략
2. 생략
3. 생략

5과 길 묻기

01. 6번 출구로 나가서 왼쪽으로 가세요

▶ **어휘 연습**

1. 1) 가: 약국이 어디에 있습니까?
나: 왼쪽에 있습니다.
2) 가: 백화점이 어디에 있습니까?
나: 오른쪽에 있습니다.
3) 가: 병원이 어디에 있습니까?
나: 저쪽에 있습니다.

2. 1) 가: 공원이 어디에 있습니까?
나: 건너편에 있습니다. 육교로 건너세요.

2) 가: 서점이 어디에 있습니까?
   나: 건너편에 있습니다. 지하도로 건너세요.
3) 가: 극장이 어디에 있습니까?
   나: 저쪽에 있습니다. 저쪽으로 가세요

▶ **문법 연습 1**

1. 1) 가: 사무실이 어디에 있습니까?
   나: 아래층으로 내려가세요.
2) 가: 교실이 어디에 있습니까?
   나: 위층으로 올라가세요.
3) 가: 화장실이 어디에 있습니까?
   나: 오른쪽으로 가세요.

▶ **문법 연습 2**

1. 1) 학교에 가서 공부합니다 .
2) 샌드위치를 사서 먹습니다.
3) 친구를 만나서 영화를 봅니다.
4) 집에 와서 숙제를 합니다.

2. 1) 한국에 와서 한국어를 공부합니다.
2) 따뜻한 옷을 사서 입을 거예요.
3) 여기에 앉아서 기다리십시오.
4) 공원에 가서 산책할래요?

▶ **과제 1 읽어 봅시다**

1. 공연을 보러 정동극장에 갔습니다.

2. ②

3. 1) 나: 지하철을 타고 갔습니다.
2) 나: 시청역에서 내렸습니다.
3) 생략
4) 생략

4. 생략

▶ **과제 2 들어 봅시다**

1. ②　　**2.** ③

3. 리사: 동문 쪽 하숙집
제임스: 정문 쪽 오피스텔

4.

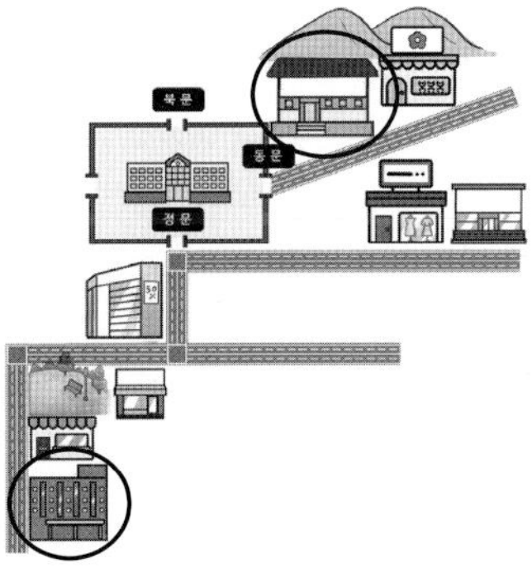

5.

(5)호선 (오목교)역에서 내리세요.
(3)번 출구로 나오세요.
50미터쯤 걸으면 (횡단보도가)이/가 있습니다.
(횡단보도를)을/를 건너서 (5)분쯤 가면 (왼쪽)에 큰 회색 건물이 있습니다.
그 건물이 출입국관리사무소입니다.

6. 생략

▶ **과제 3 해 봅시다**

1. 1) 시청역 4번 출구로 나가서 똑바로 가세요. 횡단보도를 건너서 조금 가면 오른쪽에 서점이 있습니다.
2) 시청역 3번 출구로 나가서 덕수궁 쪽으로 가세요. 조금 가면 오른쪽에 국립 정동극장이 있습니다.
3) 시청역 4번 출구로 나가서 똑바로 가세요. 광화문 쪽으로 10분쯤 가면 오른쪽에 미국 대사관이 있습니다.

2. 생략

02. 지하철 2호선을 타야 돼요

▶ **어휘 연습**

1. 생략

▶ **문법 연습 1**

1. 1) 집에서 동대문 시장까지 택시로 30분쯤 걸립니다.
2) 집에서 강남까지 지하철로 1시간쯤 걸립니다
3) 서울에서 제주도까지 비행기로 45분쯤 걸립니다.
4) 서울에서 부산까지 케이티엑스로 2시간 40분쯤 걸립니다.

▶ **문법 연습 2**

1. 1) 돈이 없으면 은행에서 돈을 찾아야 됩니다.
2) 머리가 아프면 약을 먹어야 됩니다.
3) 질문이 있으면 선생님께 이야기해야 됩니다.
4) 여행을 많이 하고 싶으면 돈을 모아야 됩니다.
5) 좋은 회사에 들어가고 싶으면 열심히 공부해야 됩니다.

▶ **과제 1 읽어 봅시다**

1. 한국어학당 가는 길
2. ①
3. ④ → ② → ⑤ → ③ → ①
4. 생략

▶ **과제 2 들어 봅시다**

1. 1) ④ 2) ③ 3) ② 4) ①
2. ①
3. ① 신사역 8번 출구
   ② 은행에서 왼쪽으로
   ③ 왼쪽에 커피숍이 있음.
4. ③ 5. ③
6. 생략

▶ **과제 3 해 봅시다**

1. 생략
2. 생략

6과 교통

01. 사람이 많으니까 조심하세요

▶ **어휘 연습**

1. 1) 내립니다.
   2) 갈아탑니다.
   3) 내립니다.

▶ **문법 연습 1**

1. 1) 피곤하니깐 좀 쉽시다.
   2) 숙제가 쉬우니까 숙제를 빨리 하세요.
   3) 옷이 하야니까 조심하세요.
   4) 어제 한식을 먹었으니까 오늘은 다른 걸 먹을래요?
2. 생략

▶ **문법 연습 2**

1. 1) ⑤ 2) ④ 3) ③ 4) ② 5) ①
2. 1) 아니요, 창문을 열지 마세요.
   2) 커피를 많이 마시지 마세요.
   3) 아니요, 택시를 타지 맙시다.
   4) 네, 학생들이 많으니까 가지 맙시다.

▶ **과제 1 읽어 봅시다**

1. 그림을 보러 인사동에 갔습니다.
2. ④
3. 노약자석이어서 앉지 않았습니다.
4. 생략

▶ **과제 2 들어 봅시다**

1. ④ 2. ①
3. 버스 4. ①
5. 서울역 6. ④
7. 생략

▶ **과제 3 해 봅시다**

1. 생략
2. 생략
3. 생략

02. 여기에서 10분밖에 안 걸려요

▶ **어휘 연습**

1. 1) 출발합니다 2) 도착합니다
2. 1) ⑤ 2) ④ 3) ③ 4) ②

▶ **문법 연습 1**

1.

	-습니다/ㅂ니다	-어요/아요/여요	-었어요/았어요/였어요
고르다	고릅니다	골라요	골랐어요
부르다	부릅니다	불러요	불렀어요
모르다	모릅니다	몰라요	몰랐어요
다르다	다릅니다	달라요	달랐어요
빠르다	빠릅니다	빨라요	빨랐어요

2. 1) 불러요. 2) 몰라요. 3) 빨라요.
   4) 골랐어요. 5) 다릅니다.

▶ **문법 연습 2**

1. 1) 혼자 치킨을 두 마리나 먹었어요?
   2) 하루에 커피를 다섯 잔이나 마셔요?
   3) 영화를 스무 번이나 봤어요?
2. 1) 백 송이나요? 2) 열 시간이나요?
   3) 스무 켤레나요? 4) 일곱 권이나요?

▶ **문법 연습 3**

1. 1) 파티에 세 명밖에 안 왔어요.

2) 빵 한 개밖에 안 먹었어요?
3) 아는 사람은 리사 씨밖에 없어요.

2. 1) 두 벌밖에 없어요.
2) 오 분밖에 안 걸려요.
3) 한 명밖에 안 왔어요.
4) 경복궁밖에 못 갔어요.

▶ **과제 1 읽어 봅시다**

1. 버스나 지하철을 타고 갑니다.
2. ③
3. 신문사 앞이 복잡해서
4. ④ - ③ - ② - ①

▶ **과제 2 들어 봅시다**

1. ③ **2.** ①
3. 신촌 **4.** ②
5.

이야기하는 곳	택시
가는 곳	남대문 시장
걸린 시간	20분쯤

6. ② **7.** 생략

▶ **과제 3 해 봅시다**

1. 생략
2. 생략
3. 생략

7과 전화번호

01. 이따가 전화할게요

▶ **어휘 연습**

1. 1) ③ 2) ⑥ 3) ① 4) ④ 5) ⑤

▶ **문법 연습 1**

1. 1) 제가 읽을게요. 2) 내일 쓸게요.
3) 내일 올게요. 4) 술을 마시지 않을게요.

▶ **문법 연습 2**

1. 1) 포도만 좋아해요.
2) 멕시코만 여행했어요.
3) 맥주만 마셔요.
4) 토요일에만 집에 있어요.

▶ **과제 1 읽어 봅시다**

1. 학교 친구
2. ①
3. ⑤ - ④ - ② - ① - ③
4. 생략

▶ **과제 2 들어 봅시다**

1. ② **2.** ④
3. ④ **4.** 010-9059-3545
5. 생략
6. 생략

▶ **과제 3 해 봅시다**

1. 생략
2. 생략
3. 생략

02. 바로 전데요

▶ **어휘 연습**

1. 1) 신호가 갔습니다.
2) 문자 메시지를 보냈습니다.
3) 전화가 왔습니다.

▶ **문법 연습 1**

1. 1) 냉면을 좋아하기 때문에 자주 먹으러 갑니다.
2) 월요일이기 때문에 차가 많습니다.
3) 요즘 숙제가 많기 때문에 주말에도 도서관에 갔습니다.
4) 시험이 끝났기 때문에 친구들하고 노래방이나 놀이공원에 갈 겁니다.

2. 1) 방학이기 때문에 한가합니다.
2) 오늘 집에 친구들이 오기 때문에 음식을 많이 준비했어요.
3) 비가 오기 때문에 집에 그냥 있을 거예요.
4) 오늘 졸업식을 하기 때문에 학교 앞에서 꽃을 팔아요.
5) 시험을 잘 못 봤기 때문에 기분이 안 좋아요.

▶ **문법 연습 2**

1. 1) 다른 약속이 있는데요.
2) 밥을 먹었는데요.
3) 내일은 좀 바쁜데요.
4) 돈이 없는데요.

2. 1) 주문하고 싶은데요.
   2) 203호인데요.
   3) 오래 걸리는데요.

▶ **과제 1 읽어 봅시다**

1. 다니엘 씨하고 리사 씨
2. 1) ⑤ 2) ④ 3) ② 4) ① 5) ③
3. 저도 크리스마스에 시간이 있어요. 파티에 갈게요. 초대해 줘서 고마워요.
4. 생략

▶ **과제 2 들어 봅시다**

1. ②
2. ④
3. ④
4. 마이클의 전화번호를 알고 싶어서
5. 010-315-3895
6. 엄마손 식당
7. ④
8. 점심시간이기 때문에 주문이 많아서
9. 1) 잘못
   2) 거셨어요?
   3) 아닙니다.

▶ **과제 3 해 봅시다**

1. 생략

8과 통화

01. 다니엘 씨 생일이라서 전화했어요

▶ **어휘 연습**

1. 1) 서울역입니다.
   2) 두 시입니다.
   3) 바꿨습니다.
   4) 지켰습니다.

▶ **문법 연습 1**

1. 1) 방학이라서 학교에 학생들이 없어요.
   2) 장마철이라서 날마다 비가 와요.
   3) 엘리베이터가 수리 중이라서 계단으로 올라왔어요.
2. 1) 아니요, 내일은 친구 생일이라서 저녁에 파티를 해요.
   2) 지금 회사가 끝나는 시간이라서 집에 가는 사람들이 많을 거예요.
   3) 오늘부터 방학이라서 학교에 안 가요.
   4) 내일 시험이라서 오늘 도서관에서 공부하는 학생들이 많을 거예요.

▶ **문법 연습 2**

1. 1) 청소를 하고 나서 빨래를 해요.
   2) 카페에서 커피를 마시고 나서 학교에 갔어요.
   3) 수업을 듣고 나서 점심을 먹을 거예요.
2. 1) 아침을 먹고 나서 운동을 했어요.
   2) 운동을 하고 나서 숙제를 했어요.
   3) 생략
   4) 생략

▶ **과제 1 읽어 봅시다**

1. ④
2. ③
3. 미영 씨 목소리가 좋지 않아서
4. 생략

▶ **과제 2 들어 봅시다**

1. ③
2. ①
2. 약속 시간을 바꾸고 싶어서
4. ④
5. (1시 반)에 (신촌 지하철역 1번 출구 앞)에서 만나겠습니다.
6. ④
7. 생략

▶ **과제 3 해 봅시다**

1. 생략
2. 생략
3. 생략

02. 지금 전화를 받지 못해요

▶ **어휘 연습**

1. ① → ③ → ⑤ → ② → ⑥ → ④

▶ **문법 연습 1**

1. 1) 파티에 가지 못해요.

2) 오늘 만나지 못해요.
3) 한국 음식을 만들지 못해요.

2. 생략

▶ **문법 연습 2**

1. 1) 어디에서 옷을 싸게 샀어요?
2) 요즘 일이 많아서 바쁘게 지내요.
3) 한국 음식을 맛있게 만들고 싶어요.

2. 1) 더워서 머리를 짧게 잘랐어요.
2) 친구들을 만나서 재미있게 놀았어요.
3) 오늘 파티에 가야 돼서 옷을 예쁘게 입었어요.
4) 오늘 친구가 와서 깨끗하게 청소했어요.

▶ **과제 1 읽어 봅시다**

1. 한국말 듣기와 말하기가 어려워서
2. ③
3. 한국말로 전화를 잘 받아서
4. 생략

▶ **과제 2 들어 봅시다**

1. ②
2. ①
3. 학생증을 만들고 싶어서
4. ③
5. 신촌 하숙집
6. ④
7. 생략

▶ **과제 3 해 봅시다**

1. 생략
2. 생략

9과 날씨

02. 곧 비가 오겠어요

▶ **어휘 연습**

1. 1) 날씨가 맑습니다.
2) 날씨가 흐립니다.
3) 구름이 꼈습니다.
4) 눈이 옵니다. / 눈이 내립니다.

▶ **문법 연습 1**

1. 1) 배가 고프겠어요.
2) 슬프겠어요.
3) 프랑스말을 잘하겠어요.
4) 기분이 좋겠어요.

2. 생략

▶ **문법 연습 2**

1. 1) 책이 비싸네요.
2) 이 식당은 음식이 정말 맛있네요.
3) 주말이지만 사람이 많지 않네요.
4) 배우의 목소리가 좋네요.

2. 1) 그렇네요.
2) 좋네요.
3) 많네요.
4) 나오네요.
5) 맛있겠네요.
6) 맛있네요.
7) 잘 했네요.

▶ **과제 1 읽어 봅시다**

1. 날씨
2. 날씨가 맑겠습니다. 낮에는 구름이 조금 끼겠습니다.
3. ③
4. 생략

▶ **과제 2 들어 봅시다**

1. ③ **1.** ④
3. 1) ④ 2) ② 3) ③ 4) ①
4. ③
5. ① 제주 : 비가 옵니다.
→ 오늘 오전에 그치겠습니다.
② 서울 : 오전에 흐립니다.
→ 개겠습니다.
6. ③
7. 생략

▶ **과제 3 해 봅시다**

1. 생략
2. 생략

02. 오늘보다 따뜻할 거예요

▶ **어휘 연습**

1. 1) 서울은 날씨가 선선합니다.
2) 시애틀은 날씨가 따뜻합니다.
3) 시드니 날씨도 따뜻합니다.
4) 라고스는 아주 덥습니다.
5) 토론토는 춥습니다.

▶ **문법 연습 1**

1. 1) 마리가 앤보다 머리가 짧아요
마리보다 앤이 머리가 길어요
2) 마리 가방이 앤 가방보다 무거워요.
마리 가방보다 앤 가방이 가벼워요.
3) 마리 신발이 앤 신발보다 싸요.
마리 신발보다 앤 신발이 비싸요.

▶ **문법 연습 2**

1. 1) 노래를 들으면서 운전을 합니다
2) 신문을 보면서 밥을 먹습니다.
3) 텔레비전을 보면서 따라 합니다.
4) 커피를 마시면서 이야기합니다.
5) 강한 바람이 불면서 비가 옵니다.

▶ **과제 1 읽어 봅시다**

1. ②
2. 수영도 하고 배도 탔습니다.
3. ③
4. 생략

▶ **과제 2 들어 봅시다**

1. ②
2. 1) - ㄹ 2) - ㄷ 3) - ㄴ 4) - ㄱ
3. ③
4. 자전거를 타겠습니다.
5. ④
6. ① 따뜻합니다.
② 아주 덥고 습합니다.
③ 선선합니다.
④ 눈이 내리면서 춥습니다.
7. ③
8. 생략

▶ **과제 3 해 봅시다**

1. 생략
2. 생략

10과 계절

01. 저는 스키를 탈 수 있는 겨울이 좋아요

▶ **어휘 연습**

1. 1) 봄 2) 겨울 3) 여름
4) 가을 5) 여름 6) 겨울

▶ **문법 연습 1**

1. 1) 옷이 예쁜데 어디에서 샀어요?
2) 이 영화가 재미있는데 같이 볼래요?
3) 떡볶이는 좀 매운데 김밥은 맵지 않습니다.
4) 저는 보통 학생식당에서 점심을 먹는데 서준 씨는 기숙사 식당에서 점심을 먹어요.

2. 1) 저는 보통 집에서 공부하는데 선희 씨는 어디에서 공부해요?
2) 리사 씨, 한국어 말하기를 잘하는데 어떻게 공부해요?
3) 서울은 여름에 많이 더운데 고향은 여름에 많이 덥지 않아요.
4) 엠마 씨는 숙제를 하는데 제임스 씨는 게임을 해요.

▶ **문법 연습 2**

1. 1) 한국 신문을 읽을 수 있어요.
2) 매운 음식을 먹을 수 있어요.
3) 스키를 탈 수 있어요.
4) 오늘 만날 수 있어요.
5) 한국 음식을 만들 수 있어요.
2. 생략

▶ **과제 1 읽어 봅시다**

1. 선선합니다.
2. ①
3. 덥습니다.
4. 생략

▶ 과제 2 들어 봅시다

1. ② 2. ①
3. 춥고 건조합니다.
4. ①, ③
5. 여름 6. ②
7. 생략

▶ 과제 3 해 봅시다

1. 생략
2. 생략
3. 생략

02. 이번 여름에는 수영을 한번 배워 보세요

▶ 어휘 연습

봄	여름	가을	겨울
소풍을 가요. 꽃구경을 가요.	피서를 가요. 해수욕장에 가요. 캠핑을 해요.	독서해요. 단풍 구경을 가요.	눈사람을 만들어요. 눈싸움을 해요. 스키를 타요.

▶ 문법 연습 1

1. 1) 지금 택시를 타고 있어요.
   2) 지금 방 안으로 들어오고 있어요.
   3) 지금 친구를 기다리고 있어요.
   4) 지금 옷을 입고 있어요.
   5) 지금 운동을 하고 있어요.
2. 생략

▶ 문법 연습 2

1. 1) 갈비를 먹어 봤어요.
   2) 한국에서 등산을 해 보지 못 했어요.
   3) 한국말을 배워 보고 싶어요.
   4) 그 음식은 먹어 보고 싶지 않아요.
2. 1) 네, 한복을 입어 봤어요.
   2) 아니요, 한국 음식을 만들어 보지 못했어요. 저도 한국 음식을 만들어 보고 싶어요.
   3) 부산에 가 보고 싶어요.
   4) 병원에 가 보세요.

▶ 과제 1 읽어 봅시다

1. 1) 하얀 눈이 와서
   2) 좋아하는 스키도 탈 수 있어서
2. ②
3. 1) 스키장
   2) 스키 타기가 어렵지 않습니다.
   3) 서울
   4) 즐겁게 스키를 타는
   5) 눈싸움만 하는
4. 생략

▶ 과제 2 들어 봅시다

1. ② 2. ②
3. ④ 4. ④
5. 봄 6. ③
7. 생략

▶ 과제 3 해 봅시다

1. 생략
2. 생략
3. 생략

1과 음식

01. 학생 식당에 자주 갑니다

▶ 어휘

1. 1) 한식집 2) 일식집
   3) 양식집 4) 중국집
2. 1) 들어갑니다. 2) 올라갑니다.
   3) 내려옵니다. 4) 나옵니다.
   5) 옵니다.

▶ 문법

1.

모범답안	-습니다	-습니까?
먹다	먹습니다	먹습니까?
닫다	닫습니다	닫습니까?
있다	있습니다	있습니까?
입다	입습니다	입습니ㄲ
듣다	듣습니다	듣습니까?
쉽다	쉽습니다	쉽습니까?
긋다	긋습니다	긋습니까?
	-ㅂ니다	-ㅂ니까?
이다	입니다	입니까?
아니다	아닙니다	아닙니까?
가다	갑니다	갑니까?
오다	옵니다	옵니까?
주다	줍니다	줍니까?
쓰다	씁니다	씁니까?
예쁘다	예쁩니다	예쁩니까?
바쁘다	바쁩니다	바쁩니까?
쉬다	쉽니다	쉽니까?
마시다	마십니다	마십니까?
가르치다	가르칩니다	가르칩니까?
인사하다	인사합니다	인사합니까?
공부하다	공부합니다	공부합니까?
노래하다	노래합니다	노래합니까?
조용하다	조용합니다	조용합니까?
복잡하다	복잡합니다	복잡합니까?

3. 1) 김선희입니다.
   2) 부쉬 리암입니다.
   3) 미국에서 왔습니다.
   4) 만나서 반갑습니다.
   5) 어디에 계십니까?
   6) 프랑스에 있습니다.
   7) 학생이 아닙니다.
   8) 괜찮습니다
   9) 재미있습니다.
   10) 무엇입니까?
   11) 전공합니다.
   12) 전공할 겁니다.
4. 생략
5. 1) 덥지요? 2) 덥습니다.
   3) 좋아하지요? 4) 좋아합니다.
   5) 많지요? 6) 아주 유명하지요?
   7) 맛있지요?
   8) 냉면이 시원하고 맛있습니다.

02. 맵지 않고 조금 답니다

▶ 어휘

1. 1) 달다 2) 시다 3) 짜다
   4) 맵다 5) 쓰다
2. 1) 답니다. 2) 십니다. 3) 스테이크를
   4) 씁니다. 5) 자장면을

▶ 문법

3. 1) 운동을 좋아하지 않습니다.
   2) 고기를 먹지 않았습니다
   3) 중국어를 공부하지 않을 거예요.
   4) 도서관에 자주 가지 않습니다.
4. 1) 숙제가 많지 않습니다. 숙제가 조금 있습니다.
   2) 날마다 도서관에 가지 않습니다. 가끔 갑니다.
   3) 도서관이 시끄럽지 않습니다. 아주 조용합니다.
   4) 고기를 좋아하지 않습니다 그렇지만 불고기는 좋아합니다.
   5) 불고기가 맵지 않습니다. 달고 맛있습니다.
5.

	-습니다/ㅂ니다	-을/ㄹ 거예요	-으세요/세요
달다	답니다	달 거예요	
멀다	멉니다	멀 거예요	
살다	삽니다	살 거예요	사세요
열다	엽니다	열 거예요	여세요
놀다	놉니다	놀 거예요	노세요
팔다	팝니다	팔 거예요	파세요
만들다	만듭니다	만들 거예요	만드세요

6. 1) 압니까? / 압니다.
   2) 답니까? / 달 거예요
   3) 놀러 갑니까? / 놀러 갑니다.
   4) 만드세요? / 만들 겁니다
   5) 여세요. / 열 거예요.
7. 1) 압니다. 2) 놉니다 3) 만듭니다
   4) 달지 5) 팝니다.

2과 식당

01. 저는 불고기를 먹겠습니다

▶ 어휘

1. 생략
2. 1) 토스트하고 우유를 먹습니다.
   2) 점심에는 중국집에 갑니다.
   3) 리사 씨는 김밥하고 라면을 먹습니다.
   4) 리사 씨가 한식을 좋아합니다.
   5) 생략

▶ 문법

3. 1) 내일 다시 전화하겠습니다.
   2) 열심히 공부하겠습니다.
   3) 제가 읽겠습니다.
   4) 술을 마시지 않겠습니다.
4. 1) 불고기를 먹겠습니다.
   2) 쇼핑을 하겠습니다.
   3) 한국 차를 마시겠습니다.
   4) 부모님과 많이 이야기하겠습니다.
5. 1) 배가 고픕니다. 밥을 먹고 싶습니다.
   2) 한국말을 모릅니다. 한국말을 배우고 싶습니다.
   3) 피곤합니다. 쉬고 싶습니다.
   4) 덥습니다. 창문을 열고 싶습니다.
6. 1) 저는 교회에서 결혼하고 싶습니다. /
   여자 친구는 호텔에서 결혼하고 싶어 합니다.
   2) 저는 신혼여행을 하와이에 가고 싶습니다. /
   여자 친구는 신혼여행을 파리에 가고 싶어 합니다.
   3) 저는 시계를 받고 싶습니다. /
   여자 친구는 반지를 받고 싶어 합니다.
   4) 저는 서울에서 살고 싶습니다./
   여자 친구는 샌프란시스코에서 살고 싶어 합니다.

02. 뭘 드시겠습니까?

▶ 어휘

1. 1) 한 잔 2) 세 그릇을 3) 일곱 병
   4) 이 인분을 5) 여섯 명

▶ 문법

3. 1) 어머니께서 일하십니다.
   2) 선생님께서 앉으십니다.
   3) 할머니께서 병원에 가십니다.
   4) 교수님께서 전화하실 거예요.
   5) 할아버지께서 커피를 드셨어요.
4. 1) 할아버지께서 캐나다에 사십니다.
   2) 제 이름은 할아버지께서 지으셨습니다.
   3) 네, 자주 들으십니다.
   4) 가: 더우십니까?
5. 1) 계십니다.
   2) 한국 사람이십니다.
   3) 일을 하러 가셨습니다.
   4) 다니십니다.
   5) 있습니다
   6) 모르십니다
   7) 물으십니다
   8) 많으십니다
   9) 노십니다
6. 1) 여기 앉을래요?
   2) 물을 마실래요?
   3) 돈을 빌려줄래요?
   4) 다른 식당에서 점심을 먹을래요?
   5) 커피를 마시러 갈래요?
7. 1) 커피를 마실래요?
   2) 영화를 보러 갈래요?
   3) 노래방에 갈래요?
   4) 같이 이야기 좀 할래요?
   5) 오늘은 집에 갈래요?

3과 선물

01. 선물을 사러 갈까요?

▶ 어휘

1. 1) ④ 2) ⑥ 3) ① 4) ③ 5) ⑤

▶ 문법

2. 1) 식사 준비를 할까요?
   2) 내일은 그냥 쉴까요?
   3) 책을 읽을까요?
   4) 한식집에 갈까요?
   5) 이 옷을 입을까요?
3. 1) 식당에 들어갈까요?
   2) 공원에 갈까요?
   3) 창문을 닫을까요?

4) 우리 쇼핑할까요?

4. 1) 여행을 갑시다.
2) 다음에 만납시다.
3) 비빔밥을 먹읍시다.
4) 노래합시다
5) 의자에 앉아서 기다립시다.

5 1) 네, 같이 갑시다.
2) 서울역 앞에서 만납시다.
3) 가: 무엇을 먹을까요?
나: 비빔밥을 먹읍시다.
4) 가: 밥을 먹고 무엇을 할까요?
나: 한옥을 구경합시다.

6. 1) 책상이 무거워요./
책상이 무겁지만 튼튼해요.
2) 옷이 두꺼워요. /
옷이 두껍지만 따뜻해요.
3) 음식이 비싸요. /
음식이 비싸지만 맛있어요.
4) 영화가 길었어요. /
영화가 길었지만 재미있었어요.

7 1) 쉽지만
2) 싸지만
3) 좋아하지만
4) 걷지만
5) 했지만 친구는 안 했어요

02. 좀 큰 건 없어요?

▶ **어휘**

1. 생략

▶ **문법**

1. 1) 큰 집에서 살고 싶어요.
2) 좋은 책을 읽으세요.
3) 머리가 긴 사람이 제 동생이에요.
4) 더운 날씨가 싫어요.
5) 가고 싶은 나라가 어디예요?
6) 교실에 없는 학생이 누구예요?
7) 맛있는 음식을 먹고 싶어요.
8) 재미없는 영화를 봤어요.

3. 1) 우리 반에서 머리가 짧은 사람은 누구예요?
2) 우리 반에서 집이 먼 사람은 누구예요?
3) 우리 반에서 제일 바쁜 사람은 누구예요?
4) 우리 반에서 제일 재미있는 사람은 누구예요?
5) 우리 반에서 친구가 많은 사람은 누구예요?

4. 생략

5.

	-습니까/ㅂ니까?	-어요/아요/여요	-은/ㄴ
빨갛다	빨갛습니까?	빨개요	빨간
파랗다	파랗습니까?	파래요	파란
노랗다	노랗습니까?	노래요	노란
하얗다	하얗습니까?	하얘요	하얀
까맣다	까맣습니까?	까매요	까만
어떻다	어떻습니까?	어때요	어떤
이렇다	이렇습니까?	이래요	이런
저렇다	저렇습니까?	저래요	저런
그렇다	그렇습니까?	그래요	그런

6 1) 파란 2) 빨간 3) 하얀
4) 그런 5) 노란 6) 어때요?
7) 그래요?

4과 물건 사기

01. 장미꽃 좀 보여 주세요

▶ **어휘**

1. 1) 생선 한 마리 2) 책 한 권
3) 콜라 한 병 4) 신발 한 켤레
5) 커피 한 잔 6) 빵 한 개
7) 연필 한 자루 8) 장미꽃 한 송이
9) 옷 한 벌 10) 표 한 장

2. 1) 커피가 몇 잔 있어요? - 세 잔 있어요.
2) 생선이 몇 마리 있어요? - 두 마리 있어요.
3) 꽃이 몇 송이 있어요? - 여섯 송이 있어요.
4) 콜라가 몇 병 있어요? - 다섯 병 있어요.
5) 슬리퍼가 몇 켤레 있어요? - 한 켤레 있어요.

3. 1) 불을 켜 주세요.
2) 칠판에 써 주세요.
3) 천천히 말해 주세요.
4) 문을 닫아 주세요.
5) 케이크를 만들어 주세요.

4. 1) 창문을 열어 주세요.
- 네, 창문을 열어 드리겠습니다.
2) 일을 도와주세요.
- 네, 일을 도와 드리겠습니다.
3) 돈을 빌려 주세요.
- 네, 돈을 빌려 드리겠습니다.

4) 사진을 찍어 주세요.
   - 네, 사진을 찍어 드리겠습니다.
5) 전화번호를 가르쳐 주세요.
   - 네, 전화번호를 가르쳐 드리겠습니다.

5. 1) 오늘은 일요일이어서 늦게 일어났습니다.
2) 피곤해서 쉬고 싶습니다.
3) 옷을 많이 입어서 춥지 않습니다.
4) 어제는 머리가 아파서 학교에 안 갔습니다.
5) 늦어서 죄송합니다.

6. 1) 매워서 안 먹어요.
2) 값이 싸서 자주 가요.
3) 아이가 많아서 이 자동차를 샀어요.
4) 술을 많이 마셔서 머리가 아파요.
5) 늦게 일어나서 회사에 늦게 왔어요.

7. 1) 술을 많이 마셔서 머리가 아팠어요.
2) 기분이 나빠서 술을 마셨어요.
3) 친구하고 싸워서 기분이 나빴어요.
4) 옆 방이 시끄러워서 친구하고 싸웠어요.
5) 파티를 해서 옆 방이 시끄러웠어요.

02. 친구가 좋아하는 꽃이에요

▶ 어휘

1. 1) 상품권 2) 만년필 3) 화장품
4) 인형 5) 향수

2. 생략

▶ 문법

3. 1) 아버지께 2) 어머니께
3) 동생한테(에게) 4) 할머니께
5) 저한테(에게) 6) 여자 친구한테(에게)

4. 1) 남자 친구한테서 꽃을 받았어요.
2) 김 선생님한테서(께) 한국말을 배워요.
3) 언니한테서 옷을 빌렸어요.
4) 아버지한테서(께) 전화가 왔어요.
5) 친구한테서 책을 샀어요.

5. 1) 가: 아버지한테서(께) 수영을 배웠어요?
   나: 아니요, 어머니한테서(께) 수영을 배웠어요.
2) 가: 누구한테서 전화가 왔어요?
   나: 간호사한테서 전화가 왔어요.
3) 가: 이 책을 어디에서 빌렸어요?
   나: 도서관에서 빌렸어요.
4) 가: 상품권을 누구한테서 받았어요?
   나: 회사에서 받았어요.
5) 가: 누구한테서 들었어요?
   나: 뉴스에서 들었어요.

6.

	-은/ㄴ	-는	-을/ㄹ
사다	산	사는	살
읽다	읽은	읽는	읽을
살다	산	사는	살
묻다	물은	묻는	물을
짓다	지은	짓는	지을
돕다	도운	돕는	도울

7. 1) 이것은 어제 배운 단어예요.
2) 전화를 한 사람이 누구예요?
3) 노란 옷을 입은 여자가 제 친구예요.
4) 제가 만든 케이크를 먹었어요?
5) 숙제를 하지 않은 학생이 많아요.

8. 1) 노래방에 간 사람은 제니 씨예요.
2) 갈비를 먹은 사람은 후엔 씨예요.
3) 수영을 한 사람은 피터 씨예요.
4) 소설책을 읽은 사람은 유미 씨예요.

9. 1) 저기에서 공부하는 사람이 선희 씨예요.
2) 지금 읽는 책이 소설책이에요.
3) 신촌에 사는 학생이 있어요?
4) 저는 친구를 도와주는 것을 좋아해요.
5) 술을 마시지 않는 사람이 누구예요?

10. 1) 제가 자주 가는 식당은 학생 식당입니다.
2) 제가 잘 만드는 음식은 ○○○입니다.
3) 제가 지금 읽는 책은 ○○○입니다.
4) 제가 아는 한국 노래는 ○○○입니다.

11. 1) 동생에게 줄 선물을 샀어요.
2) 저녁에 먹을 음식이 없어요.
3) 서울에 살 집이 있어요?
4) 제가 도울 일이 있어요?
5) 내일 오지 않을 사람이 누구예요?

12. 1) 제가 어머니께 드릴 선물은 ○○○입니다.
2) 제가 주말에 볼 영화는 ○○○입니다.
3) 제가 저녁에 만들 음식은 ○○○입니다.
4) 제가 10년 뒤에 살 곳은 ○○○입니다.

13. 1) 외국에 있는 동생이 보고 싶습니다.
2) 공부할 시간이 없습니다.
3) 어제 만난 사람이 누구예요?
4) 좋은 책을 읽으세요.
5) 영어를 배울 학생이 몇 명입니까?
6) 아침에 먹은 빵이 아주 맛있었습니다.
7) 이것은 어려운 문법입니다.
8) 김치를 좋아하는 외국인이 많습니까?

5과 길 묻기

01. 6번 출구로 나가서 왼쪽으로 가세요

▶ 어휘

1. 1) 왼쪽 2) 건너편 3) 횡단보도로
4) 지하도 5) 똑바로

▶ 문법

2. 1) 을지로로 2) 2층으로
3) 이쪽으로 4) 잠실로
5) 과일 가게 쪽으로

3. 1) 돌아가면 2) 올라가면
3) 나가서, 돌아가면 4) 내려가세요
5) 똑바로 가세요.

4. 1) 아래로 세 칸 내려가십시오. [공]
오른쪽으로 네 칸 가십시오. [항]
답: 공항
2) 왼쪽으로 두 칸 가십시오. [신]
위로 세 칸 올라가십시오. [호]
오른쪽으로 한 칸 가십시오. [등]
답: 신호등
3) 위로 두 칸 올라가십시오. [고]
오른쪽으로 한 칸 가십시오. [속]
아래로 다섯 칸 내려가십시오. [버]
왼쪽으로 세 칸 가십시오. [스]
답: 고속버스

5 1) ③ 똑바로 가서 왼쪽으로 돌아가세요.
2) ① 오렌지를 사서 주스를 만들까요?
3) ④ 일찍 일어나서 운동을 하겠습니다.
4) ⑥ 집에 들어가서 쉬세요.
5) ⑤ 불고기를 만들어서 먹읍시다.

6 1) ① 내려서
② 나오세요
③ 똑바로 가서
④ 돌아가면
2) ⑤ 와서
⑥ 만들어서
3) ⑦ 사서
⑧ 빌려서

7. 1) 입고 2) 들고 3) 타고
4) 앉아서 5) 서서 6) 내려서
7) 보고 8) 받아서 9) 끝나고
10) 먹고 11) 나가서 12) 사서

02. 지하철 2호선을 타야 돼요

▶ 어휘

1. 1) ③ 2) ① 3) ⑤ 4) ④

▶ 문법

2. 1) 에서, 까지 2) 에서, 까지
3) 에서, 에서 4) 까지
5) 까지

3. 1) 가: 신촌에서 명동까지 몇 분쯤 걸려요?
나: 신촌에서 명동까지 버스로 20 분쯤 걸려요
2) 가: 명동에서 잠실까지 얼마나 걸려요?
나: 명동에서 잠실까지 지하철로 30 분쯤 걸려요
3) 가: 서울에서 강릉까지 얼마나 걸려요?
나: 서울에서 강릉까지 고속버스로 세 시간 반쯤 걸려요
4) 가: 서울에서 부산까지 얼마나 걸려요?
나: 서울에서 부산까지 기차로 2시간 40분쯤 걸려요.
5) 가: 인천에서 상하이까지 얼마나 걸려요?
나: 인천에서 상하이까지 비행기로 두 시간쯤 걸려요.

4. 1) 외교관은 외국어를 잘해야 됩니다.
2) 가수는 노래를 잘해야 됩니다.
3) 유치원 선생님은 친절해야 됩니다.
4) 모델은 키가 커야 됩니다.
5) 기사는 길을 잘 알아야 됩니다.

5) 1) 핸드폰을 꺼야 됩니다.
2) 술을 그만 마셔야 됩니다.
3) 여권을 만들어야 됩니다.
4) 학생증이 있어야 됩니다.
5) 표를 예매해야 됩니다.

복습(1~5과)

>> 말하기

1. 제가 자주 가는 식당은 행복식당이에요.
한식집이에요.
행복식당은 신촌역 앞에 있어서 멀지 않아요.
가까워서 좋아요.

저는 이 식당에서 김치찌개가 맛있어요.
김치찌개는 좀 맵지만 맛있어서 자주 주문해요.
음식도 맛있고 직원들도 친절해서 이 식당을 좋아해요.

2. 제가 사고 싶은 물건은 모자예요.
저는 예쁜 모자가 없어서 사고 싶어요.
여름에 햇빛이 강해서 여름에 쓰면 좋을 거예요.
모자는 여러 곳에서 많이 팔지만 학교 근처 백화점에 예쁜 모자가 많아요.
저는 하얀색을 좋아해서 하얀색 모자를 사고 싶어요.

3. 여기에서 연세대학교까지 가고 싶으면 먼저 지하철 3호선을 타고 경복궁역에서 내려야 돼요.
그리고 1번 출구로 나가야 돼요.
1번 출구로 나와서 조금 걸으면 버스 정류장이 있어요.
이 버스 정류장에서 버스 171번이나 272번이나 606번을 타고 연세대학교 앞까지 가요.
연세대학교 앞 버스 정류장에서 내리면 연세대학교가 보일 거예요.

>> 쓰기

I 1. ④ 2.① 3. ③ 4. ②
II 5. ① 6. ② 7. ④ 8. ②
III 9. ① 10. ② 11. ② 12. ①
IV 13. ② 14. ② 15. ① 16. ①
V 17. ④ 18. ① 19. ③ 20. ③
VI -좋아하는 음식-
제가 좋아하는 음식은 떡볶입니다.
한국 친구가 떡볶이를 만들어 줬습니다.
떡볶이는 좀 맵지만 맛있습니다.
처음에는 매운 음식을 싫어해서 떡볶이를 먹지 않았습니다.
그렇지만 지금은 떡볶이를 아주 좋아합니다.
떡볶이를 만들어서 한국 친구와 같이 먹으면 아주 맛있습니다.
우리집에 친구들이 오면 떡볶이를 같이 먹겠습니다.

>> 읽기

I 1. ① 2. ② 3. ②

오늘 친구들이 우리 집에 밥을 먹으러 옵니다.
저와 친구들은 한식을 좋아합니다.
그래서 저는 한국 음식을 몇 가지 만들겠습니다.
반찬도 여러 가지 만들고 한국 차도 준비하겠습니다.
친구들은 모두 불고기를 좋아합니다.
저는 된장찌개를 아주 좋아합니다.
그래서 불고기와 된장찌개를 만들 것입니다.
친구들이 집에 오면 같이 먹겠습니다.
Today my friends are coming over to my house to eat.
My friends and I love Korean food.
So, I will make some Korean dishes.
I will also make various side dishes and prepare Korean tea.
All my friends like bulgogi.
I really like soybean paste stew.
So, I will make bulgogi and soybean paste stew.
When my friends come to my house, I want to eat together.

II 4. ④ 5. ④ 6. ③

저는 한식을 먹고 싶으면 친구와 같이 이 한식집에 자주 옵니다.
이 한식집은 아주 깨끗하고 조용합니다.
그리고 아주머니도 친절하십니다.
저와 제 친구는 김치찌개를 아주 좋아합니다.
그래서 여기에 오면 언제나 김치찌개를 먹습니다.
오늘도 우리는 김치찌개를 (㉠).
"여기요, 여기 김치찌개 이 인분 주세요."
김치찌개는 좀 맵지만 참 맛있습니다.
When I want to eat Korean food, I often come to this Korean restaurant with my friends.
This Korean restaurant is very clean and quiet.
The lady (owner) is also kind.
My friend and I love kimchi stew.
So, whenever I come here, I always eat kimchi stew.
Today, we are (㉠) kimchi stew again.
"Excuse me, please give us two servings of kimchi stew."
Kimchi stew is a bit spicy but very delicious.

III 7. ④ 8. ③ 9. ②

저는 오후에 꽃을 사러 꽃집에 갔습니다.
꽃집에는 여러 가지 예쁜 꽃들이 있었습니다.

빨간색 카네이션 꽃이 많았습니다.
사람들은 빨간색 카네이션 꽃을 많이 샀습니다.
저도 빨간색 카네이션 꽃을 두 (㉠) 샀습니다.
꽃은 한 (㉠)에 15,000원이었습니다.
꽃값이 조금 비쌌습니다.
주인 아주머니가 1,000원을 깎아 주셨습니다.
기분이 좋았습니다.
내일 부모님께 이 꽃을 드리겠습니다.
I went to the flower shop to buy flowers in the afternoon.
There were many pretty flowers at the flower shop.
There were a lot of red carnation flowers.
People bought a lot of red carnation flowers.
I also bought two (㉠) of red carnation flowers.
The flowers cost 15,000 won per (㉠).
The price of the flowers was a little expensive.
The owner gave me a 1,000 won discount.
I felt good.
Tomorrow, I will give these flowers to my parents.

Ⅳ 10. ② **11.** ④ **12.** ③

지난 주말에 옷을 사러 동대문 시장에 갔습니다.
동대문 시장에는 옷 가게가 많았습니다.
먼저 까만색 코트를 하나 샀습니다.
코트는 팔만 오천 원이었습니다.
조금 비쌌습니다.
그리고 모자를 파는 가게에도 갔습니다.
따뜻한 털모자와 장갑을 샀습니다.
모자는 만 원이고 장갑은 팔천 원이었습니다.
값이 비싸지 않았습니다.
날씨가 좀 추웠지만 기분은 좋았습니다.
I went to Dongdaemun Market to buy clothes last weekend.
There were many clothing stores in Dongdaemun Market.
First, I bought a black coat.
The coat was 85,000 won.
It was a little expensive.
I also went to a store that sold hats.
I bought a warm fur hat and a pair of gloves.
The hat was 10,000 won and the gloves were 8,000 won.
They were not expensive.
The weather was a little cold, but I felt good.

Ⅴ 13. ① **14.** ④ **15.** ③

오늘 리사 씨는 친구 줄리아 씨 집에 갔습니다.
3번 출구로 나왔습니다.
리사 씨는 횡단보도를 건넜습니다.
그리고 오른쪽으로 갔습니다.
거기에 시장이 있었습니다.
리사 씨는 시장에서 과일과 고기를 샀습니다.
줄리아 씨 집은 시장 근처에 있는 꽃집 3층에 있었습니다.
리사 씨는 줄리아 씨 집에서 같이 요리했습니다.
줄리아 씨 집에서 나와서 왼쪽으로 5분쯤 가면 영화관이 있습니다.
두 사람은 저녁을 먹고 영화관에 가서 영화를 봤습니다.
Today, Lisa went to her friend Julia's house.
She came out from Exit 3.
Lisa crossed the crosswalk.
Then she took a right.
There was a market there.
Lisa bought fruit and meat at the market.
Julia's house was on the 3rd floor of a flower shop near the market.
Lisa cooked with Julia at her house.
When you leave Julia's house and walk about 5 minutes to the left, there is a movie theater.
The two had dinner and went to the movie theater to watch a movie.

>> 듣기

Ⅰ 1. ④

오늘 같이 영화를 볼까요?
Shall we watch a movie together today?

2. ③

매운 음식을 먹고 싶어요.
I want to eat spicy food.

3. ③

이 예쁜 꽃을 어디에서 샀어요?
Where did you buy these pretty flowers?

4. ②

실례지만 여기에서 인천공항역까지 어떻게 가야 돼요?
Excuse me, but how do I get from here to Incheon Airport Station?

II **5.** ②

가: 여기요, 삼겹살 이 인분하고 냉면 한 그릇 주세요.
나: 네, 알겠습니다.
가: 그리고 물도 주세요.
나: 네, 조금만 기다려 주세요.
A: Excuse me, please give us two servings of pork belly and a bowl of naengmyeon.
B: Yes, sir.
A: And also bring us some water, please.
B: Yes, please wait a moment.

6. ②

가: 실례지만 길 좀 묻겠습니다.
신촌 백화점에 가고 싶은데요.
여기에서 몇 번 출구로 나가야 돼요?
나: 신촌역 4번 출구로 나가세요.
가: 4번 출구에서 백화점까지 오래 걸려요?
나: 아니요, 4번 출구로 나가서 왼쪽으로 가면 신촌 백화점이 보일 거예요.
A: Excuse me, I'd like to ask for directions. I want to go to the Shinchon Department Store. Which exit should I take from here?
B: Just take Exit 4 of Shinchon Station.
A: Does it take long to get from Exit 4 to the department store?
B: No, if you go out from Exit 4 and turn left, you'll see the Shinchon Department Store.

III **7.** ④ **8.** ③ **9.** ③

다니엘: 엠마 씨, 무슨 한국 음식을 좋아합니까?
엠마: 저는 삼계탕을 제일 좋아해요.
집에서도 자주 먹어요.
다니엘: 삼계탕은 맛이 어떻습니까?
엠마: 삼계탕은 맵지 않고 맛있어요.
다니엘: 그래요? 외국 사람들도 좋아해요?
엠마: 네, 삼계탕은 한국 사람들도 좋아하고 외국 사람들도 좋아해요.
Daniel: Emma, what kind of Korean food do you like?
Emma: I like samgyetang the most. I eat it often at home.
Daniel: How does samgyetang taste?
Emma: Samgyetang is not spicy and is delicious.
Daniel: Really? Do foreigners like it too?
Emma: Yes, samgyetang is loved by Korean and foreigners alike.

IV **10.** ③ **11.** ④ **12.** ④

제임스: 리사 씨, 어제 친구하고 어디에 갔어요?
리사: 친구와 같이 동대문 시장에 갔어요.
가족에게 줄 크리스마스 선물을 사고 싶었어요.
제임스: 그래요? 동대문 시장은 어때요?
리사: 동대문 시장에는 여러 가지 가게가 아주 많아요.
제임스: 어느 가게에서 선물을 샀어요?
리사: 먼저 옷가게에서 남동생에게 줄 바지를 샀어요.
그리고 언니에게 줄 예쁜 티셔츠도 샀어요.
제임스: 다른 가게에도 갔어요?
리사: 네, 인형 가게에서 어머니께 드릴 한복을 입은 인형을 샀어요. 그리고 넥타이 가게에서 아버지께 드릴 넥타이도 샀어요.
James: Lisa, where did you go with your friend yesterday?
Lisa: We went to Dongdaemun Market. I wanted to buy Christmas presents for my family.
James: Really? What is Dongdaemun Market like?
Lisa: There are many different shops in Dongdaemun Market.
James: Which store did you buy the gifts from?
Lisa: First, I bought pants for my younger brother at a clothing store. And I also bought a pretty t-shirt for my older sister.
James: Did you go to other stores too?
Lisa: Yes, I bought a doll wearing a hanbok to give to my mother at a doll shop. And I also bought a tie for my father at a tie store.

V **13.** ③ **14.** ③ **15.** ②

종업원: 뭘 드릴까요?
제임스: 이 식당에 비빔밥하고 불고기가 있습니까?
종업원: 네, 비빔밥은 없지만 불고기는 있습니다.
제임스: 불고기는 맵지 않습니까? 맛이 어떻습니까?
종업원: 맵지 않고 맛있습니다. 외국 손님들이 좋아하십니다.
제임스: 그럼 저는 불고기를 주문하겠습니다. 리사 씨는 뭘 드실래요?
리사: 저는 김치찌개를 먹고 싶습니다.
제임스: 김치찌개는 맵지 않아요?
리사: 좀 맵지만 맛있어요.

종업원: 그럼 불고기 일 인분하고 김치찌개 하나 드릴까요?
리사: 네, 그리고 콜라도 두 병 주세요.
Waiter: What can I get for you?
James: Do you have bibimbap and bulgogi in this restaurant?
Waiter: Yes, we don't have bibimbap, but we have bulgogi.
James: Is the bulgogi spicy? How does it taste?
Waiter: It's not spicy and very delicious. Foreign customers love it.
James: Okay, then I'll order bulgogi. What about you, Lisa?
Lisa: I want to have kimchi stew.
James: Isn't kimchi stew spicy?
Lisa: It's a little spicy, but it's delicious.
Waiter: Then shall I get you one serving of bulgogi and one kimchi stew?
Lisa: Yes, and two bottles of cola as well please.

6과 교통

01. 사람이 많으니까 조심하세요

▶ 어휘

1. 1) 비행기 - 공항
   2) 지하철 - 역
   3) 시내버스 - 정류장
   4) 고속버스 - 터미널
2. 1) 타러 / 공항
   2) 역 / 갈아타세요.
   3) 정류장은 / 내리실

▶ 문법

3. 1) 목이 마르니까 콜라를 마실까요?
   2) 날씨가 좋으니까 밖에 나갑시다.
   3) 오늘은 바쁘니까 내일 만납시다.
   4) 방이 더러우니까 청소하십시오.
   5) 지하철 역이 머니까 택시를 탈까요?
4. 1) 날씨가 더우니까
   2) 머니까
   3) 배가 고프니까
   4) 한식이 맛있으니까 불고기를 먹어요.
   5) 백화점에서 세일을 하니까 백화점에 가요.

5) 1) O 2) O
   3) X, 재미없으니까
   4) O 5) X, 비가 오니까

6 1) 술을 많이 마시지 마세요. / 많이 마시지 맙시다.
   2) 수업 시간에 떠들지 마세요. / 수업 시간에 떠들지 맙시다.
   3) 교실에서 영어로 말하지 마세요. / 교실에서 영어로 말하지 맙시다.
   4) 수업 시간에 전화하지 마세요. / 수업 시간에 전화하지 맙시다.

7. 1) 텔레비전을 보지 맙시다.
   2) 이야기하지 마세요.
   3) 밖에 나가지 맙시다.
   4) 음식을 만들지 마세요.
   5) 집에 가세요.

02. 여기에서 10분밖에 안 걸려요

▶ 어휘

1. 1) 신호등을 2) 우회전
   3) 직진 4) 좌회전 / 세워
   5) 출발하니까
2. 1) 5 2) 4 3) 1 4) 2

▶ 문법

3.

	-습니다/ㅂ니다	-어요/아요/여요	-었어요/았어요/였어요	-어서/아서/여서	-으니까/니까
고르다	고릅니다	골라요	골랐어요	골라서	고르니까
다르다	다릅니다	달라요	달랐어요	달라서	다르니까
모르다	모릅니다	몰라요	몰랐어요	몰라서	모르니까
빠르다	빠릅니다	빨라요	빨랐어요	빨라서	빠르니까
부르다	부릅니다	불러요	불렀어요	불러서	부르니까
자르다	자릅니다	잘라요	잘랐어요	잘라서	자르니까

4. 1) 골랐어요? 2) 몰라서
   3) 빨라요. 4) 부를까요?

5) 잘라

5. 1) 두 시간이나요?
   2) 네 명이나요?
   3) 어제 백화점에서 백만 원을 썼어요.
   4) 저는 일주일에 책을 열 권 읽어요.
   5) 우리 집에 강아지가 다섯 마리 있어요.
6. 1) 삼 인분이나 먹었어요.
   2) 삼십만 원이나 썼어요.
   3) 소주를 네 병이나 마셨어요.
   4) 열 벌이나 샀어요.
   5) 다섯 명이나 안 왔어요.
7. 1) 친구는 소고기밖에 안 먹어요.
   2) 민지 씨는 가수 제이 노래밖에 안 불러요.
   3) 케빈 씨는 하루에 20분밖에 공부를 안 해요.
   4) 그 사람의 이름밖에 몰라요.
8. 1) 세 명밖에 없어요.
   2) 두 달밖에 안 배웠어요.
   3) 조금밖에 못 하세요.
   4) 동생밖에 없어요.
   5) 전화밖에 안 해요.

7과 전화번호

01. 이따가 전화할게요

▶ 어휘

1. 1) 시외 전화 2) 국가 번호
   3) 지역 번호 4) 휴대 전화
2. 1) 공삼이 칠사구의 오일공삼
   2) 공육사 칠이공의 팔공공공
   3) 일일구

▶ 문법

3. 1) 먼저 갈게요.
   2) 다음에 다시 올게요.
   3) 이번엔 제가 살게요.
   4) 거짓말하지 않을게요.
   5) 수업에 늦지 않을게요.
4. 1) 제가 읽을게요.
   2) 다음 주까지 써서 낼게요.
   3) 우산을 빌려 드릴게요.
   4) 우산을 꼭 돌려 드릴게요
5. 1) 두 번만 드세요.
   2) 전화만 드려요.
   3) 이 인분만 시킵시다.
   4) 510번 버스만 가요.
   5) 한국어로만 말해요.

02. 바로 전데요

▶ 어휘

1. 1) ② 2) ① 3) ③ 4) ④ 5) ⑤
2. 1) 껐어요. 2) 남겼어요
   3) 가고 4) 울렸어요?

▶ 문법

3. 1) 교통이 복잡하기 때문에
   2) 어제 늦게 일어났기 때문에
   3) 내일은 주말이기 때문에
   4) 맵지 않기 때문에
   5) 열심히 공부했기 때문에 시험에서 좋은 점수를 받았어요.
4. 생략
5. 1) 내일은 바쁜데요
   2) 어제 못 잤는데요.
   3) 오늘 날씨가 좋은데요.
   4) 이건 맵지 않은데요.
   5) 숙제는 내일 할 건데요.
6. 1) 좀 바쁜데요.
   2) 할 일이 많은데요.
   3) 다 했는데요.
   4) 전화했는데요.

8과 통화

01. 다니엘 씨 생일이라서 전화했어요

▶ 어휘

1. 1) 우리가 내일 1시에 만나기로 약속을 했지요?
   2) 약속 시간을 좀 바꾸고 싶은데요.
   3) 약속 장소는 한국약국 앞이지요?
   4) 이번에는 꼭 약속을 지킬게요.

▶ 문법

2. 1) 바쁘지만 친구의 일이라서 도와줬어요.
   2) 오늘은 일요일이라서 늦게 일어났습니다.

3) 내일부터 방학이라서 고향에 다녀올 거예요.
4) 지금 사는 곳이 기숙사라서 학교에 가는 게 편해요.
5) 고향 친구는 한국이 처음이라서 제가 한국 생활을 도와줄 거예요.

3. 1) 친구 생일이라서
2) 토요일이라서
3) 시험이라서
4) 맵지 않은 음식이라서
5) 백화점 세일이라서

4. 1) 갈비를 먹고 나서 냉면을 드세요.
2) 영화를 보고 나서 노래방에 갑시다.
3) 숙제를 하고 나서 드라마를 볼 거예요.
4) 점심을 먹고 나서 커피를 마시러 가요.
5) 서준 씨가 전화를 받고 나서 친구를 만나러 갔어요.

5. 1) 수업을 듣고　2) 밥을 먹고
3) 숙제를 하고　4) 운동하고
5) 공부하고

02. 지금 전화를 받지 못해요

▶ 어휘

1. 1) 통화 중이신데요.
2) 전화 받으세요.
3) 전화 끊지 말고 기다리세요.
4) 바꿔 주세요.

2. 1) 한글을 읽지 못해요.
2) 저는 술을 잘 마시지 못해요.
3) 요즘 텔레비전을 보지 못해요.
4) 어제 친구를 만나지 못했어요.
5) 아직 음식을 다 만들지 못했어요.

3. 1) 커피를 마시지 못해요.
2) 매운 음식을 먹지 못해요.
3) 수영을 하지 못해요.
4) 스페인어를 하지 못해요.

4. 1) 선물을 많이 사지 못했어요.
/ 선물을 많이 사지 못했어요?
/ 물건 값이 너무 비싸서 선물을 많이 사지 못했어요.
2) 영화를 보지 못했어요.
/ 영화를 보지 못했어요?
/ 예매를 못해서 영화를 보지 못했어요.
3) 가지 못해요. / 가지 못해요?
/ 다른 약속이 있어서 가지 못해요.
4) 자주 전화를 하지 못해요.
/ 자주 전화를 하지 못해요?
/ 요즘 바빠서 부모님께 자주 전화를 하지 못해요.

5. 1) 짜게　2) 깨끗하게　3) 늦게
4) 크게　5) 재미있게

6. 1) 크게　2) 깨끗하게　3) 시끄럽게
4) 재미있게　5) 바쁘게

9과 날씨

01. 곧 비가 오겠어요

▶ 어휘

1. 1) 네, 바람이 불어요.
2) 네, 눈이 와요.
3) 안개가 꼈어요.
4) 구름이 꼈어요.
5) 비가 와요.

▶ 문법

2. 1) ⑥　2) ③　3) ⑤　4) ①　5) ④

3. 1) 비가 오겠습니다.
2) 시험을 잘 봤겠습니다.
3) 바쁘겠습니다.
4) 쇼핑을 많이 했겠습니다.
5) 재미있겠습니다.

4. 1) 여기 경치가 참 아름답네요.
2) 저 가수는 춤도 잘 추네요.
3) 기분이 정말 좋으시겠네요.
4) 매운 음식을 잘 드시네요.
5) 식사를 일찍 하셨네요.

5) 1) 좋네요.
2) 곧 비가 오겠네요.
3) 귀엽네요.
4) 가깝네요.
5) 피곤하겠네요.

02. 오늘보다 따뜻할 거예요

▶ 어휘

1. 1) ②　2) ①　3) ③　4) ④

▶ **문법**

2. 1) 작아요.
2) 서울이 강릉보다 사람이 많아요.
3) 서울보다 강릉에 산이 많아요.
4) 서울이 강릉보다 더워요
5) 음식값이 싸요

3. 생략

4. 1) ③ 2) ⑤ 3) ④ 4) ① 5) ⑥

5. 1) 맥주를 마시면서 치킨을 먹으면 좋아요.
2) 영화 자막을 보면서 따라하세요.
3) 껌을 씹으면서 말하지 마세요.
4) 졸면서 운전하지 마세요.
5) 스크립트를 보면서 발표를 하지 마세요.

10과 계절

01. 저는 스키를 탈 수 있는 겨울이 좋아요

▶ **어휘**

1. 1) 가을 2) 겨울 3) 수영

2. 1) 이번에 나온 영화가 재미있는데 같이 보러 가는 게 어때요?
2) 저는 어제 파티에 못 갔는데 민지 씨는 파티에 갔어요?
3) 내일 도서관에 갈 건데 같이 갈래요?
4) 오늘 제임스 씨 생일인데 생일 선물을 샀어요?
5) 이거 제가 만든 음식인데 같이 드실래요?

3. 1) 운동을 해요?
2) 지금 좀 추운데
3) 맵지 않은데 / 좀 매워요.
4) 방이 넓은데 / 방이 넓지 않아요.
5) 어렵지 않은데 / 좀 어려워요.

4. 1) 지금 민호 씨는 일을 하는데 진수 씨는 일을 하지 않아요.
2) 갈비는 비싼데 떡볶이는 싸요. / 갈비는 1인분이 28,000원인데 떡볶이는 1인분이 5,000원이에요.
3) 형은 공부하는데 동생은 게임을 해요.
4) 1년 전에는 학교 근처에 커피숍이 많이 없었는데 지금은 커피숍이 많아요.

5. 생략

6. 1) 같이 점심을 먹을 수 없어요?
2) 다른 점심 약속이 있어서 같이 점심을 먹을 수 없어요.
3) 만날 수 없어요.
4) 내일 만날 수 없어요?
5) 내일은 회사에서 회의가 있어서 만날 수 없어요.
6) 파티에 갈 수 없어요.
7) 파티에 올 수 없어요?
8) 주말에 부모님이 서울에 오셔서 같이 병원에 가야 돼요.

02. 이번 여름에는 수영을 한번 배워 보세요

▶ **어휘**

1. 1) 해수욕장 2) 독서 3) 눈사람
4) 피서 5) 캠핑 6) 단풍 구경

2. 1) 자전거를 타고 있어요.
2) 커피를 마시고 있어요.
3) 김밥을 먹고 있어요.
4) 자고 있어요.
5) 음악을 듣고 계세요.

3. 1) 쓰고 있는
2) 가르치고 계세요.
3) 쓰고 있는
4) 쉬고 계세요.
5) 듣고 있는
6) 배우고 있어요.

4. 1) 서핑을 해
2) 바다 낚시를 해
3) 흑돼지를 먹어 보지 못했어요.
4) 말을 타 보지 못했어요.
5) 녹차 박물관에 가 봤어요.

5. 생략

복습(6~10과)

>> 말하기

1. 저는 버스를 자주 타요. 보통 버스를 타고 학교에 가요.
홍대입구역에서 버스를 타면 학교 근처의 신촌역까지 7분밖에 안 걸려요. 걸어가는 것보다 편하고 빨리 갈 수 있어서 버스를 자주 타요. 버스가 빠르지만 가끔 길이 복잡하면 시간이 더 오래 걸릴 수 있어서 불편해요.

2. 오늘 서울에 비가 많이 와요.
어제는 비가 오지 않았지만 아주 더웠어요.
고향도 지금 날씨가 덥지만 한국보다 덥지 않아요.
고향에서 날씨가 좋으면 바다에서 서핑을 할 수 있어요.
하지만 날씨가 나쁘면 보통 집에서 영화를 봤어요.

3. 제가 좋아하는 계절은 봄이에요.
봄 날씨는 따뜻하고 맑은 날이 많아요.
다른 계절도 아름답지만 봄에는 예쁜 꽃을 많이 볼 수 있어서 봄을 제일 좋아해요.
그래서 저는 봄에 가족들이나 친구들과 같이 꽃구경을 가요.
고향의 봄 날씨도 한국 날씨와 비슷해요.
따뜻하고 춥지 않아요.

>> 쓰기

Ⅰ 1. ④ 2. ② 3. ① 4. ②
Ⅱ 5. ④ 6. ① 7. ① 8. ②
Ⅲ 9. ② 10. ④ 11. ② 12. ①
Ⅳ 13. ② 14. ② 15. ① 16. ②
Ⅴ 17. ③ 18. ② 19. ③ 20. ①
Ⅵ -친구와 한 약속-
이번 주말에 친구와 영화를 보고 싶어서 어제 친구에게 전화했습니다. 처음에는 친구가 수업을 듣는 시간이라서 전화를 받을 수 없었습니다. 친구는 수업이 끝나고 나서 저에게 전화를 해 줬습니다. 약속 시간은 이번 주 토요일 오후 두 시입니다. 약속 장소는 신촌역 4번 출구 앞입니다. 영화를 보는 날이 주말이라서 미리 표를 예매했습니다. 친구와 같이 영화를 보면서 팝콘도 먹겠습니다. 주말이 기대가 됩니다.

>> 읽기

Ⅰ 1. ② 2. ④ 3. ①

저는 수업이 끝나고 신문사에 갑니다.
보통 버스나 지하철을 타고 갑니다.
학교 앞에서 버스 정류장이나 지하철역까지는 조금 멉니다.
오늘은 시간이 없어서 학교 앞에서 택시를 불렀습니다.
기사 아저씨가 여러 가지 이야기를 하셨습니다.
아저씨가 아주 친절하셨습니다.
"어디에 세워 드릴까요?"
"신문사 앞은 복잡하니까 저기 횡단보도 앞에 세워 주세요."
저는 횡단보도 앞에서 내려서 신문사까지 걸어서 갔습니다.
택시로 10분밖에 안 걸렸습니다.
그렇지만 택시요금은 8,000원이나 나왔습니다.
요금은 조금 비쌌지만 편했습니다.
After class, I go to the newspaper office.
I usually go by bus or subway.
It's a bit far from the school to the bus stop or subway station.
I didn't have time today, so I called a taxi in front of the school.
The driver talked about many things.
He was very kind.
"Where shall I drop you off?"
"The area in front of the newspaper office is crowded, so please stop in front of the crosswalk over there."
I got off at the crosswalk and walked to the newspaper office.
It only took 10 minutes by taxi.
However, the taxi fare was 8,000 won.
The fare was a bit expensive, but it was convenient.

Ⅱ 4. ④ 5. ① 6. ②

스티븐 씨는 월요일에 미영 씨에게 전화를 걸었습니다.
"토요일 저녁에 시간이 있어요? 같이 연극도 보고 저녁도 먹을까요?
인기 있는 연극이라서 같이 보고 싶었어요."
"네, 낮에는 일이 있지만 저녁에는 괜찮아요."
"좋아요, 그럼 그날 7시에 만나요."
두 사람은 약속을 했습니다.
그런데 스티븐 씨는 토요일 오후에 다시 미영 씨에게 전화를 걸었습니다.
"미영 씨, 여기 김포공항이에요. 급한 일이 생겨서 지금 부산에 갑니다. 정말 미안해요. 내일 저녁에 시간이 있어요? 일을 하고 나서 만납시다."
"글쎄요, 내일 다시 전화하세요."
미영 씨 목소리가 좋지 않았습니다.
'미영 씨가 아플까?', '미영 씨가 화가 났을까?'
스티븐 씨는 걱정을 했습니다.

Steven called Miyoung on Monday.
"Are you free on Saturday evening? Shall we watch a play and have dinner?
I wanted to watch it together because it is a popular play."
"Sure, I have work during the day, but I'm free in the evening."
"Okay, then let's meet at 7 that day."
The two made an appointment.
However, Steven called Miyoung again on Saturday afternoon.
"Miyoung, I'm at Gimpo Airport. Something urgent came up, so I'm going to Busan now. I'm so sorry. Are you free tomorrow evening?" Let's meet after work."
"I'm not sure, call me back tomorrow."
Miyoung didn't sound well.
'Is Miyoung sick?', 'Is Miyoung angry?'
Steven was worried.

III 7. ② **8.** ① **9.** ②

미국에서 온 케빈 씨는 요즘 한국어를 배웁니다.
이제는 한국말을 좀 합니다.
그러나 전화가 오면 겁이 납니다.
듣기도 어렵고 말하기도 잘 하지 못합니다.
지난주 토요일에 케빈 씨는 하숙집에 혼자 있었습니다.
"따르릉, 따르릉"
케빈 씨는 겁이 났지만 전화를 받았습니다.
"거기 중국집이지요?"
"네? 여보세요? 몇 번에 거셨어요?"
"거기 중국집 아니에요?"
"전화 잘못 (㉠)."
"아, 죄송합니다."
"아니요, 괜찮습니다."
케빈 씨가 크게 대답했습니다.
전화를 끊고 나서 케빈 씨는 한국어로 전화를 잘 받아서 기뻤습니다.
Kevin from the United States is learning Korean these days.
He can speak some Korean now.
But when the phone calls, he gets scared.
Listening is difficult and speaking skill is not good.
Last Saturday, Kevin was alone at the boarding house.
"Ring-ring, ring-ring."
Kevin was scared, but he answered the phone.
"Is this the Chinese restaurant?"
"Yes? Hello? What number did you dial?"
"This isn't the Chinese restaurant?"
"You (㉠) the wrong number."
"Oh, I'm sorry."
"No, it's okay."
Kevin answered loudly.
After hanging up the phone, Kevin was glad he answered the phone well.

IV 10. ① **11.** ③ **12.** ③

이번 여름은 정말 더웠습니다.
우리 가족은 속초로 가족 여행을 갔습니다.
여행을 가는 날 아침에 서울에는 바람도 불고 구름도 많이 꼈습니다.
"비가 오면 어떻게 해요?" 하고 모두들 걱정을 했습니다.
"오랜만에 가는 여행인데……."
속초까지는 자동차로 세 시간쯤 걸렸습니다.
속초에는 비가 내리지 않았습니다.
서울보다 날씨가 좋았습니다.
바다와 하늘이 모두 파랗고 깨끗했습니다.
우리 가족은 3박 4일 동안 재미있게 지냈습니다.
날씨가 좋아서 바다에서 수영도 하고 배도 탔습니다.
여행을 하면서 가족들과 이야기도 많이 하고 사진도 많이 찍었습니다.
This summer was extremely hot.
Our family went on a trip to Sokcho.
On the morning of our trip, Seoul was windy and very cloudy.
"What if it rains?" Everyone was worried.
"It's been a long time since we went on a trip together..."
It took about 3 hours by car to get to Sokcho.
There was no rain in Sokcho.
The weather was nicer in Sokcho than in Seoul.
Both the sea and sky were blue and clear.
Our family had a great time for 3 nights and 4 days.
The weather was nice, so we swam in the sea and went on boat rides.
While traveling I talked a lot and took many pictures.

V 13. ③ **14.** ③ **15.** ④

오늘은 날씨가 아주 맑았습니다.
리사 씨와 요코 씨는 오전에 한강공원에 갔습니다.
공원은 아주 컸습니다.
월요일이었지만 사람이 많았습니다.

산책을 하는 사람들도 있고 자전거를 타는 사람들도 있었습니다.
두 사람은 자전거를 빌려서 탔습니다.
리사 씨는 자전거를 타는 것이 어려웠습니다.
요코 씨는 아주 잘 탔습니다.
저녁에는 날씨가 좀 쌀쌀했습니다.
두 사람은 저녁 7시가 되어서 집에 돌아왔습니다.
The weather was very clear today.
Lisa and Yoko went to Hangang Park in the morning.
The park was very big.
Even though it was Monday, there were many people.
Some were taking a stroll, while others were riding bicycles.
The two rented bicycles and rode them.
Lisa had difficulty riding her bike.
Yoko rode very well.
The weather became a bit chilly in the evening.
They returned home around 7 PM.

>> 듣기

I 1. ①

학교에서 집까지 버스로 두 시간 걸려요.
It takes two hours by bus from school to home.

2. ②

케이크를 왜 샀어요?
Why did you buy the cake?

3. ②

여보세요? 리사 씨 집이지요?
Hello? Is this Lisa's house?

4. ②

제임스 씨는 지금 뭘 해요?
What is James doing now?

II 5. ③

가: 리사 씨, 오늘 저녁에 우리 약속이 있지요?
나: 네, 선희 씨. 무슨 일이 있어요?
가: 회사에 급한 일이 생겨서 오늘 약속을 지키지 못하겠어요.
나: 그래요? 알겠어요. 다음에 다시 연락해요.
A: Lisa, we have plans for dinner tonight, right?
B: Yes, Sunhee. What's going on?
A: Something urgent came up at work, so I won't be able to keep our appointment tonight.
B: Really? Okay, I understand. Let's catch up next time.

6. ①

가: 오늘 공원에서 산책하는 사람들이 많네요.
나: 봄에 날씨가 따뜻해서 산책하는 사람들이 많아요.
가: 수지 씨는 봄에 보통 무엇을 해요?
나: 저는 봄에 보통 등산이나 꽃구경을 해요.
A: There are many people taking a walk in the park today.
B: There are many people taking walks because the weather is warm in spring.
A: What do you usually do in spring, Susie?
B: I usually go hiking or go flower-viewing in spring.

III 7. ④ **8.** ④ **9.** ②

가: 주말에 뭘 하실 거예요?
나: 날씨가 따뜻해서 가족들과 같이 여행을 갈 거예요.
가: 어디에 갈 거예요?
나: 강릉에 갈 거예요.
가: 강릉은 어떤 곳이에요?
나: 강릉은 바다도 볼 수 있고 산이 있어서 등산도 할 수 있어요. 요즘 꽃이 많이 피어서 산이 더 아름다울 거예요.
가: 수영도 하실 거예요?
나: 아니요, 날씨는 따뜻하지만 바다에서 수영을 하면 좀 추울 거예요. 가족들과 배를 타고 바다를 구경할 거예요.
A: What are you going to do this weekend?
B: The weather is warm, so I'm going on a trip with my family.
A: Where will you go?
B: We're going to go to Gangneung.
A: What kind of place is Gangneung?
B: In Gangneung, you can see the sea, and there are mountains so you can go hiking. There are a lot of flowers blooming these days, so the mountains will be even more beautiful.

A: Will you go swimming too?
B: No, the weather is warm but swimming in the sea will be a little cold. I'm going to go on a boat with my family and see the sea.

Ⅳ 10. ② 11. ④ 12. ②

하숙집 주인: 여보세요?
서준: 여보세요? 신촌 하숙집입니까?
하숙집 주인: 네, 그렇습니다. 누굴 찾으세요?
서준: 실례지만 수영 씨 좀 바꿔 주세요.
하숙집 주인: 수영 씨 지금 안 계신데요. 오늘 집에 늦게 올 거예요.
서준: 그럼 리사 씨 계십니까?
하숙집 주인: 리사 씨는 지금 친구와 통화 중이라서 전화를 받지 못하는데요.
서준: 그럼 다른 사람은 누가 있어요?
하숙집 주인: 제임스 씨하고 민지 씨가 있어요.
서준: 그럼 제임스 씨 좀 바꿔 주세요.
하숙집 주인: 네, 잠시만 기다리세요.
Boarding house owner: Hello?
Seojun: Hello? Is this the Shinchon Boarding House?
Boarding house owner: Yes, it is. Who are you looking for?
Seojun: Excuse me, may I talk to Sooyoung?
Boarding house owner: Sooyoung is not here right now. He will come home late today.
Seojun: Then is Lisa there?
Boarding house owner: Lisa cannot talk because she is currently on the phone with a friend.
Seojun: Then who else is there?
Boarding house owner: James and Minji.
Seojun: Then can I speak to James?
Boarding house owner: Yes, just wait a moment.

Ⅴ 13. ③ 14. ② 15. ①

남자: 여보세요.
리사: 여보세요. 거기 332-7650번 아니에요?
남자: 아닙니다. 잘못 거셨습니다. 여기는 331-7650번입니다.
리사: 죄송합니다.

('띠띠띠' 다시 전화 거는 소리)

선희: 여보세요.
리사: 실례지만, 거기 김선희 씨 집이지요?
선희: 네, 맞는데요. 누구세요?
리사: 선희 씨, 저 리사예요. 오늘 저녁에 시간이 있어요?
선희: 오늘 저녁에는 수지 씨하고 동대문 시장에 갈 거예요.
리사: 그래요? 내일 저녁은 어때요? 같이 영화 보러 가요.
선희: 네, 좋아요. 그럼 내일 6시에 신촌 지하철역 4번 출구에서 만나요.
리사: 알겠어요. 그럼 내일 봐요.
Man: Hello?
Lisa: Hello. Is this 332-7650?
Man: No, you've got the wrong number. This is 331-7650.
Lisa: I'm sorry.

('tititi' sound of dialing again)

Sunhee: Hello.
Lisa: Excuse me, is this Sunhee's house?
Sunhee: Yes, it is. Who is this?
Lisa: Sunhee, this is Lisa. Are you free this evening?
Sunhee: Susie and I will go to Dongdaemun Market this evening.
Lisa: Really? How about tomorrow evening? Let's go see a movie together.
Sunhee: Sure, sounds good. Let's meet at 6 PM tomorrow at Exit 4 of Shinchon subway station.
Lisa: Okay. See you tomorrow then.

영문 번역

Unit 1

Section1. I go to the student cafeteria often

리사: 엠마 씨, 수업이 끝났지요?
Lisa: Emma, class is over, right?
엠마: 네, 이제부터 점심시간입니다.
Emma: Yes, it's lunchtime now.
리사: 엠마 씨는 밥을 먹으러 보통 어디에 갑니까?
Lisa: Where do you usually go for lunch?
엠마: 학생 식당에 자주 갑니다.
Emma: I go to the student cafeteria.
리사: 혼자 가요?
Lisa: Do you go to eat alone?
엠마: 아니요, 친구하고 가요.
Emma: No, I go with friends.

문법

1. -습니다/ㅂ니다, -습니까/ㅂ니까?

· Meaning and Usage

'-습니다/ㅂ니다' is added to an action verb and a descriptive verb to explain the subject's action or condition. '-습니까/ㅂ니까?' is used when questioning a situation. It is used in a formal situation and when speaking politely to another person.

· Form

'-습니다', '-습니까?' are added when the stem ends in a consonant.
'-ㅂ니다', '-ㅂ니까?' are added when the stem ends in a vowel.

Action verb and descriptive verb stem ending	Combine with	Example
Consonant	-습니다, -습니까?	덥습니다, 많습니까?
Vowel	-ㅂ니다, -ㅂ니까?	큽니다, 잡니까?

· Example

저는 엠마입니다.
I'm Emma.
존 씨가 지금 잡니다.
John is sleeping now.
학교가 정말 큽니다.
The school is really big.
날씨가 얼마나 춥습니까?
How cold is the weather?
가: 날씨가 어떻습니까?
A: How's the weather?
나: 덥습니다.
B: It's hot.

가: 언제 고향에 돌아갈 겁니까??
A: When will you return to your hometown?
나: 다음 달에 다시 고향에 돌아갈 겁니다.
B: I will return to my hometown again next month.

2. -지요?

· Meaning and Usage

This is added to an action verb or a descriptive verb in order to confirm an already-known state. It is an interrogative sentence ending that seeks agreement.

· Example

엠마 씨지요?
You're Emma, aren't you?
오늘이 금요일이지요?
Today is Friday, isn't it?
존 씨가 농구를 좋아하지요?
John likes basketball, doesn't he?
어제 먹은 삼계탕이 맛있었지요?
The samgyetang from yesterday was delicious, wasn't it?

가: 장미가 예쁘지요?
A: The rose is pretty, isn't it?
나: 네, 아주 예뻐요.
B: Yes, it's very pretty.

가: 저 사람이 엠마 씨지요?
A: That person is Emma, isn't it?
나: 네, 맞아요.
B: Yes, that's right.

▶읽어 봅시다

엠마 씨와 저는 한식을 좋아합니다.
학교 앞 한식집에 자주 갑니다.
그 한식집에 가면 불고기, 김치찌개, 된장찌개, 비빔밥이 있습니다. 김치찌개하고 비빔밥은 조금 맵습니다.
된장찌개는 안 맵습니다.
엠마 씨는 고기를 좋아합니다. 그래서 불고기를 자주 먹습니다.
저는 채소를 좋아합니다. 저는 비빔밥을 자주 먹습니다.
Emma and I love Korean food.

We often go to the Korean restaurant in front of the school.
The Korean restaurant has bulgogi, kimchi stew, soy bean paste stew, bibimbap. The kimchi stew and bibimbap are a bit spicy. However, the bean paste stew is not spicy.
Emma loves meat. So, she eats bulgogi often.
I like vegetables. I eat bibimbap often.

▶들어 봅시다

[1-2]

1. 점심시간이지요?
It's lunchtime, right?

2. 가: 무슨 음식이 맛있습니까?
나: 불고기가 맛있습니다.
A: What food is delicious?
B: Bulgogi is delicious.

[3-4]

저는 학생식당이 좋습니다. 학생식당은 학교에 있습니다. 음식이 맛있고 값도 쌉니다.
그리고 메뉴가 많습니다.
김치찌개, 된장찌개, 불고기, 샌드위치, 라면이 있습니다.
가끔 스파게티도 나옵니다.
그래서 사람이 항상 많습니다.
I like the student cafeteria. The student cafeteria is located at the school. The food is delicious and cheap.
There are also many menu items.
There is kimchi stew, soybean paste stew, bulgogi, sandwiches, and ramen.
Sometimes, they also serve spaghetti.
That's why there are always a lot of people.

[5-6]

선희: 마이클 씨, 배가 고프지요? 우리 오늘 점심은 어디에서 먹어요?
마이클: 학교 근처 한식집이 좋습니다.
깨끗하고 조용합니다.
선희 씨는 어떻습니까?
선희: 저는 정문 앞 중국집을 좋아합니다.
제임스 씨는 어디가 좋습니까?
제임스: 저는 학생 식당에서 자주 먹습니다.
음식이 맛있고 아주 가깝습니다.
선희: 그래요? 그렇지만 정문 앞 중국집은 메뉴가 많습니다.
마이클: 그럼 우리 오늘 중국집에서 먹을까요?
선희 씨, 값이 어떻습니까?
선희: 비싸지 않습니다.
제임스: 좋습니다. 중국집에 가요.
Sunhee: Michael, your are hungry, right? where are we having lunch today?
Michael: I like the Korean restaurant near the school. It's clean and quiet. How about you, Sunhee?
Sunhee: I like the Chinese restaurant in front of the main gate. Where do you like to go, James?
James: I often eat at the student cafeteria. The food is delicious and it's very close.
Sunhee: Really? But the Chinese restaurant in front of the main gate has a lot of menu items.
Michael: Then shall we eat at a Chinese restaurant today? How's the price, Sunhee?
Sunhee: It's not expensive.
James: Great. Let's go to the Chinese restaurant.

▶해 봅시다

<보기>
우리 학교 앞에 멕시코 식당이 하나 있습니다. 식당이 작지만 손님이 항상 많습니다. 맛집입니다.
저도 멕시코 음식을 좋아합니다. 고향에서 멕시코 음식을 자주 먹었습니다.
한국에서도 친구들하고 자주 여기에서 점심을 먹습니다.
점심을 먹고 우리는 후식을 먹으러 학교 도서관 위 커피숍에 자주 갑니다. 거기도 커피 맛집입니다. 거기에 가면 저는 따뜻한 아메리카노를 마십니다.
<Example>
There is a Mexican restaurant in front of our school. Although the restaurant is small, there are always many customers. It is a great restaurant.
I like Mexican food, too. I ate Mexican food often in my hometown.
I often have lunch here with my friends in Korea.
After lunch, we often go to the coffee shop above the school library for dessert. There is also the most famous coffee shop. When I go there I drink americano.

Unit 1

Section2. It is not spicy and a little sweet

리사: 무슨 음식을 좋아합니까?
Lisa: What kind of food do you like?
엠마: 저는 불고기를 좋아합니다.
Emma: I like bulgogi.
리사: 불고기는 맛이 어떻습니까?
Lisa: What does bulgogi taste like?
엠마: 아주 맛있습니다.
Emma: It tastes very good.
리사: 맵지 않습니까?
Lisa: Isn't it spicy?
엠마: 네, 맵지 않고 조금 답니다. 외국인들도 잘 먹습니다.
Emma: No, it's not spicy. It's a little sweet.
Foreigners also enjoy it.

문법

1. -지 않다

· Meaning and Usage

This is added to an action verb and a descriptive verb to make negative sentences. The short form '안 ~' is also used in front of an action verb and a descriptive verb.

· Example

저는 바쁘지 않습니다.
I am not busy.
동생이 학교에 가지 않습니다.
My brother does not go to school.
존 씨는 친구가 많지 않습니다.
John does not have many friends.
무엇을 하고 싶지 않습니까?
What don't you want to do?

가: 날씨가 춥습니까?
A: Is the weather cold?
나: 아니요, 춥지 않습니다.
B: No, it is not cold.

가: 누가 생선을 먹지 않습니까?
A: Who doesn't eat fish?
나: 엠마 씨가 생선을 먹지 않습니다.
B: Emma doesn't eat fish.

2. ㄹ 동사

· Meaning and Usage

For action verbs and descriptive verbs with stems that end with 'ㄹ', the batchim 'ㄹ' is omitted when the verbs are followed by 'ㄴ', 'ㅂ', 'ㅅ'.
For example, '살다' becomes '사는데, 삽니다, and 사십시오'.
These are called 'ㄹ' verbs, which include action verbs like '놀다, 만들다, 살다, 알다, 열다', and the descriptive verbs '길다, 달다, 멀다'.

· Example

선희 씨는 서울에서 삽니다.
Sunhee lives in Seoul.
음식이 조금 답니다.
The food is a little sweet.
저는 삼계탕을 자주 만듭니다.
I cook samgyetang often.
수영 씨 전화번호를 압니까?
Do you know Sooyoung's phone number?

가: 이 음식이 답니까?
A: Is this food sweet?
나: 아니요, 달지 않습니다. 맵습니다.
B: No, it is not sweet. It's spicy.

가: 방 안이 너무 더워요.
A: This room is too hot.
나: 그럼 창문을 여세요.
B: Then open the window.

▶읽어 봅시다

차림표

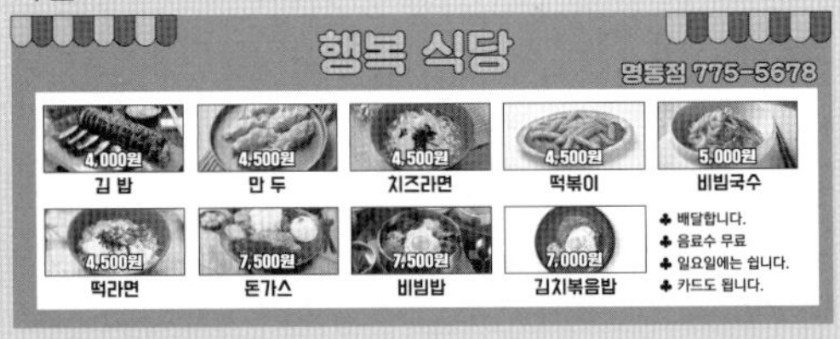

Menu

▶들어 봅시다

1.

1) 불고기가 조금 답니다.
The bulgogi is a bit sweet.
2) 떡볶이가 달고 조금 맵습니다.
The tteokbokki is sweet and a little spicy.
3) 오렌지가 조금 십니다.
The orange is a little sour.
4) 삼계탕은 국물이 맵지 않고 몸에 좋습니다.
The samgyetang soup is not spicy and is good for your health.

[2-3]

남자: 불고기 맛이 어떻습니까?
여자: 맛있어요. 그런데 좀 싱거워요.
남자: 그렇습니까? 간장이 여기 있습니다.
여자: 네, 고맙습니다.
남자: 어? 고추가 정말 맵습니다.
여자: 그래요? 김치는 괜찮아요. 맵지 않습니다. 그런데 좀 십니다. 식혜는 어때요?
남자: 시원하고 답니다. 아주 맛있어요.
Man: How does the bulgogi taste?
Woman: It's delicious, but it's a bit bland.
Man: Is that so? Here is the soy sauce.
Woman: Yes, thank you.
Man: Huh? The chili peppers are really spicy.
Woman: Really? The kimchi is okay. It's not spicy, but it's a bit sour. How is the sikhye?
Man: It's refreshing and sweet. Very delicious.

[4-5]

저는 한국 음식을 좋아합니다.
6월에는 간장게장이 참 맛있습니다.
저는 학교 앞 간장게장집에 자주 갑니다.
값이 조금 비싸지만 주인 아주머니가 친절하십니다.
서비스로 반찬도 많이 주십니다.
간장게장하고 밥을 잘 섞습니다.
간장게장 밥은 많이 짜지 않고 맛있습니다.
I like Korean food.
Soy-marinated crab is really delicious in June.
I often go to the soy-marinated crab restaurant in front of my school.
It's a little expensive, but the owner is friendly.
They also serve a lot of side dishes as a complimentary service.
I mix the soy-marinated crab and rice well.
The soy-marinated crab rice is not very salty, but delicious.

▶해 봅시다

[시작]
한식을 좋아합니까?
네, 좋아합니다. → 1번, 2번으로
아니요, 좋아하지 않습니다. → 3번, 4번, 5번으로
1번 : 무슨 음식을 좋아합니까? → 2번 그 음식은 맛이 어떻습니까?
3번: 왜 좋아하지 않습니까? → 4) 그럼 무슨 음식을 좋아합니까? -? 그 음식은 무슨 맛입니까?
[Start]
Do you like Korean food?
Yes, I do like it. → Go to numbers 1 and 2
No, I don't like it. → Go to numbers 3, 4, and 5
Number 1: What food do you like?
→ Number 2: What does that food taste like?
Number 3: Why don't you like it?
→ Number 4: Then what food do you like?
→ Number 5: What does that food taste like?

Unit 2

Section1. I will eat bulgogi

리사: 이 식당은 무슨 음식이 맛있어요?
Lisa: What kind of food is good in this restaurant?
엠마: 불고기가 아주 맛있어요.
Emma: The bulgogi is delicious.
리사: 냉면은 어때요? 저는 냉면을 먹고 싶어요.
Lisa: How about naengmyeon? I want to eat naengmyeon.
엠마: 냉면도 맛있어요.
Emma: Naengmyeon is good, too.
리사: 그럼 저는 냉면을 먹겠습니다.
Lisa: Then I'll have naengmyeon.
엠마: 저는 불고기를 먹겠습니다.
Emma: I'll have bulgogi.

문법

1. -겠-[1]

· Meaning and Usage

This is added to an action verb to express what the speaker is going to do, the speaker's intention, or asking for the listener's intention.

· Example

제가 내일 전화하겠습니다.
I will call you tomorrow.

저는 이번 방학에 여행을 가겠어요.
I will go on a trip this vacation.
무엇을 먹겠습니까?
What will you eat?
무슨 음식을 만들겠어요?
What will you cook?

가: 이 일을 내일까지 하세요.
A: Do this work by tomorrow.
나: 네, 내일까지 하겠습니다.
B: Yes, I'll do it by tomorrow.

가: 누가 여기에 앉겠습니까?
A: Who will sit here?
나: 제가 앉겠습니다.
B: I'll sit there.

· Note
This should only be used with an action verb.

2. -고 싶다

· Meaning and Usage
This is added to an action verb to express a desire to do something.

· Example
저는 쉬고 싶어요.
I want to take a rest.
저는 책을 읽고 싶습니다.
I want to read a book.
수지 씨, 영화를 보고 싶어요?
Susie, do you want to watch a movie?
제임스 씨, 어디에 가고 싶습니까?
James, where do you want to go?

가: 엠마 씨, 한국에서 일하고 싶어요?
A: Emma, do you want to work in Korea?
나: 네, 저는 한국에서 일하고 싶어요.
B: Yes, I want to work in Korea.

가: 다니엘 씨, 무엇을 마시고 싶습니까?
A: Daniel, what do you want to drink?
나: 저는 커피를 마시고 싶습니다.
B: I want to drink coffee.

· Note
This can be used with an action verb but not with a descriptive verb. In the first person, '-고 싶다' is used, but in the third person, '-고 싶어 하다' is used.

▶읽어 봅시다

오늘 친구들이 우리 집에 밥을 먹으러 옵니다.
저와 친구들은 한식을 좋아합니다.
그래서 저는 한국 음식을 몇 가지 만들겠습니다.
반찬도 여러 가지 만들고 한국 차도 준비하고 싶습니다.
친구들은 모두 불고기를 좋아합니다.
저는 된장찌개를 아주 좋아합니다.
그래서 불고기와 된장찌개를 만들 것입니다.
친구들이 집에 오면 같이 먹겠습니다.
My classmates are coming to my home today to have a meal.
I and my friends like Korean food.
So, I will make some Korean foods.
I will also make a variety of side dishes and prepare Korean tea, too.
All my friends like bulgogi.
I really like soybean paste stew.
Therefore I will make bulgogi and soybean paste stew.
I will eat with my friends when they come to my home.

▶들어 봅시다

[1-2]
1. 숙제를 내일까지 하세요.
Please submit your homework by tomorrow.

2. 고향에 가면 무엇을 하고 싶어요?
What do you want to do when you go to your hometown?

[3-4]
다니엘: 엠마 씨, 무슨 한국 음식을 좋아합니까?
엠마: 저는 삼계탕을 제일 좋아해요. 집에서도 자주 먹어요.
다니엘: 삼계탕은 맛이 어떻습니까?
엠마: 삼계탕은 맵지 않고 맛있어요.
다니엘: 그래요? 외국 사람들도 좋아해요?
엠마: 네, 삼계탕은 한국 사람들도 좋아하고 외국 사람들도 좋아해요.
Daniel: Emma, what kind of Korean food do you like?
Emma: I like samgyetang the most.
Daniel: How does samgyetang taste?
Emma: Samgyetang is not spicy and is delicious.
Daniel: Really? Do foreigners like it too?
Emma: Yes, samgyetang is loved by Korean and foreigners alike.

[5-6]
제임스: 리사 씨, 지금 무엇을 해요?
리사: 불고기를 만들어요. 저는 불고기를 제일 좋아해요.
제임스: 한국 요리를 잘해요? 저는 요리가 어려워요.
리사: 인터넷에서 요리 방법을 보면 어렵지 않아요.
제임스: 그래요? 저는 지금까지 불고기를 안 먹었어요. 불고기 맛은 어때요?
리사: 불고기는 좀 달고 맵지 않아요.
제임스: 저도 리사 씨와 같이 불고기를 만들고 싶어요.
리사: 좋아요. 제임스 씨도 불고기를 잘 만들 거예요. 지금 같이 만들어요.
James: Lisa, what are you doing now?
Lisa: I am making bulgogi. I like bulgogi the most.
James: Are you good at cooking Korean food? It is difficult for me to cook.
Lisa: It's not difficult if you look at cooking instructions on the internet.
James: Is that so? I haven't had bulgogi before. How does bulgogi taste?
Lisa: Bulgogi is a bit sweet and not spicy.
James: I also want to make bulgogi with you, Lisa.
Lisa: Sure. You'll be good at making bulgogi, James. Let's make it together.

▶해 봅시다

1.
[보기]
친구 이름: 다니엘
- 케이크를 먹고 싶어 합니다.
- 노래를 하고 싶어 합니다.
- 꽃을 선물하고 싶어 합니다.
[Example]
Friend's name: Daniel
He wants to eat cake.
He wants to sing.
He wants to give flowers as a gift.

2.
[보기]
저는 케이크를 만들겠습니다.
저는 음악을 준비하겠습니다.
저는 꽃을 사겠습니다.
[Example]
I will bake a cake.
I will prepare the music.
I will buy flowers.

3.
[보기]
엠마: 내일 수지 씨 생일 파티를 할 거예요.
다니엘: 그래요? 저도 생일 파티에 가고 싶어요.
엠마: 다니엘 씨는 파티에서 무엇을 하고 싶으세요?
다니엘: 저는 케이크를 먹고 싶어요.
엠마: 저는 케이크를 잘 만듭니다. 제가 케이크를 만들겠습니다.
다니엘: 저는 파티에서 노래도 하고 싶어요.
엠마: 그럼 다니엘 씨가 음악을 준비하겠습니까?
다니엘: 네, 그렇게 하겠습니다. 그리고 수지 씨가 꽃을 선물 받고 싶어 해요. 그래서 꽃을 선물하고 싶어요. 학교 근처에 꽃집이 있어요?
엠마: 우리 집 근처에 꽃집이 있어요. 제가 꽃을 사겠습니다. 선물은 같이 사러 가겠습니까?
다니엘: 네, 내일 제가 엠마 씨 집 근처에 가겠습니다.
[Example]
Emma: We're having Susie's birthday party tomorrow.
Daniel: Really? I want to go to the birthday party too.
Emma: What do you want to do at the party, Daniel?
Daniel: I want to eat cake.
Emma: I'm good at baking cakes. I will make the cake.
Daniel: I also want to sing at the party.
Emma: Then will you prepare the music Daniel?
Daniel: Yes, I will do that. Also, Susie wants to receive flowers as a gift, so I want to give her flowers. Is there a flower shop near the school?
Emma: There is a flower shop near my house. I will buy the flowers. Will you prepare the gifts together?
Daniel: Yes, tomorrow I will go near your house, Emma.

Unit 2

Section2. What would you like to eat?

엠마: 여기요.
Emma: Excuse me.
종업원: 네, 뭘 드시겠습니까?
Worker: Yes, what would you like to order?

리사: 저는 불고기 일 인분 주세요. 엠마 씨도 불고기를 먹을래요?
Lisa: I'd like one bulgogi, please. Emma, do you want bulgogi too?
엠마: 아니요, 저는 비빔밥을 먹겠습니다.
Emma: No, I'll have bibimbap.
종업원: 그럼 불고기 일 인분하고 비빔밥 하나 주문하시겠습니까?
Worker: Then would you like to order one bulgogi and one bibimbap?
리사: 네. 그리고 여기 물도 주세요.
Lisa: Yes. and some water please.

문법

1. -으시/시-

· Meaning and Usage

This is a suffix attached to a verb stem. It is used to express respect for the subject of the sentence.

· Form

'-으시-' is added when the verb stem ends in a consonant. '-시-' is added when the verb stem ends in a vowel or ㄹ.

Action verb and descriptive verb stem ending	Combine with	Example
Consonant	-으시-	읽으셨어요, 주문하시겠어요
Vowel, ㄹ	-시-	가시면, 만드세요

· Example

무슨 영화를 보셨어요?
Which movie did you see?
내일 회사에 가시겠습니까?
Will you go to the office tomorrow?
회사에 오시면 연락해 주세요.
Please contact me when you come to the company.
무슨 음식을 주문하시겠습니까?
What food would you like to order?

가: 어느 나라에서 오셨어요?
A: Which country are you from?
나: 저는 프랑스에서 왔어요.
B: I'm from France.

가: 민지 씨는 어디에 있어요?
A: Where is Minji?
나: 사무실에 가시면 민지 씨가 있을 거예요.
B: If you go to the office, Minji will be there.

2. -을래요/ㄹ래요?

· Meaning and Usage

This is used with an action verb when the speaker is asking another person for his or her opinion.

· Form

'-ㄹ래요?' is used when the action verb stem ends with a vowel or 'ㄹ' and '-을래요?' is used when it ends with a consonant.

Action verb stem ending	Combine with	Example
Consonant	-을래요?	앉을래요?, 읽을래요?
Vowel, ㄹ	-ㄹ래요?	올래요?, 만들래요?

· Example

뭘 드실래요?
What do you want to eat?
이 노래를 들어볼래요?
Do you want to listen to this song?
숙제가 어려운데 좀 도와줄래요?
The homework is a bit difficult. Could you help me?
방학 때 같이 한국 요리를 배울래요?
Do you want to learn how to cook Korean food with me during vacation?

가: 무슨 차를 마실래요?
A: What kind of tea do you want to drink?
나: 저는 녹차를 마시겠어요.
B: I'll drink green tea.

가: 지금 도서관에 가는데 같이 가실래요?
A: I'm going to the library now. Would you like to come with me?
나: 아니요, 저는 못 가요.
B: No, I can't go to the library.

· Note

This is usually used in verbal speech with people who are close to you.

▶읽어 봅시다

저는 한식을 먹고 싶으면 친구와 같이 이 한식집에 자주 옵니다.
이 한식집은 아주 깨끗하고 조용합니다.

그리고 아주머니도 친절하십니다.
저와 제 친구는 김치찌개를 아주 좋아합니다.
그래서 여기에 오면 언제나 김치찌개를 먹습니다.
오늘도 우리는 김치찌개를 시킵니다.
"여기요, 여기 김치찌개 이 인분 주세요."
김치찌개는 좀 맵습니다. 하지만 참 맛있습니다.
I often come to this Korean restaurant with my friends when I want to eat Korean food.
This Korean restaurant is very clean and quiet.
The lady (owner) is also kind.
My friend and I love kimchi stew.
Therefore whenever we come here, we eat Kimchi Stew.
Today, we are ordering kimchi stew again.
"Excuse me, please give us two servings of Kimchi stew."
The kimchi stew is a bit spicy. But it is very delicious.

▶들어 봅시다

[1-2]

1. 아버지께서 아침에 무엇을 하셨습니까?
What did you do this morning, father?

2. 배가 고파요. 과자나 빵이 있어요?
I'm hungry. Do you have any cookies or bread?

[3-4]

리사: 저는 김밥을 먹고 싶어요. 서준 씨는요?
서준: 저는 떡볶이를 먹고 싶어요.
리사: 떡볶이는 맛이 어때요?
서준: 좀 맵지만 맛있어요. 리사 씨도 같이 먹을래요?
리사: 네, 저도 떡볶이를 먹고 싶어요.
서준: 그럼 김밥 한 줄, 떡볶이 이 인분을 주문하겠습니다. 음료수도 마실래요?
리사: 네, 사이다도 같이 마시고 싶어요.
서준: 알겠어요. 여기요, 김밥 한 줄, 떡볶이 이 인분 주세요. 사이다도 한 병 주세요.
Lisa: I want to eat kimbap. What about you, Seojun?
Seojun: I want to eat tteokbokki.
Lisa: How does tteokbokki taste?
Seojun: It's a little spicy but delicious. Would you like to eat it with me, Lisa?
Lisa: Yes, I want to eat tteokbokki too.
Seojun: Then I'll order one serving of kimbap and two servings of tteokbokki. Would you like a drink too?
Lisa: Yes, I would like to drink cider.
Seojun: Okay. Excuse me, one serving of kimbap and two servings of tteokbokki, please. We'd also like a bottle of cider.

[5-6]

[대화1]
엠마: 뭘 드시겠습니까?
수영: 저는 냉면을 먹고 싶습니다.
엠마: 냉면은 맵지 않습니까?
수영: 물냉면은 맵지 않습니다. 엠마 씨는 뭘 드시겠습니까?
엠마: 그럼 저도 물냉면을 먹겠습니다.
수영: 네, 여기요. 여기 물냉면 두 그릇이요.
[Conversation 1]
Emma: What would you like to eat?
Sooyoung: I want to eat cold noodles.
Emma: Isn't naengmyeon spicy?
Sooyoung: Mulnaengmyeon (cold noodles with chilled broth) is not spicy. What would you like to eat, Emma?
Emma: Then I'll also have mulnaengmyeon.
Sooyoung: Okay. Excuse me, two bowls of mulnaengmyeon, please.

[대화2]
다니엘: 무슨 음식을 먹을래요?
선희: 피자도 먹고 싶고 스파게티도 먹고 싶어요.
다니엘: 저도 피자를 좋아합니다. 그럼 불고기 피자 하나하고 스파게티 하나 시킬래요?
선희: 그래요, 여기요. 여기 불고기 피자 한 판하고 스파게티 하나 주세요.
[Conversation 2]
Daniel: What food do you want to eat?
Sunhee: I want to eat pizza and spaghetti.
Daniel: I like pizza too. Then, would you like to order a bulgogi pizza and one serving of spaghetti?
Sunhee: Sure. Excuse me, one bulgogi pizza and one spaghetti, please.

[대화3]
수지: 뭘 드시겠습니까?
제임스: 저는 삼겹살을 먹고 싶습니다. 콜라도 마시고 싶어요.
수지: 그럼 저도 삼겹살을 먹겠습니다.
제임스: 그럼 여기 삼겹살 삼 인분 주세요.
[Conversation 3]
Susie: What would you like to eat?

James: I want to eat pork belly. I also want to drink cola.
Susie: Then I'll eat pork belly too.
James: Excuse me, three servings of pork belly please.

▶해 봅시다

3.
[보기]
서준: 제임스 씨, 저는 갈비를 먹고 싶어요. 제임스 씨도 갈비를 먹을래요?
제임스: 좋아요. 저도 갈비를 좋아해요. 그리고 냉면도 먹고 싶어요.
서준: 음료수는 무엇을 마실래요? 저는 사이다를 마실 거예요.
제임스: 저도 사이다를 마시겠습니다.
제임스: 여기요.
종업원: 네, 뭘 드시겠습니까?
제임스: 갈비 이 인분하고 냉면 한 그릇 주세요.
종업원: 네, 갈비 이 인분하고 냉면 한 그릇이요.
제임스: 그리고 사이다 두 잔도 주세요.
종업원: 네, 알겠습니다.
[Example]
Seojun: James, I want to eat ribs. Would you like to eat ribs too?
James: Sure. I like ribs too. I also want to eat naengmyeon.
Seojun: What would you like to drink? I'm going to drink cider.
James: I'll have cider too.
James: Excuse me.
Worker: Yes, what would you like to eat?
James: Two servings of ribs and a bowl of naengmyeon, please.
Worker: Yes, two servings of ribs and a bowl of naengmyeon.
James: And two glasses of cider, please.
Worker: Yes, sir.

Unit 3

Section1. Shall we go buy a gift?

엠마: 리사 씨의 생일 선물을 사러 갈까요?
Emma: Shall we go to buy a birthday present for Lisa?
다니엘: 그럽시다. 뭘 살까요?
Daniel: Yes, let's do that. What shall we buy?
엠마: 장미꽃과 케이크를 삽시다.
Emma: Let's buy some roses and a cake.
다니엘: 학교 앞에 꽃 가게가 있지요?
Daniel: There is a flower shop in front of the school, right?
엠마: 네, 꽃 가게가 있지만 그 가게 꽃은 좀 비싸요.
Emma: Well, there is a flower shop, but the flowers in that shop are a bit expensive.
다니엘: 그럼 꽃은 리사 씨 집 근처에서 삽시다.
Daniel: Then let's buy flowers near Lisa's house.

문법

1.1 -을까요/ㄹ까요?

· Meaning and Usage

This is added to an action verb when suggesting to do something together or asking for an opinion.

· Form

'-을까요?' is used when the action verb stem ends in a consonant.
'-ㄹ까요?' is used when the action verb stem ends in a vowel or 'ㄹ'.

Action verb stem ending	Combine with	Example
Consonant	-을까요?	먹을까요?, 앉을까요?
Vowel, ㄹ	-ㄹ까요?	갈까요?, 만들까요?

· Example

커피를 마실까요?
Should we drink coffee?
같이 점심을 먹을까요?
Shall we have lunch together?
우리 어디에 갈까요?
Where shall we go?
무슨 영화를 볼까요?
What movie shall we watch?

가: 배가 고픕니다. 같이 식당에 갈까요?
A: I am hungry. Shall we go to the restaurant together?
나: 좋아요 같이 가요.
B: Sure, let's go together.

가: 우리 여기에 앉을까요?
A: Should we sit here?
나: 네, 좋습니다.

B: Yes, sounds good.

· Note

This should only be used with an action verb.
With descriptive verbs, this shows an assumption of the speaker.

가: 제임스 씨가 요즘 많이 바쁠까요?
A: Is James very busy these days?
나: 네, 아마 아주 바쁠 거예요.
B; Yes, he will probably be very busy.

1.2 -읍시다/ㅂ시다

· Meaning and Usage

This is added to an action verb to suggest doing something together to the listener, or to express consent to another person's suggestion. It is an expression used in a formal situation.

· Form

'-읍시다' is used when the action verb stem ends in a consonant.
'-ㅂ시다' is used when the action verb stem ends in a vowel or 'ㄹ'.

Action verb stem ending	Combine with	Example
Consonant	-읍시다	읽읍시다, 앉읍시다
Vowel, ㄹ	-ㅂ시다	쉽시다, 만듭시다

· Example

택시를 탑시다.
Let's take a taxi.
다섯 시에 만납시다.
Let's meet at five o'clock.
같이 저녁을 먹읍시다.
Let's have dinner together.
날마다 거기에 갑시다.
Let's not go to that restaurant.

가: 우리 같이 공부할까요?
A: Shall we study together?
나: 네, 같이 공부합시다.
B: Yes, let's study together.

가: 맥주를 마실까요?
A: Shall we drink beer?
나: 글쎄요, 도서관에 가서 공부합시다.
B: Well, let's go to the library and study.

· Note

This should only be used with an action verb.
The negative form is '-지 맙시다'. It cannot be said to one's elder or superior.

2. -지만

· Meaning and Usage

This is added to an action verb or a descriptive verb in order to link the second clause that contrasts with the first clause.

· Example

집이 예쁘지만 너무 좁아요.
The house is pretty but small.
한국말 공부가 어렵지만 재미있어요.
Studying Korean is hard but fun.
가방을 사고 싶지만 돈이 없어요.
I want to buy a bag but don't have money.
저는 김밥은 좋아하지만 냉면은 좋아하지 않아요.
I like kimbap but don't like nangmyeon.

가: 방이 깨끗합니까?
A: Is the room clean?
나: 네, 방이 깨끗하지만 좀 작습니다.
B: Yes, the room is clean but small.

가: 갈비가 어떻습니까?
A: How is the rib?
나: 맛있지만 비쌉니다.
B: It is delicious but expensive.

▶읽어 봅시다

내일 남자 친구 생일 파티를 합니다.
생일은 다음 주이지만 생일 파티는 내일 할 것입니다.
그래서 오늘 생일 선물을 사러 가겠습니다.
그리고 내일 생일 선물을 주겠습니다.
저는 책 읽기를 좋아하지 않지만 남자 친구를 음악 감상과 책 읽기를 좋아합니다.
저는 소설책과 엘피판을 남자 친구에게 주고 싶습니다.
학교 근처 선물 가게에서 엘피판을 사겠습니다.
그 가게는 물건도 많고 값도 비싸지 않습니다.
선물 가게 옆에 서점이 있습니다.
저는 서점에서 소설책도 한 권 사겠습니다.
There is my boyfriend's birthday party tomorrow.
My boyfriend's birthday is next week, but we will have his birthday party tomorrow.
Therefore I'm going to buy a birthday present today.

And tomorrow, I will give him the birthday present.
I don't like to read books but my boyfriend likes listening to music and reading books.
I want to give him a novel and an LP record.
I will buy an LP record from a store near my school.
That store has a lot of products and the prices are not expensive.
There is a bookstore next to that store.
I will also buy a novel from the bookstore.

▶들어 봅시다

[1-2]

1. 어디에 갈까요?
Where shall we go?

2. 무슨 꽃을 살까요?
What flowers should we buy?

[3-4]

가: 제임스 씨, 어디에 갑니까?
나: 엠마 씨 생일 선물을 사러 갑니다.
가: 생일이 며칠이에요?
나: 10월 1일 토요일입니다.
가: 어, 그래요? 저도 선물을 사러 같이 갈까요?
나: 좋아요. 그럽시다.
A: James, where are you going?
B: I'm going to buy Emma's birthday present.
A: What day is her birthday?
B: It's Saturday, October 1st.
A: Oh, really? Shall I go buy a gift with you?
B: Sure. Let's do that.

[5-7]

제임스: 엠마 씨, 뭘 먹을까요?
엠마: 글쎄요, 저는 과일하고 빵을 좋아해요. 제임스 씨는요?
제임스: 저도 그래요. 과일하고 빵을 삽시다. 어디에서 살까요?
엠마: 집 근처 백화점에서 삽시다.
제임스: 거기는 좀 비쌉니다.
엠마: 비싸지만 질이 좋습니다.
제임스: 학교 앞 과일 가게는 과일 종류가 많습니다.
엠미: 값은 어떻습니까?
제임스: 값도 싸고 양도 많습니다. 아주머니도 좋으십니다.
엠마: 그래요? 그럼 거기에 갑시다.

James: Emma, what should we eat?
Emma: Well, I like fruit and bread. What about you, James?
James: Me too. Let's buy fruit and bread. Where shall we buy them?
Emma: Let's buy them at the department store near the house.
James: It's a bit expensive there.
Emma: It is expensive but the quality is good.
James: The fruit store in front of the school has many kinds of fruit.
Emma: How is the price?
James: It's cheap and the quantity is plentiful. The lady is nice too.
Emma: Really? Then let's go there.

▶해 봅시다

2.

[보기]
저는 강남역 근처 문구점에 자주 갑니다.
집에서 멀지만 귀여운 디자인의 물건이 많고 값도 비싸지 않습니다.
지난주에는 그 문구점에서 가위와 연필 세트를 샀습니다.
제가 좋아하는 캐릭터 그림이 있었습니다. 세트는 조금 비쌌지만 샀습니다.
날마다 필통에 넣고 다닙니다.
[Example]
I often go to the stationery store near Gangman station.
There is far from my house but there are many items with cute designs and they are not expensive.
Last week, I bought a pair of scissors and a set of pencils at that stationery store.
There was a picture of my favorite character.
The set was little expensive but I bought it.
I carry it in my pencil case every day.

Unit 3

Section2. Is there anything bigger?

엠마: 초콜릿 케이크 있어요?
Emma: Do you have chocolate cake?
점원: 네, 여기 있습니다.
Worker: Yes, they are over here.

엠마: 좀 큰 건 없어요?
Emma: Is there a large one?
점원: 이 딸기 생크림 케이크는 어때요?
Worker: What about this strawberry fresh cream cake?
엠마: 좋지만 좀 작아요. 다른 건 없어요?
Emma: That's nice but a bit small. Do you have anything else?
점원: 그럼 이 치즈 케이크를 사세요. 우리 빵집에서 인기 있는 대표 메뉴예요.
Worker: Then, take this cheese cake. It's our famous signature menu.

문법

1. -은/ㄴ[1]

· Meaning and Usage

This is added to a descriptive verb in order to modify the noun that follows it.

· Form

'-은' is added when the stem ends in a consonant.
'-ㄴ' is added when the stem ends in a vowel or 'ㄹ'.

Descriptive Verb Stem ending	Combine with	Example
Consonant	-은	좋은, 작은
Vowel, ㄹ	-ㄴ	큰, 긴

· Example

윤아 씨가 예쁜 꽃을 샀어요.
Yuna bought a pretty flower.
이 가게에 싸고 좋은 물건이 많아요.
This store has many cheap and good items.
가벼운 신발이 있어요?
Do you have a pair of light shoes?
재미있는 영화를 보고 싶어요.
I want to watch a fun movie.

가: 이 예쁜 아이가 누구예요?
A: Who is this lovely kid?
나: 제 동생이에요.
B: She/He is my younger sister/brother.

가: 어떤 가방을 살 거예요?
A: What kind of bag are you going to buy?
나: 큰 주머니가 있는 가방을 살 거예요.
B: I am going to buy a small bag that has a big pocket.

· Note

For '있다' and '없다', '-는' is added.

2. ㅎ 동사

· Meaning and Usage

Among the descriptive verb stems ending with 'ㅎ', the 'ㅎ' is dropped when the word ending begins with '으' or 'ㄴ'. With word endings beginning with ' 어/아/여/야', the 'ㅎ' is dropped and the verb stem is combined with '어/아' to become '애/얘'. These words are called 'ㅎ verbs' and include words like '노랗다', '파랗다', '빨갛다', '까맣다', '하얗다', '이렇다', '저렇다', '그렇다', '어떻다'.

· Example

아이의 눈이 까매서 아주 예뻐요.
The child's eyes are so beautiful because they are dark.
그 사람은 어땠어요?
How was that person?
그런 곳에는 가지 않는 게 좋아요.
It's a good idea not to go to those places.
하얀 눈사람을 만들었어요.
We built a white snowman.

가: 저 노란 원피스가 어때요??
A: How about that yellow one-piece dress?
나: 글쎄요, 색깔이 너무 노래요.
B: Well, the color is too yellow.

가: 바다가 참 파래요.
A: The ocean is so blue.
나: 네, 파란 하늘이 참 아름다워요.
B: Yes, the blue sky is so beautiful.

· Note

The verb '좋다' is not a 'ㅎ verb' so there is no change in the form.

▶읽어 봅시다

저는 수업이 끝나고 선물을 사러 갔습니다.
"저, 외국 사람에게 인기 있는 한국 노래 엘피판 좀 보여 주세요."
"이게 어때요? 요즘 인기 있는 노래도 있어요."
그 앨범에는 쉬운 노래가 많았습니다.
저는 그 엘피판을 샀습니다.
그리고 가게 옆에 있는 서점에도 갔습니다.
서점에는 사람이 많았습니다.
여기저기 사고 싶은 책도 많았습니다.

저는 쉽고 재미있는 소설책을 한 권 샀습니다.
After class, I went to buy a gift.
"Excuse me, please show me LP records with Korean songs that are popular among foreigners."
"How about this? It also has songs that are popular these days."
There were a lot of easy songs on that album.
I bought that LP record.
I also went to the bookstore next to the store.
There were a lot of people in the bookstore.
There were also many books that I wanted to buy here and there.
I bought an easy and interesting novel.

▶들어 봅시다

[1-2]

1. 어떤 선물을 살까요?
   What gift should I buy?

2. 가: 어떤 가방을 샀어요?
   나: 작고 주머니가 많은 노란색 가방을 샀어요. 어때요? 예쁘지요?
   A: What bag did you buy?
   B: I bought a small yellow bag with many pockets. How is it? Isn't it pretty?

[3-5]

주인: 어서 오십시오.
손님: 가방 좀 보여 주세요.
주인: 이건 어때요? 요즘 잘 나가요. 작지만 튼튼하고 예쁩니다.
손님: 글쎄요. 그건 작아요.
좀 큰 건 없어요? 저는 큰 가방을 사고 싶어요.
주인: 죄송합니다. 큰 가방은 없습니다.
손님: 그럼 다음에 다시 오겠습니다.
주인: 네, 다음에 또 오십시오.
Shopkeeper: Welcome.
Customer: Please show me some bags.
Shopkeeper: How about this one? This is very popular these days. It's small, but sturdy and pretty.
Female: Well, it's small. Is there anything a little bigger?
I want to buy a big bag.
Shopkeeper: Sorry, there are no big bags.
Female: Then I'll come back next time.
Shopkeeper: Yes, please come again.

[6-8]

저는 보통 이태원에서 쇼핑합니다.
이태원은 우리집에서 가깝습니다.
그래서 옷을 사러 자주 이태원에 갑니다.
어제도 가을 옷을 사러 이태원에 갔습니다.
이태원에 있는 가게에는 큰 옷이 많습니다.
옷 사이즈도 다양하고 디자인도 다양합니다.
비싸지 않고 질이 좋은 옷이 많습니다. 그래서 저는 이태원을 좋아합니다.
이태원은 쇼핑하기가 좋습니다.
I usually shop in Itaewon.
Itaewon is close to my house.
So, I often go to Itaewon to buy clothes.
Yesterday, I went to Itaewon to buy autumn clothes.
The stores in Itaewon have a lot of large clothes.
There are clothes with various sizes and designs.
There are many inexpensive and good quality clothes. That's why I like Itaewon.
Itaewon is great for shopping.

▶해 봅시다

2.

[보기]
가: 어떤 옷을 사고 싶어요?
나: 값이 싸고 예쁜 티셔츠를 사고 싶어요.
티셔츠가 제일 편해요. 날마다 티셔츠를 입어요.
그래서 다양한 색깔의 티셔츠를 많이 사고 싶어요.
[Example]
A: What kind of clothes do you want to buy?
B: I want to buy a cheap and pretty t-shirt.
T-shirts are the most comfortable. I wear it everyday. So I want to buy a lot of t-shirts in various colors.

Unit 4

Section1. Show me some roses

다니엘: 장미꽃 좀 보여 주세요.
Daniel: Show me some roses, please.
주인: 네, 구경하세요. 무슨 색 장미꽃을 찾으세요?
Shopkeeper: Yes, look around what color roses are you looking for?

다니엘: 친구가 빨간색을 좋아해서 빨간 장미꽃을 사고 싶어요.
Daniel: My friend likes red, so I want to buy red roses.
주인: 그럼 이 빨간 장미꽃은 어떠세요?
Shopkeeper: Then how about this red rose?
다니엘: 좋아요. 얼마예요?
Daniel: All right. How much are they?
주인: 한 송이에 5,000원입니다.
Shopkeeper: They are 5,000 won each.

문법

1. -어/아/여 주다

· Meaning and Usage

This is added to an action verb to express that the action is for another person. It is used when requesting something or assisting others.

· Form

'-아 주다' is added when a final vowel of the action verb stem is 'ㅏ' or 'ㅗ'. When the final vowel of the stem is in any other vowel(ㅓ,ㅜ,ㅡ, ㅣ), '-어 주다' is added. '-여 주다(해 주다)' is added when the action verb ends in '하다'.

Action verb stem ending	Combine with	Example
ㅏ, ㅗ	-아 주다	잡아 주다, 도와주다
other vowel (ㅓ, ㅜ, ㅡ, ㅣ)	-어 주다	써 주다, 만들어 주다
하	-여 주다 (해 주다)	전화해 주다, 연락해 주다

· Example

도와주세요.
Help me.
잠깐만 기다려 주십시오.
Please wait a moment.
선생님, 천천히 말씀해 주세요.
Teacher, please speak slowly.
여기에 이름을 써 주세요.
Please write your name here.

가: 지금은 바쁘니까 이따가 전화해 주세요.
A: I'm busy right now, so please call me later.
나: 네, 알겠습니다.
B: Yes, I understand.

가: 손님, 무엇을 도와 드릴까요?
A: How may I help you?
나: 이 옷 좀 보여 주세요.
B: Please show me this outfit.

· Note

This should only be used with an action verb.
'-어/아/여 주세요' is used to politely ask for help from others. '이 옷 좀 보여 주세요.'
When you do something for someone older or higher in social status, you use '-어/아/여 드리다', '손님, 뭘 도와드릴까요?', '할머니께 선물을 사 드렸어요.'.
When an elderly or high-ranking person does something for the speaker, the speaker uses '-어/아/여 주시다'. '선생님께서 저에게 한국말을 가르쳐 주셨어요.'.

2. -어서/아서/여서[1]

· Meaning and Usage

This is added to an action verb or a descriptive verb to express the cause and reason for the following action.

· Form

'-아서' is added when the last syllable of the stem ends in 'ㅏ' or 'ㅗ'. '-어서' is added when the last syllable of the stem ends in any other vowels (ㅓ, ㅜ, ㅡ, ㅣ). '-여서(해서)' is added when the stem ends in '하-'.

Action verb and descriptive verb stem ending	Combine with	Example
ㅏ, ㅗ	-아서	살아서, 좋아서
other vowel (ㅓ, ㅜ, ㅡ, ㅣ)	-어서	없어서, 커서
하	-여서(해서)	친절해서, 따뜻해서

· Example

가방이 비싸서 안 사요.
The bag is expensive, so I am not buying it.
교통이 복잡해서 지하철을 탔습니다.
The traffic was congested, so I took the subway.
오늘 많이 걸어서 다리가 아파요.
My legs hurt from walking a lot today.
만나서 반갑습니다.
I am glad to meet you

가: 왜 그 가수를 좋아해요?
A: Why do you like that singer?
나: 노래를 잘해서 좋아해요.
B: I like him because he sings well

가: 선생님, 늦어서 죄송합니다.
A: Teacher, sorry for being late.
나: 괜찮아요.
B: It's okay.

· Note
No tense form is needed in front of '-어서/아서/여서', and the imperative or suggestive form also cannot be used.

▶읽어 봅시다

저는 오후에 꽃을 사러 꽃집에 갔습니다.
꽃집에는 여러 가지 예쁜 꽃들이 있었습니다.
빨간색 카네이션 꽃이 많았습니다.
사람들은 빨간색 카네이션 꽃을 많이 샀습니다.
부모님께서 꽃을 좋아하셔서 저도 빨간색 카네이션 꽃을 두 다발 샀습니다.
꽃은 한 다발에 15,000원이었습니다.
꽃값이 조금 비쌌습니다.
주인 아주머니가 1,000원을 덜 받으셨습니다.
꽃을 잘 사서 기분이 좋았습니다.
I went to the flower shop to buy flowers in the afternoon.
There were many pretty flowers at the flower shop.
There were a lot of red carnation flowers.
People bought a lot of red carnation flowers.
I also bought two bunches of red carnation flowers, because my parents like flowers.
The flowers cost 15,000 won per bunch.
The price of the flowers was a little expensive.
The owner reduced it by 1,000 won.
It felt good, because I got the flowers at a good price.

▶들어 봅시다

[1-2]

1. 손님, 어서 오세요?
Sir, welcome?

2. 케이크를 왜 샀어요?
Why did you buy the cake?

[3-4]

주인: 어서 오세요.
손님: 사과 좋은 거 있어요?
주인: 네, 있지요. 이 사과 아주 맛있습니다.
손님: 얼마예요?
주인: 한 개에 이 천원이에요.
손님: 이 귤은 얼마예요?
주인: 세 개에 천 원이에요.
손님: 사과 다섯 개하고 귤 세 개 주세요.
Shopkeeper: Welcome.
Customer: Do you have any good apples?
Shopkeeper: Yes, we do. These apples are very delicious.
Customer: How much is it?
Shopkeeper: 2,000 won per apple.
Customer: How much are these tangerines?
Shopkeeper: 1,000 won for three tangerines.
Customer: Please give me five apples and three tangerines.

[5-6]

주인: 어서 오세요.
손님: 친구 선물을 사고 싶어요. 티셔츠 좀 보여 주세요. 친구가 티셔츠를 좋아해요
주인: 이 하얀색 티셔츠는 어때요? 요즘 인기가 많아요.
손님: 이 티셔츠는 얼마예요?
주인: 한 벌에 오만 원이에요. 그렇지만 옷을 두 벌 사면 더 싸요.
손님: 그럼 티셔츠를 두 벌 주세요. 모두 얼마예요?
주인: 티셔츠 두 벌을 사셔서 모두 팔 만원입니다.
손님: 네, 여기 있습니다. 친구 티셔츠는 포장해 주세요.
주인: 네, 알겠습니다.
Shopkeeper: Welcome.
Customer: I want to buy a gift for my friend. Please show me some t-shirts. My friend likes t-shirts.
Shopkeeper: How about this white t-shirt? It's very popular these days.
Customer: How much is this t-shirt?
Shopkeeper: It costs 50,000 won per shirt, but it's cheaper if you buy two.
Customer: Then give me two t-shirts, please. How much is it?
Shopkeeper: You bought two t-shirts, so a total of 80,000 won.
Customer: Okay, here it is. Please gift-wrap my friend's t-shirt.
Shopkeeper: Yes, sir.

▶**해 봅시다**

2.

[보기]

바지하고 스웨터: 주말에 여행을 가요. 그래서 옷가게에서 예쁜 옷을 사고 싶어요.

[Example]

Pants and sweater: I'm going on a trip this weekend, so I want to buy some pretty clothes at a clothing store.

3.

[보기]

주인: 어서 오세요. 뭘 도와 드릴까요?
손님: 제가 주말에 여행을 가서 예쁜 옷을 사고 싶어요. 바지 좀 보여 주세요.
주인: 여기 있습니다. 구경하세요.
손님: 이 바지 얼마예요?
주인: 한 벌에 45,000원입니다.
손님: 이 스웨터는 얼마예요?
주인: 한 벌에 15,000원입니다.
손님: 그럼 바지 한 벌하고 스웨터 한 벌을 주세요. 모두 얼마예요?
주인: 60,000원입니다.

[Example]

Owner: Welcome. How may I help you?
Customer: I'm going on a trip this weekend, so I'd like to buy some pretty clothes. Please show me some pants.
Owner: Here they are. Please take a look.
Customer: How much are these pants?
Owner: It costs 45,000 won per pair.
Customer: How much is this sweater?
Owner: It costs 15,000 won per sweater.
Customer: Then give me a pair of pants and one sweater, please. How much is it?
Owner: That'll be 60,000 won.

Unit 4

Section2. It's my friend's favorite flower

엠마: 장미꽃 10송이 주세요.
Emma: Give me 10 of those roses.
주인: 누구에게 선물합니까?
Shopkeeper: Who are you going to give them to?
엠마: 친구한테 선물할 거예요. 친구가 좋아하는 꽃이에요.
Emma: I'm going to give them to a friend. They are her[his] favorite flowers.
주인: 여기 있습니다. 33,000원입니다.
Shopkeeper: Here you are. It's 33,000 won.
엠마: 좀 비싸요. 조금만 깎아 주세요.
Emma: It's a little expensive. Could you give me a discount?
주인: 그럼 30,000원 주십시오.
Shopkeeper: Then give me 30,000 won.

문법

1.1 한테(에게)

· Meaning and Usage

This is added to a personal or animal noun in order to express that the noun it is attached to is the recipient of the action. It is mostly used with action verbs such as 주다(to give), 보내다(to send), 가르치다(to teach), 빌려주다(to lend). It can be replaced with '에게', and when a respectable person (a person that the speaker needs to show respect to) is the recipient of the action, '께' is used.

· Example

어제 동생한테 선물을 보냈어요.
Yesterday, I sent a gift to my brother.
오늘 저녁에 어머니께 전화드릴 거예요.
This evening, I will call my mother.
김 선생님께서 저에게 한국말을 가르치세요.
Mr. Kim teaches me Korean.
친구에게 무엇을 줄까요?
What should we give to our friend?

가: 여자 친구한테 이메일을 보내요?
A: Do you send emails to your girlfriend?
나: 네, 여자 친구한테 가끔 이메일을 보내요.
B: Yes, I send her emails sometimes.

가: 누구에게 숙제 공책을 드렸어요?
A: Who did you give your homework notebook to?
나: 김 선생님께 숙제 공책을 드렸어요.
B: I gave my homework notebook to the teacher.

1.2 한테서(에게서)

· Meaning and Usage

This is added to a personal noun in order to express the starting point of an action. It can be used interchangeably with '에게서', and when the action is initiated by a respectable person(a person whom the speaker needs to show respect), '께' is used.

· Example
친구한테서 재미있는 책을 빌렸어요.
I borrowed an interesting book from my friend.
타오 씨에게서 중국말을 배울 거예요.
I am going to learn Chinese from Tao.
날마다 부모님께 전화가 와요.
I receive a call from my parents every day.
누구한테서 선물을 받았습니까?
Who did you receive the gift from?

가: 생일에 친구들한테서 선물을 받았어요.
A: I received a birthday gift from my friends.
나: 무슨 선물을 받았어요?
B: What kind of gift did you get?

가: 수영 씨, 그 이야기를 누구에게서 들었어요?
A: Sooyoung, who did you hear the story from?
나: 수지 씨한테서 들었어요.
B: I heard it from Susie.

· Note
This is used with action verbs such as '받다, 듣다, 빌리다, 배우다, etc.'.

2.1 -는

· Meaning and Usage
This is added to an action verb and '있다, 없다' to modify the following noun. It expresses an action or movement occurring in the present.

· Example
요즘 읽는 책이 재미있어요.
The book I'm reading these days is interesting.
우리 반에서 제일 열심히 공부하는 학생이 누구예요?
Who is the hardest-working student in our class?

가: 지금 사는 곳이 어디예요?
A: Where is the place that you are living now?
나: 신촌이에요.
B: I live in Shinchon.

· Note
This should only be used with an action verb. For descriptive verbs, '-은/ㄴ' is used.

2.2 -은/ㄴ²

· Meaning and Usage
This is added to an action verb to modify the following noun. It expresses a movement or action that occurred in the past or was completed.

• Form
'-은' is added when the stem ends in a consonant.
'-ㄴ' is added when the stem ends in a vowel or ㄹ.

Action verb and descriptive verb stem ending	Combine with	Example
Consonant	-은	먹은, 앉은
Vowel, ㄹ	-ㄴ	본, 만든

· Example
이것이 어제 산 운동화예요.
These are the sneakers I bought yesterday.
빨간색 옷을 입은 사람이 누구예요?
Who is the person wearing red?

가: 꽃을 샀어요?
A: Did you buy the flower?
나: 아니요, 친구가 준 꽃이에요.
B: No, my friend gave it to me.

2.3 -을/ㄹ

· Meaning and Usage
This is added to an action verb or a descriptive verb to modify the following noun. It is used to express future situations, predictions, plans, and intentions.

· Form
'-을' is added when an action verb stem ends in a consonant. '-ㄹ' is added when the stem ends in a vowel or 'ㄹ'

Action verb and descriptive verb stem ending	Combine with	Example
Consont	-을	먹을, 앉을, 좋을
Vowel, ㄹ	-ㄹ	볼, 만들, 깨끗할

· Example
내일 할 일이 많아요.
I have a lot of work to do tomorrow.
냉장고에 먹을 것이 없어요.
There is nothing to eat in the refrigerator.

가: 내일 만날까요?
A: Shall we meet tomorrow?
나: 미안해요, 바빠서 만날 시간이 없어요.

B: Sorry, I don't have time to meet you because I'm busy.

▶읽어 봅시다

지난 주말에 옷을 사러 동대문 시장에 갔습니다.
동대문 시장에는 옷가게가 많았습니다.
먼저 까만색 코트를 하나 샀습니다.
코트는 팔만 오천 원이었습니다.
조금 비쌌습니다.
그리고 모자를 파는 가게에도 갔습니다.
따뜻한 털모자와 장갑을 샀습니다.
모자는 만 원이고 장갑은 팔천 원이었습니다.
값이 비싸지 않았습니다.
날씨가 좀 추웠지만 기분은 좋았습니다.
I went to Dongdaemun Market to buy clothes last weekend.
There were many clothing stores in Dongdaemun Market.
First, I bought a black coat.
The coat was 85,000 won.
It was a little expensive.
I also went to a store that sold hats.
I bought a warm fur hat and a pair of gloves.
The hat was 10,000 won and the gloves were 8,000 won.
They were not expensive.
The weather was a little cold, but I felt good.

▶들어 봅시다

[1-2]

1. 이 꽃이 예뻐요. 선물을 받았어요?
This flower is pretty. Was it a present?

2. 리사 씨는 어떤 친구가 좋아요?
Lisa, what kind of friend do you like?

[3-4]

제임스: 리사 씨, 어제 친구하고 어디에 갔어요?
리사: 친구와 같이 동대문시장에 갔어요. 가족에게 줄 크리스마스 선물을 사고 싶었어요.
제임스: 그래요? 동대문 시장은 어때요?
리사: 동대문 시장에는 여러 가지 가게가 아주 많아요.
제임스: 어느 가게에서 선물을 샀어요?
리사: 먼저 옷 가게에서 남동생한테 줄 바지를 샀어요. 그리고 언니에게 줄 예쁜 티셔츠도 샀어요.
제임스: 다른 가게에도 갔어요?
리사: 네, 인형 가게에서 어머니께 드릴 한복을 입은 인형을 샀어요. 그리고 넥타이 가게에서 아버지께 드릴 넥타이도 샀어요.

James: Lisa, where did you go with your friend yesterday?
Lisa: We went to Dongdaemun Market. I wanted to buy Christmas presents for my family.
James: Really? What is Dongdaemun Market like?
Lisa: There are many different shops in Dongdaemun Market.
James: Which store did you buy the gift from?
Lisa: First, I bought pants for my younger brother at a clothing store. I also bought a pretty t-shirt for my older sister.
James: Did you go to other stores too?
Lisa: Yes, I bought a doll wearing a hanbok to give to my mother at a doll shop. I also bought a tie for my father at a tie store.

[5-6]

다니엘: 엠마 씨, 오늘 왜 백화점에 가요?
엠마: 친구한테 줄 생일 선물을 사러 백화점에 가요.
다니엘: 그래요? 무슨 선물을 살 거예요?
엠마: 친구에게 예쁜 모자를 선물하고 싶어요.
다니엘: 좋은 선물이에요. 저도 작년에 친구한테서 모자를 선물 받았어요. 편하고 디자인도 좋아서 지금도 자주 써요.
엠마: 다니엘 씨, 선물을 사러 백화점에 같이 갈래요? 모자를 혼자 고르는 것이 어려워요. 도와 주세요.
다니엘: 좋아요. 같이 가요.
Daniel: Emma, why are you going to the department store today?
Emma: I'm going to the department store to buy a birthday present for a friend.
Daniel: Is that so? What gift are you going to buy?
Emma: I want to give my friend a pretty hat as a gift.
Daniel: That's a nice gift. I also received a hat as a gift from a friend last year. I still use it often because it is comfortable and has a nice design.
Emma: Daniel, would you like to go to the department store with me to buy the gift? It's difficult to choose a hat by myself. Please help me.
Daniel: Okay. Let's go together.

▶해 봅시다

1.
[보기]
언제, 어디에서 샀어요?
- 작년에 백화점에서 샀어요.

어떤 물건이에요?
- 노란색 귀여운 모자예요.

그 물건이 왜 좋아요?
- 여름에 쓰면 시원해서 좋아요.

[Example]
When and where did you buy it?
- I bought it at a department store last year.

What kind of item is it?
- It's a cute yellow hat.

Why do you like that item?
- It's nice to use in the summer because it keeps you cool.

2.
[보기]
누구한테 팔고 싶어요?
- 모자가 필요한 친구
- 귀여운 디자인을 좋아하는 친구

얼마에 팔고 싶어요?
- 20,000원

[Example]
Who do you want to sell to?
- A friend who needs a hat
- A friend who likes cute designs

How much do you want to sell it for?
20,000 won.

3.
[보기]
저는 작년에 백화점에서 이 모자를 샀어요.
노란색 귀여운 모자예요.
여름에 쓰면 시원해서 좋아요.
모자가 필요한 친구, 귀여운 디자인을 좋아하는 친구한테 이 물건을 팔고 싶어요.
모자는 20,000원이에요. 연락해 주세요.
연락처: 오수지 010-1234-5678

[Example]
I bought this hat at a department store last year.
it's a cute yellow hat.
It's nice to use in the summer because it keeps you cool.
I want to sell this to a friend who needs a hat or a friend who likes cute designs.
The hat costs 20,000 won. Please contact me.
Contact: Susie Oh 010-1234-5678

Unit 5

Section1. Take exit 6 and turn left

제임스: 실례지만 길 좀 묻겠습니다.
James: Excuse me, but may I ask for directions?
남자: 어딜 찾으세요?
Man: What are you looking for?
제임스: 이 근처에 편의점이 있습니까?
James: Is there a convenience store nearby?
남자: 큰길 쪽으로 5분쯤 가면 편의점이 있습니다.
Man: If you go towards the main road for about 5 minutes, there is a convenience store.
제임스: 여기에서 어떻게 갑니까?
James: How do I get there from here?
남자: 6번 출구로 나가서 왼쪽으로 가세요.
Man: Take exit No. 6 and go left.

문법

1. 으로/로[2]

· Meaning and Usage
This is added to a noun in order to signify a direction.

· Form
'으로' is added when a noun ends in a consonant. '로' is added when a noun ends in a vowel or 'ㄹ'.

Noun ending	Combine with	Example
Consonant	으로	앞으로, 이쪽으로
Vowel, ㄹ	로	위로, 여기로, 화장실로

· Example
이쪽으로 오세요.
Come this way.
사거리에서 왼쪽으로 가세요.

Take a left at the intersection.
교실 안으로 들어갑시다.
Let's go inside the classroom.
어느 쪽으로 갈까요?
Which way should we go?

가: 편의점이 어디에 있어요?
A: Where is the convenience store?
나: 지하 1층으로 가세요.
B: Go to the first basement level.

가: 어디로 갈까요?
A: Where do you want to go?
나: 잠실로 가 주세요.
B: Please take me to Jamsil.

· Note
This is generally followed by action verbs like '가다' or '오다'.

2. -어서/아서/여서²

· Meaning and Usage
This is added to an action verb in order to connect two clauses based on the chronological order of the two actions.

· Form
'-아서' is added when the final vowel in the action verb stem is 'ㅏ' or 'ㅗ'. When the final vowel in the action verb stem is any other vowel (ㅓ, ㅜ, ㅡ, ㅣ), '-어서' is added. '-여서(해서)' is added when the action verb ends in '하다'.

Action verb stem ending	Combine with	Example
ㅏ, ㅗ	-아서	팔아서, 일어나서, 와서
Other Vowel (ㅓ, ㅜ, ㅡ, ㅣ)	-어서	만들어서, 건너서, 지워서
하	-여서(해서)	전화해서

· Example
날마다 도서관에 가서 숙제해요.
I go to the library and do my homework every day.
저는 아침에 일어나서 운동을 합니다.
I wake up in the morning and exercise.
길을 건너서 오른쪽으로 가세요.
Cross the street and turn right.
어제는 뭘 만들어서 먹었어요?
What did you cook and eat yesterday?

가: 학교가 끝나고 어디에 갔어요?
A: Where did you go after school?
나: 학교가 끝나고 집에 가서 샐러드를 만들어서 먹었어요.
B: After school, I went home, made a salad, and ate it.

가: 화장실이 어디예요?
A: Where is the bathroom?
나: 교실에서 나가서 오른쪽으로 가세요.
B: Exit the classroom and go right.

· Note
This should only be used with an action verb.
With a descriptive verb, it helps explain the cause of the following action.

▶읽어 봅시다

어제 저는 친구와 공연을 보러 정동 극장에 갔습니다.
신촌에서 정동극장까지 지하철을 탔습니다.
지하철은 사람이 많아서 조금 복잡했습니다.
우리는 시청역에서 내렸습니다.
3번 출구로 나가서 덕수궁을 지나서 왼쪽으로 돌아갔습니다.
지하철 역에서 정동극장까지 멀지 않았습니다.
나무와 꽃이 있고 덕수궁 돌담길이 아름다웠습니다.
데이트를 하는 사람이 많았습니다.
Yesterday, I went to Jeongdong Theater with my friend to see a performance.
I took the subway from Shinchon to Jeongdong Theater.
The subway was a bit crowded because there were a lot of people.
We got off at City Hall Station.
We got out through Exit 3, passed Deoksugung Palace, and turned left.
It wasn't far from the subway station to Jeongdong Theater.
There were trees and flowers, and the stone-wall road of Deoksugung Palace was beautiful.
There were many people going on dates.

▶들어 봅시다

[1-2]
1. 실례지만 길 좀 묻겠습니다.
Excuse me, but may I ask for directions?

2. 가:편의점이 어디에 있어요?
나: 건너편에 있어요. 길을 건너가세요.
A: Where is the convenience store?
B: It's on the other side. Cross the street.

[3-4]
제임스: 리사 씨 집이 어디입니까?
리사: 학교 동문 근처예요.
제임스: 어떻게 갑니까?
리사: 동문으로 나가서 왼쪽으로 올라갑니다.
꽃 가게 옆에 우리 하숙집이 있어요.
제임스: 리사 씨 집은 산 쪽이네요.
우리집은 학교 정문 쪽이에요.
리사: 백화점 근처에 있어요?
제임스: 네.
리사: 어떻게 가요?
제임스: 학교 정문 앞에서 백화점 쪽으로 내려오세요.
백화점 앞에서 공원 쪽으로 조금 가면 공원 오른쪽에 식당이 있습니다. 그 식당 앞에 오피스텔이 있어요.
James: Where is Lisa's house?
Lisa: It's near the school's east gate.
James: How do I get there?
Lisa: Go out the east gate and go up to the left. Our boarding house is next to the flower shop.
James: Oh, so Lisa's house is near the mountain. My house is near the main gate of the school.
Lisa: Is it near the department store?
James: Yes.
Lisa: How do I get there?
James: Come down towards the department store in front of the school's main gate. If you go a little bit toward the park in front of the department store, there is a restaurant on the right side of the park. The officetel in front of the restaurant.

5.
지하철 5호선 오목교역에서 내리세요.
3번 출구로 나오세요.
50미터쯤 쭉 걸으면 횡단보도가 있습니다.
횡단보도를 건너서 5분쯤 가면 왼쪽에 큰 회색 건물이 있습니다.
그 건물이 출입국관리사무소입니다.
Get off at Omokgyo Station on Subway Line 6. Take exit 3. If you walk about 50 meters, there is a crosswalk. If you cross the crosswalk and go for about 5 minutes there is a large gray building on your left. That building is the immigration office.

▶해 봅시다
[보기]
현위치: 시청역
목적지 : 세종문화회관
가: 실례지만 길 좀 묻겠습니다.
나: 어딜 찾으십니까?
가: 세종문화회관이 어디에 있습니까?
나: 10분쯤 가면 있습니다.
가: 그래요? 세종문화회관까지 어떻게 갑니까?
나: 3번 출구로 나가서 똑바로 가세요. 횡단보도를 건너서 조금 가면 왼쪽에 세종문화회관이 있습니다.
[Example]
Current location: City Hall Station
Destination: Sejong Center for the Performing Arts
A: Excuse me, but may I ask for directions?
B: Where do you want to go?
A: Where is the Sejong Center for the Performing Arts?
B: It'll take about 10 minutes to get there.
A: Really? How do I get to the Sejong Center for the Performing Arts?
B: Take exit 3 and go straight.
Cross the crosswalk and go a little further.
The Sejong Center for the Performing Arts will be on your left.

Unit 5

Section2. You have to take subway line 2

리사: 잠실까지 어떻게 갑니까?
Lisa: How do I get to Jamsil?
제임스: 여기에서 잠실까지 지하철 2호선을 타야 돼요.
James: You need to take Subway Line 2 from here to Jamsil.
리사: 지하철로 얼마나 걸려요?
Lisa: How long does it take by subway?
제임스: 잠실까지 40분쯤 걸립니다.
James: It takes about 40 minutes to Jamsil.
리사: 거기까지 가는 버스는 없어요?
Lisa: Are there any buses that go there?

제임스: 버스도 있지만 지금은 교통이 복잡해서 시간이 많이 걸려요.
James: There are buses, but it will take a while because of traffic congestion.

문법

1. 에서 까지

· Meaning and Usage

This is added before a locative noun to express starting and ending points. It is used to show the starting and ending locations.

· Example

저는 집에서 학교까지 걸어서 가요.
I walk from home to school.
인천에서 뉴욕까지 비행기로 14시간쯤 걸려요.
From Incheon to New York, it takes about 14 hours by plane.
2층에서 6층까지 교실이에요.
There are classrooms from the 2nd to the 6th floor.
여기에서 집까지 가깝습니까?
Is it close to your house from here?

가: 집에서 학교까지 멀어요?
A: Is it far from your home to school?
나: 네, 조금 멀어요.
B: Yes, it's a little far.

가: 서울에서 대전까지 얼마나 걸려요?
A: How long does it take from Seoul to Daejeon?
나: 고속버스로 2시간 반쯤 걸려요.
B: It takes about two and a half hours by express bus.

2. -어야/아야/여야 되다

· Meaning and Usage

This is added to an action verb or a descriptive verb in order to express a required condition or an action that must be taken. It can also be expressed as '-어야/아야/여야 하다'.

· Form

'-아야 되다' is added when the final vowel of the stem is 'ㅏ' or 'ㅗ'. When the final vowel of the stem is any other vowel (ㅓ,ㅜ,ㅡ, ㅣ), '-어야 되다' is added. '-여야 되다(해야 되다)' is added when the action verb stem ends in '하-'.

Action verb and Descriptive Verb Stem ending	Combine with	Example
ㅏ, ㅗ	-아야 되다	살아야 되다, 좋아야 되다
Other Vowel (ㅓ, ㅜ, ㅡ, ㅣ)	-어야 되다	쉬어야 되다, 꺼야 되다, 넓어야 되다, 길어야 되다
하	-여야 되다 (해야 되다)	전화해야 되다, 조용해야 되다

· Example

학교에 9시까지 와야 돼요.
You have to come to school by 9 o'clock.
극장에서 휴대전화를 꺼야 됩니다.
You have to turn off your cell phone in the theater.
도서관에서 조용히 해야 돼요.
You have to be quiet in the library.
찌개는 따뜻해야 돼요.
Jjigae should be hot.

가: 예습과 복습을 해야 됩니까?
A: Do I have to prepare and review?
나: 네, 예습과 복습을 해야 돼요.
B: Yes, you have to prepare and review.

가: 물통이 얼마나 커야 돼요?
A: How big should the water container be?
나: 글쎄요, 2 리터는 돼야 됩니다.
B: Well, it should be at least 2 liters.

▶읽어 봅시다

브라운 씨는 호텔에서 한국어학당까지 가는 길을 몰랐습니다. 그래서 인터넷에서 찾았습니다.

한국어학당
지하철 2호선 신촌역에서 하차 ➔ 3번 출구 ➔ 7024번 버스 승차 ➔ 이대 후문에서 하차

조금 어려웠습니다.
한국어학당에 전화를 했습니다.
"지하철 2호선 신촌역에서 내리세요
3번 출구로 나와서 7024번 초록색 버스를 타야 돼요.
그리고 이대 후문에서 내려서 횡단보도를 건너야 해요.
횡단보도를 건너서 연세 대학교 쪽으로 올라오세요.
빨간색 큰 건물이 있습니다.
바로 거기가 한국어학당입니다."

Mr. Brown didn't know the way to the Korean language school from the hotel.
So, he looked it up on the internet.

Korean Language School
Get off at Sinchon Station on Subway Line 2 ➜ Exit 3 ➜ Take bus number 7024 ➜ Get off at the back gate of Ewha Womans University

It was a little difficult.
He called the Korean language school.
"Get off at Sinchon Station on Subway Line 2.
Come out from Exit 3 and take the green bus number 7024.
Then, you have to get off at the back gate of Ewha Womans University and cross the crosswalk.
Cross the crosswalk and come up toward Yonsei University.
There is a big red building.
That's where the Korean language school is."

▶들어 봅시다

1.

1) 8번 출구로 나가세요
Take exit 8/ Come out from exit 8.

2) 집 앞 정류장에서 288번을 타야 돼요.
You have to take number 228 at the stop in front of your house.

3) 서울역에서 부산역까지 케이티엑스로 두 시간 사십 분쯤 걸려요.
It takes about 2 hours and 40 minutes by KTX from Seoul Station to Busan Station.

4) 공항에 두 시간 전에 가야 됩니다.
You must be at the airport two hours early.

[2-3]

지민: 선희 씨, 가로수길 사랑 커피숍을 알아요? 제가 내일 약속이 있어서 거기에 가야 돼요. 학교에서 가로수길까지 어떻게 가요?
선희: 지하철 3호선을 타고 신사역에서 내리세요.
지민: 신사역에서 내려서 어떻게 가요?
선희: 8번 출구로 나가서 똑바로 10분쯤 가면 은행이 있어요. 은행에서 왼쪽으로 돌아가면 그 길이 가로수길이에요. 그길로 5분쯤 내려가면 왼쪽에 커피숍이 있어요.
지민: 신사역에서 커피숍까지 얼마나 걸려요? .
선희: 걸어서 15분쯤 걸려요.

Jimin: Sunhee, do you know garosu-gil Sarang Coffee Shop? I have to go there because I have an appointment tomorrow. How do I get to Garosu-gil from school?
Sunhee: Take Subway Line 3 and get off at Sinsa Station.
Jimin: Where do I go from Sinsa Station?
Sunhee: There is a bank if you take exit 8 and go straight for about 10 minutes. If you turn left from the bank, that road is Garosu-gil. If you go down that road for about 5 minutes, the coffee shop is on the left.
Jimin: How long does it take from Sinsa Station to the coffee shop?
Sunhee: It takes about 15 minutes on foot.

[4-5]

오늘 고향 친구가 우리 집에 옵니다.
그래서 친구에게 집까지 오는 길을 말해 줬습니다.

--

지하철 2호선 신촌역에서 내리세요.
4번 출구로 나와서 마을버스 3번을 타고 서대문 우체국 정류장에서 내리세요.
정류장 앞에 있는 횡단보도를 건너서 왼쪽으로 오면 자전거 가게가 있어요.
자전거 가게 옆에 식당이 있어요.
식당을 지나서 오른쪽으로 돌아가면 편의점이 있어요.
편의점 건너편 건물이 우리 집입니다.
집을 못 찾으면 전화하세요.

A friend from my hometown is coming to my house today. So, I told my friend the way to my house.

--

Get off at Sinchon Station on Subway Line 2.
Come out from exit 4, take village bus No. 3, and get off at the Seodaemun Post Office stop.
If you cross the crosswalk in front of the stop and turn left, there is a bicycle shop.
There is a restaurant next to the bicycle shop.
If you pass the restaurant and turn right, there is a convenience store. The building across from the convenience store is my house. If you can't find the house, call me.

▶해 봅시다

1.

[보기]
가: 리암 씨, 집에서 학교까지 어떻게 옵니까?
나: 차로 옵니다. 제가 운전해서 와요.

가: 얼마나 걸립니까?
나: 차로 35분쯤 걸립니다.
[Example]
A: Liam, how do you get to school from home?
B: I go by car. I drive the way here.
A: How long does it take?
B: It takes about 35 minutes by car.

2.
[보기]
어제 친구들과 같이 일산에 있는 호수 공원에 갔습니다.
서울역에서 친구들을 만나서 호수 공원까지 지하철로 갔습니다.
서울역에서 호수 공원까지 40분 걸렸습니다.
호수 공원까지 바로 가는 버스도 있었지만 우리는 버스를 타지 않았습니다.
버스는 1시간 10분쯤 걸리고 값도 비싸서 지하철로 갔습니다.
[Example]
Yesterday, I went to the lake park in Ilsan with my friends.
I met my friends at Seoul Station and took the subway to Lake Park.
It took 40 minutes from Seoul Station to Lake Park.
There was also a bus that went directly to Lake Park, but we didn't take it.
The bus takes about an hour and 10 minutes and is expensive, so we took the subway.

Unit 6

Section1. Be careful because it's crowded

리사: 여기 앉을까요?
Lisa: Shall we sit here?
제임스: 아니요, 앉지 마세요. 다음 역에서 내려요.
James: No, don't sit. We're getting off at the next station.
리사: 그럼 문 앞으로 나갈까요?
Lisa: Shall we move up to the exit?
제임스: 네, 저쪽으로 갑시다.
James: Yes, let's go this way.
리사: 내립니다. 좀 비켜 주십시오.
Lisa: We're getting off. Please move over a little.
제임스: 사람이 많으니까 조심하세요.
James: It's crowded, be careful.

문법

1. -으니까/니까

· Meaning and Usage
This is added to an action verb or a descriptive verb to express the reason or the ground for judgment for the following clause.

· Form
'-으니까' is added when the stem ends in a consonant.
'-니까' is added when the stem ends in a vowel or 'ㄹ'.

Action verb and Descriptive verb stem ending	Combine with	Example
Consonant	-으니까	좋으니까, 먹으니까
Vowel, ㄹ	-니까	바쁘니까, 파니까

· Example
바쁘니까 우리 내일 만나요.
I'm busy, so let's meet tomorrow.
친구가 기다리니까 빨리 가세요.
Your friend is waiting, so hurry.
교실이 더우니까 문을 열까요?
The classroom is hot, should we open the window?
숙제를 다 했으니까 게임을 해요.
Since we finished our homework, let's play games.

가: 운동하러 갈까요?
A: Do you want to go exercise?
나: 오늘은 피곤하니까 내일 갑시다.
B: I'm tired today, so let's go tomorrow.

가: 다음 주에 시험이 있으니까 열심히 공부하십시오.
A: Study hard because you have a test next week.
나: 네, 알겠습니다.
B: Yes, I will.

2. -지 말다

· Meaning and Usage
It is used with an action verb stem to form a negation of an imperative '-으세요' or a propositive '-어요' sentence.

· Example
버스를 타지 마세요.
Don't take the bus.
담배를 피우지 마세요.

Don't smoke.
사진을 찍지 마십시오.
Don't take pictures.
술을 많이 마시지 마십시오.
Don't drink too much.

가: 내일은 늦지 마세요.
A: Don't be late tomorrow.
나: 네, 내일은 일찍 가겠습니다.
B: Yes, I'll go early tomorrow.

가: 창문을 닫지 마십시오.
A: Don't close the window.
나: 알겠어요.
B: Okay.

▶읽어 봅시다

지난 수요일에 친구와 그림을 보러 인사동에 갔습니다.
학교 앞 버스 정류장에서 272번 버스를 탔습니다.
"아저씨, 이 버스 인사동에 가지요?
인사동을 잘 모르니까 좀 가르쳐 주세요."
"네, 안내 방송을 하니까 걱정하지 마세요"
우리는 버스에 빈자리가 있어서 그 앞으로 갔습니다.
그렇지만 그 자리는 노약자석이어서 앉지 않았습니다.
조금 후에 안내 방송이 나왔습니다.
"다음 정류장은 인사동입니다. 내리실 분은 미리 문 쪽으로 나오십시오."
우리는 버스에서 내렸습니다.
학교에서 인사동까지 버스로 15분쯤 걸렸습니다.
Last Wednesday we went to Insa-dong with friends to see paintings.
I took bus number 272 at the bus stop in front of the school.
"Mister, is this bus going to Insa-dong?
I don't know much about Insa-dong, so please teach me."
"Sure, there will be an announcement, so don't worry."
There was an empty seat on the bus, so we went towards it.
However, we did not sit in that seat because it was a seat reserved for the handicapped, the elderly, and pregnant women.
An announcement came out a little later.
"The next stop is Insa-dong. If you want to get off, please come out to the door in advance."
We got off the bus.
It took about 15 minutes by bus from school to Insa-dong.

▶들어 봅시다

[1-2]

1. 주말에 같이 무엇을 할까요?
What should we do together during the weekend?

2. 제가 선희 씨에게 전화할까요?
Shall I call Sunhee?

[3-4]

승객: 이 버스는 광화문에 가는 버스예요?
기사: 네, 갑니다. 타세요.
승객: 광화문까지 멀어요?
기사: 아니요, 여기에서 5분쯤 걸립니다.
승객: 제가 정류장을 잘 모르니까 가르쳐 주세요.
기사: 네, 알겠습니다. 그리고 안내 방송을 하니까 걱정하지 마세요.
Passenger: Is this bus going to Gwanghwamun?
Driver: Yes, it is. Get in.
Passenger: Is Gwanghwamun far from here?
Driver: No, it's about five minute from here.
Passenger: I don't know the stop, so please tell me.
Driver: Yes, of course. And don't worry, there will be an announcement.

[5-6]

엠마: 다니엘 씨, 제가 오늘 서울역에 가야 돼요. 여기에서 몇 번 버스를 타야 돼요?
다니엘: 오늘은 주말이니까 버스를 타지 마세요. 길이 복잡할 거예요.
엠마: 그럼 어떻게 가요?
다니엘: 신촌역에서 지하철을 타세요.
엠마: 신촌역에서 서울역까지 한번에 가요?
다니엘: 아니요, 처음에는 신촌역에서 지하철 2호선을 타세요. 그리고 시청역에서 내리세요.
엠마: 시청역에서 갈아타요?
다니엘: 맞아요. 서울역 쪽으로 가는 지하철 1호선으로 갈아타세요.
엠마: 지하철을 타면 시간이 얼마나 걸려요?
다니엘: 20분쯤 걸릴 거예요. 엠마 씨는 지하철을 처음 타니까 조금 일찍 출발하세요.
Emma: Daniel, I'm going to Seoul Station today. Which bus do I have to take from here?
Daniel: Don't take the bus today because it's the weekend. There will be a lot of traffic.
Emma: Then how should I get there?
Daniel: Take the subway from Sinchon Station.

Emma: Can I go from Sinchon Station to Seoul Station in one trip?
aniel: No, first take Subway Line 2 from Sinchon Station, and get off at City Hall Station.
Emma: Do I transfer at City Hall Station?
Daniel: That's right. Transfer to Subway Line 1 toward Seoul Station.
Emma: How long does it take by subway?
Daniel: It will take about 20 minutes. This is your first time taking the subway, Emma, so leave a bit early.

▶해 봅시다

3.
[보기]
가: 반 친구들과 같이 롯데월드에 갑시다. 우리 걸어서 갈까요?
나: 걸어서 가지 마요. 머니까 버스나 지하철을 타요.
가: 그럼 지하철이 더 빠르니까 지하철을 타요.
나: 좋아요. 지하철을 타고 가요.
가: 여기에서 롯데월드까지 얼마나 걸려요?
나: 45분쯤 걸려요.
가: 몇 호선을 타요?
나: 2호선을 타요.
[Example]
A: Let's go to Lotte World with our classmates. Shall we walk there?
B: Let's not walk. It's far, so let's take the bus or subway.
A: Then let's take the subway because it's faster.
B: Okay. Let's take the subway.
A: How long does it take from here to Lotte World?
B: It will take about 45 minutes.
A: Which subway line do we take?
B: Subway Line 2.

Unit 6

Section2. It only takes 10 minutes from here

제임스: 여기에서 학교까지 버스로 갈까요?
James: Shall we take the bus from here to school?
리사: 버스를 타면 30분이나 걸리니까 택시를 탑시다. 택시가 빨라요.
Lisa: It takes 30 minutes by bus, so let's take a taxi. Taxis are fast.

제임스와 리사는 택시를 탄다.
James and Lisa take a taxi.

기사: 어서 오세요. 어디로 갈까요?
Driver: Welcome. Where are you going?
제임스: 연세 대학교로 가 주세요. 시간이 얼마나 걸려요?
James: Please go to Yonsei University. How long does it take?
기사: 여기에서 10분밖에 안 걸려요. 어디에 세워 드릴까요?
Driver: It's only 10 minutes from here. Where do you want me to drop you off?
제임스: 학교 안으로 들어가서 횡단보도 앞에 세워 주세요.
James: Please go inside and stop in front of the student union building.

문법

1. 르 동사

· Meaning and Usage

For some action verbs or descriptive verbs with stems that end in '르', the 'ㅡ' is dropped and 'ㄹ' is added when followed by '아/어'. For example, '빠르다' becomes '빨라요, 빨랐어요' and '부르다' becomes 불러요, '불렀어요'. These are called '르 verbs,' which include descriptive verbs such as '다르다, 빠르다' and action verbs such as '고르다, 모르다, 부르다, 자르다'.

· Example

제임스 씨가 쉬는 시간에 노래를 불러요.
James sings during break time.
저는 더워서 머리를 잘랐습니다.
I cut my hair because it was hot.

리사 씨가 한국말을 몰라서 대답하지 못했어요.
Lisa couldn't answer because she doesn't know Korean.
두 사람은 성격이 많이 달라요?
Do you two have very different personalities?

가: 중국어를 알아요?
A: Do you know Chinese?
나: 아니요, 저는 중국어를 몰라요.
B: No, I don't know Chinese.

가: 어제 노래방에서 무슨 노래를 불렀어요?
A: What song did you sing yesterday at karaoke?

나: 저는 한국 노래를 불렀어요.
B: I sang a Korean song.

2. 이나/나[2]

· Meaning and Usage

This is used with a noun to emphasize a number or when the quantity is excessive.

· Form

Noun ending	Combine with	Example
Consonant	이나	삼 인분이나, 한 시간이나
Vowel	나	열 개나, 백 송이나

· Example

어제 너무 피곤해서 열두 시간이나 잤어요.
I was so tired yesterday that I slept twelve hours.
지난 주말에 동대문 시장에 가서 옷을 열 벌이나 샀어요.
I went to Dongdaemun Market last weekend and bought ten sets of clothing.
아버지께서 어머니께 장미꽃을 백 송이나 선물하셨어요.
My father bought my mother 100 roses for a present.

가: 길이 막혀서 경복궁에서 명동까지 두 시간 걸렸어요.
A: The road was congested so it took two hours to get from Gyeongbokgung Palace to Myeong-dong.
나: 두 시간이나요?
B: It took two hours?

가: 그 가수는 자동차가 일곱 대나 있어요.
A: That singer has seven cars.
나: 와, 정말 많군요.
B: Wow, that's a lot of cars.

3. 밖에

· Meaning and Usage

This is used with a noun and means "with the exception of this". Following this grammar form is a phrase made in the negative to convey the speaker's expression of how small or few something is. It cannot be used with requests or commands.

· Example

집에서 학교까지 걸어서 십 분밖에 걸리지 않아요.
It only takes ten minutes to walk from my house to school.
식당에 손님이 두 명밖에 없어요.
There are only two customers in the restaurant.
수지 씨의 전화번호는 제임스 씨밖에 몰라요.
James is the only person who knows Susie's phone number.

가: 다니엘 씨, 어제 친구를 오래 기다렸어요?
A: Daniel, did you wait a long time for your friend yesterday?
나: 아니요, 오 분밖에 안 기다렸어요.
B: No, I only waited for five minutes.

가: 엠마 씨, 백화점에서 옷을 많이 샀어요?
A: Emma, did you buy a lot of clothes at the department store?
나: 한 벌밖에 안 샀어요
B: I only bought one set of clothes.

· Note

'밖에' is used after a noun regardless of its ending. It is not used with the negative expressions '아니다' or '-지 말다.'

▶읽어 봅시다

저는 수업이 끝나고 신문사에 갑니다.
보통 버스나 지하철을 타고 갑니다.
학교 앞에서 버스 정류장이나 지하철역까지는 조금 멉니다.
오늘은 시간이 없어서 학교 앞에서 택시를 불렀습니다.
기사 아저씨가 여러 가지 이야기를 하셨습니다.
아저씨가 아주 친절하셨습니다.
"어디에 세워 드릴까요?"
"신문사 앞은 복잡하니까 저기 횡단보도 앞에 세워 주세요."
저는 횡단보도 앞에서 내려서 신문사까지 걸어서 갔습니다.
택시로 10분밖에 안 걸렸습니다.
그렇지만 택시 요금이 8,000원이나 나왔습니다.
조금 비쌌지만 편했습니다.
After class, I go to the newspaper office.
I usually go by bus or subway.
The bus stop or subway station is a bit far from the school.
I didn't have time today, so I called a taxi in front of the school.
The driver talked about many things.
He was very kind.
"Where shall I drop you off?"

"The area in front of the newspaper office is crowded, so please stop in front of the crosswalk over there."
I got off in front of the crosswalk and go to the newspaper office by feet.
It took 10 minutes by taxi.
But the taxi fare was 8,000 won.
It was a little expensive but comfortable.

▶들어 봅시다

[1-2]

1. 서울역까지 지하철로 갈까요?
Should I take the subway to Seoul Station?

2. 집에서 학교까지 지하철로 세 시간 걸려요.
It takes three hours by subway from home to school.

[3-4]

다니엘: 여기에서 신촌까지 택시로 얼마나 걸려요?
선희: 40분쯤 걸릴 거예요.
다니엘: 40분이나 걸려요?
선희: 네, 택시로 가면 오래 걸리니까 지하철을 탑시다. 지하철이 빨라요.
다니엘: 지하철을 타면 얼마나 걸려요?
선희: 10분밖에 안 걸려요.
다니엘: 그래요? 좋아요, 그럼 지하철로 갑시다.
Daniel: How long does it take by taxi from here to Sinchon?
Sunhee: It takes about 40 minutes.
Daniel: 40 minutes?
Sunhee: Yes, it takes a long time by taxi, so let's take the subway. It is faster to take subway.
Daniel: How long does it take by subway?
Sunhee: It only take 10 minutes.
Daniel: Really? Okay, then let's take the subway.

[5-6]

기사: 어서 오세요. 어디로 갈까요?
승객: 남대문 시장으로 가 주세요. 얼마나 걸려요?
기사: 20분쯤 걸립니다. 그런데 시장 안으로 갈까요?
승객: 아니요, 시장 안은 복잡하니까 지하철역 앞에서 세워 주세요.
기사: 네, 다 왔습니다.
승객: 고맙습니다. 얼마예요?
기사: 9,000원입니다.
승객: 만 원짜리밖에 없어서 만 원을 드릴게요.
기사: 네, 그럼 여기 1,000원이요. 안녕히 가세요.
Driver: Welcome. Where do you want to go?
Passenger: Namdaemun Market, please. How long does it take?
Driver: It will take about 20 minutes. Shall I go inside the market?
Passenger: No, the market is crowded, so please stop in front of the subway station.
Driver: Yes, we are here.
Passenger: Thank you. How much is it?
Driver: 9,000 won.
Passenger: I only have a 10,000 won bill, so I'll give you 10,000 won.
Driver: Yes, then here is 1,000 won. Goodbye.

▶해 봅시다

1.

[보기]
1) 출발하는 곳: 신촌역
2) 도착하는 곳: 명동역 앞
3) 타고 싶은 택시:
□큰 택시, ☑깨끗한 택시, □보통 택시, □친절한 기사님이 있는 택시
4) 돈을 내는 방법: □카드, □현금
5) 시간: 15분
[Example]
1) Place of departure: Sinchon Station
2) Place of arrival: In front of Myeongdong Subway Station
3) Taxi you want to take:
□Big taxi, ☑clean taxi, □regular taxi, □taxi with a friendly driver
4) How to pay: □card, □cash
5) Time: 15 mintues

2.

[보기]
저는 신촌역에서 명동역까지 가고 싶어요.
택시로 가면 더 편하고 빨라서 택시 앱을 이용할 거예요.
여러 택시 중에서 깨끗한 택시를 타고 싶어요.
그리고 택시비를 카드로 내고 싶어요.
버스로 가면 30분이나 걸려요. 그렇지만 택시로 가면 15분밖에 걸려요.
[Example]
I want to go from Sinchon Station to Myeongdong Subway Station.
Taking the taxi is much more convenient and faster, so I will use the taxi app.

Out of all the other taxis, I want to take a clean taxi.
I also want to pay the taxi fare with a card.
It takes about 30 minutes by bus, but about 15 minutes by taxi.

Unit 7

Section1. I'll call you later

서준: 리사 씨, 이따가 오후에 전화해 주세요.
Seojun: Lisa, please give me a call later this afternoon.
리사: 네, 전화번호 좀 가르쳐 주세요.
Lisa: Okay. Give me your phone number.
서준: 010-0121-3590이에요.
Seojun: It's 010-0121-3590.
리사; 연구실은 전화번호가 몇 번이에요?
Lisa: What is the phone number for the lab?
서준: 연구실에는 오전에만 있을 거니까 휴대 전화로 전화해 주세요.
Seojun: I will only be in the lab in the morning, so please call me on my cell phone.
리사: 그래요? 그럼 이따가 4시쯤에 전화할게요.
Lisa: Is that so? Then, I will call you later around 4 o'clock.

문법

1. -을게요/ㄹ게요

· Meaning and Usage
This is used after an action verb and shows the speaker's intentions or promises concerning something in the future.

· Form
'-을게요' is used when the action verb stem ends with a consonant.
'-ㄹ게요' is used when it ends with a vowel or 'ㄹ'.

Action verb stem ending	Combine with	Example
Consonant	-을게요	앉을게요, 덮을게요
Vowel, ㄹ	-ㄹ게요	올게요, 만들게요

· Example
내가 문을 닫을게요.
I'll close the door.
내일은 일찍 올게요.
I'll come early tomorrow.
이제 술을 마시지 않을게요.
I won't drink alcohol anymore.
앞으로는 약속을 꼭 지킬게요.
I'll definitely keep my promises from now on.

가: 오늘 저녁에 저한테 전화하세요.
A: Call me in the evening.
나: 네, 꼭 전화할게요.
B: Okay, I'll give you a call for sure.

가: 누가 저 좀 도와 주세요.
A: Someone, please help me.
나: 제가 도와드릴게요.
B: I'll help you.

· Note
This can only be used with action verbs and cannot be used with descriptive verbs. This is not used in a question. The subject is only in the first-person form and is usually used in verbal speech.

2. 만

· Meaning and Usage
This is used with a noun or adverb when speaking of one thing and excluding all other things.

· Example
고기는 먹지 않고 채소만 먹는 친구가 있어요.
I have a friend who doesn't eat meat and only eats vegetables.
어제 모임에 반 친구들이 다 왔는데 존 씨만 오지 않았어요.
All our classmates except John came to the meeting yesterday.
여기 앉아서 잠시만 기다리세요. 박 선생님은 곧 오실 거예요.
Please take a seat here and wait for just a moment. Ms. Park will be here shortly.
콘서트 표는 인터넷으로만 예매할 수 있습니다.
The concert tickets can only be reserved online.

가: 친구하고 통화했어요?
A: Did you talk to your friend on the phone?
나: 아니요, 문자메시지만 보냈어요.
B: No, I only sent a text message.

가: 서준아, 빨리 일어나서 아침 먹어라.
A: Seojun, hurry up and wake up and eat your breakfast.
나: 엄마, 오 분만 더 잘게요.
B: Mom, let me sleep for just five more minutes.

· Note
This is used after '에', '에서', or '으로/로.'

한국에만 있는 것이 있어요?
Is there something that we can only see in Korea?
담배는 밖에서만 피울 수 있어요.
You can only smoke cigarettes outside.
그분에게는 이메일로만 연락합니다.
We only contact him through email.

▶읽어 봅시다

한국 사람들은 보통 휴대 전화로 전화를 합니다.
데이비드 씨도 한국에 와서 휴대 전화를 샀습니다.
데이비드 씨는 오늘 학교 친구에게 전화를 했습니다.
친구는 전화를 받지 않았습니다.
"메시지를 남기고 별표나 우물 정자를 누르십시오."

"이게 무슨 말입니까?"
데이비드 씨는 한국 친구에게 물었습니다.
한국 친구가 가르쳐 주었습니다.
그래서 "저 데이비드예요. 이따가 다시 전화할게요." 하고 말하고 별표를 눌렀습니다.
친구가 메시지를 듣고 데이비드 씨에게 전화해 주었습니다.
Korean people usually make calls on cell phones.
David also bought a cell phone when he came to korea.
David called his school friend today.
His friend didn't answer the phone.
"Please leave a message and press the star (*) or hash (#) key."

"What does this mean?"
David asked his Korean friend.
His Korean friend taught him what it meant.
So, he said, "This is David. I'll call you back later," and pressed the star key.
His friend heard his massage and called David back.

▶들어 봅시다

[1-2]
1. 언제 전화할 거예요?
When are you going to call?

2. 선희 씨, 주말에 집에 계세요?
Sunhee, are your at home on the weekend?

[3-4]
제임스: 엠마 씨, 내일 시간 있으세요?
엠마: 글쎄요. 지금은 잘 모르겠어요.
이따가 저녁에 전화 주세요.
제임스: 그럼 전화번호 좀 가르쳐 주세요.
엠마:010-9059-3545예요.
제임스: 휴대전화 번호밖에 없어요?
엠마: 기숙사 전화번호가 있지만 9시부터는 밖에서 친구를 만나니까 핸드폰만 받을 거예요.
제임스:그럼 8시 반쯤 전화할게요.
엠마: 알겠어요. 그때쯤 전화 기다릴게요.
James: Emma, are you free tomorrow?
Emma: Well, I'm not sure right now.
Please call me later this evening.
James: Then please give me your phone number.
Emma: 010-9059-3545.
James: You only have a cell phone number?
Emma: I have a dormitory phone number, but since I'm meeting a friend outside from 9 o'clock, I can only answer my phone.
James: then I'll call you around 8:30.
Emma: Okay. I'll wait for your call around then.

▶해 봅시다

1.
[보기]
가: _____ 씨, 실례지만 전화전호가 몇 번이에요?
나: 제 전화 번호는 _____이에요/예요.
[Example]
A: _____, excuse me, but what is your phone number?
B: My phone number is _______________.

Unit 7

Section2. This is she

리사: 여보세요? 거기 법대 사무실이지요? 김선희 씨 계세요?
Lisa: Hello, is this the Law School Administration Office? Is Ms. Sunhee Kim, there?
선희: 바로 전데요. 누구세요?
Sunhee: This is she. Who is this?
리사: 저 리사예요. 지금 안 바쁘세요?
Lisa: It's Lisa. Are you busy right now?
선희: 어떡하죠? 지금 회의가 있기 때문에 가야 돼요.
Sunhee: Sorry. I have to go because I have a meeting now.
리사: 그럼 이따가 다시 연락할게요. 죄송해요.
Lisa: Then I'll contact you again later. Sorry.
선희: 괜찮아요, 회의가 끝나면 제가 연락할게요.
Sunhee: It's okay. I'll contact you after this meeting.

문법

1. -기 때문에

· Meaning and Usage

This is used after an action verb or descriptive verb to show how the content that comes before is the cause or reason for the content that comes after the form.

· Example

동생이 오늘 한국에 오기 때문에 저는 오후에 공항에 가요.
My younger brother is coming to Korea today, so I am going to the airport this afternoon.
오늘은 바쁘기 때문에 친구를 만날 수 없습니다.
I cannot meet my friend today because I am busy.
오늘이 친구 생일이기 때문에 파티를 했습니다.
We had a party because today is my friend's birthday.
시험이 끝났기 때문에 도서관에 학생이 많지 않습니다.
There are not a lot of students in the library because exams are over.

가: 왜 이 식당에 사람이 많아요?
A: Why are there so many people in this restaurant?
나: 음식이 맛있기 때문에 사람이 많아요.
B: There are many people because the food is good.

가: 마이클 씨, 왜 여행을 안 가요?
A: Michael, why are you not travelling?
나: 아르바이트 때문에 여행을 안 가요.
B: I am not going because of my part-time job.

· Note

This is used in written language more than in spoken language.
The past is written like '-었기/았기/였기 때문에'.
It is not combined with '-겠-' of the future or supposition.
A request or command may not follow at the end of the sentence.

2. -는데요/은데요/ㄴ데요

· Meaning and Usage

This is used with an action or descriptive verb when the speaker is talking about something and is expecting a response from another person.

· Form

'-는데요' is used after action verbs including '있다' and '없다'. '-ㄴ데요' is used when the descriptive verb stem ends with a vowel or 'ㄹ'. '-은데요' is used when it ends with a consonant.

Verb Stem ending	Combine with	Example
Action verb, 있다, 없다	-는데요	먹는데요, 가는데요, 있는데요
Consonant, (Descriptive Verbs)	-은데요	작은데요, 좋은데요, 싫은데요
Vowel, ㄹ (Descriptive Verbs)	-ㄴ데요	큰데요, 친절한데요, 먼데요

· Example

저는 지금 밥을 먹는데요.
I am eating right now.
저는 오늘 할 일이 많아서 바쁜데요.
I'm busy today because I have a lot of things to do.
제 동생은 경제학을 전공하는 대학생인데요.
My young brother is a college student majoring in economics.
죄송합니다만 다음 학기 신청 기간이 벌써 끝났는데요.
I'm sorry but the time period for registration for next semester is already over.

가: 여보세요, 수지 씨, 지금 오고 있지요?
A: Hello, Susie. you're on your way here, right?
나: 네, 지금 가고 있는데요.
B: Yes, I'm on my way now.
가: 모두 기다리니까 빨리 오세요.
A: Everyone is waiting for you, so please hurry.

가: 에어컨을 켤까요?
A: Shall we turn on the air conditioner?
나: 저는 좀 추운데요.
B: I'm a little cold.
가: 그럼 에어컨을 켜지 맙시다.
A: Then let's not turn it on.

· Note
When this is used in interrogatives with 'who(누구), what(무엇), where(어디), when(언제), and why(왜)', the sentence requires an answer.

▶읽어 봅시다

제임스 씨는 다니엘 씨에게 전화를 걸었습니다.
"다니엘 씨 핸드폰이지요?"
"네, 바로 전데요. 누구세요?"
"저 제임스예요."
"안녕하세요, 제임스 씨? 무슨 일이세요?"
"이번 크리스마스에 시간이 있어요? 저녁 6시에 우리 집에서 파티를 해요."
"그래요? 그날 약속이 없기 때문에 시간이 있어요. 초대해 줘서 고마워요. 그런데 집이 어디예요?"
"우리 집은 학교 근처에 있어요.
지하철 2호선 신촌역에서 내리세요. 길이 어렵지 않지만 지하철에서 내리면 전화하세요. 제가 나갈게요."
제임스 씨는 리사 씨에게도 전화했습니다.
리사 씨는 전화를 받지 않았습니다.
그래서 리사 씨에게 초대 문자 메시지를 보냈습니다.
리사 씨가 문자 메시지를 확인하고 답장을 보냈습니다.
James called Daniel.
"Is this Daniel's phone?"
"Yes, this is he. Who are you?"
"This is James."
"Hello, James. What's going on?"
"Are you free this Christmas? I'm having a party at my house at 6 PM."
"Is that so? I have time since I don't have any appointment on that day. Thanks for inviting me. By the way, where is your house?"
"My house is near the school.
Get off at Sinchon Station on Subway Line 2. The way isn't difficult, but call when you get off the subway. I'll come out."
James also called Lisa.
Lisa didn't answer the phone.
So, he sent Lisa an invitation by text message.
Lisa checked the text message and replied.

▶들어 봅시다

[1-2]

1. 여보세요? 엠마 씨 핸드폰이지요?
Hello. This is Emma's cell phone, right?

2. 제임스 씨, 내일 우리 반 모임에 왜 안 나오세요?
Why aren't you coming to our class meeting tomorrow?

[3-5]

제임스:여보세요, 리사 씨 좀 바꿔 주세요.
남자: 몇 번에 거셨어요? 전화 잘못 거셨습니다.
제임스: 2134-3469 아니에요?
남자: 아닌데요.
제임스 : 죄송합니다.

따르릉

리사:여보세요?
제임스:여보세요? 리사 씨 계세요?
리사:바로 전데요. 제임스 씨예요?
제임스:네, 저예요.
리사: 웬일이세요?
제임스: 마이클 씨 전화번호를 알고 싶어서요. 혹시 아세요?
리사: 집이요? 휴대폰이요?
제임스: 휴대폰 번호 좀 가르쳐 주세요.
리사: 잠시만요. 010-315-3895예요.
제임스:고마워요. 내일 학교에서 만나요
리사: 네, 내일 일찍 갈게요 학교에서 만나요.

James: Hello. Please put Lisa on the phone.
Man: What number did you dial? You dialed the wrong number.
James: Isn't this 2134-3469?
Man: No.
James: I'm sorry.

Ring-ring.

Lisa: Hello?

James: Hello. Is Lisa there?
Lisa: This is she. Are you James?
James: Yes, it's me.
Lisa: What's going on?
James: I want to know Michael's phone number. Do you happen to know what it is?
Lisa: Home or cell phone?
James: Please tell me his cell phone number.
Lisa: Wait a minute. It's 010-315-3895.
James: Thanks. See you at school tomorrow.
Lisa: Sure, I'll get there early tomorrow. See you at school.

[6-8]
여자: 여보세요? 거기 식당이지요?
남자: 네, 엄마손 식당입니다.
여자: 배달 주문을 좀 하고 싶은데요
남자: 주소가 어떻게 되십니까?
여자: 신촌 연세 기숙사 1011호요.
남자: 뭘 주문하시겠어요?
여자: 비빔밥 세 그릇하고 김치찌개 작은 거 하나요.
남자: 지금 점심 시간이기 때문에 주문이 많습니다. 비빔밥은 시간이 많이 걸리는데요. 괜찮으시겠어요?
여자: 괜찮아요. 얼마나 걸려요?
남자: 20분 정도 걸립니다.
여자: 괜찮아요. 기다릴게요.
남자: 계산은 어떻게 할까요?
여자: 배달이 오면 현금을 드릴게요.
Woman: Hello? Is this the restaurant?
Man: Yes, this is Mom's Hand Restaurant.
Woman: I'd like to place an order for delivery.
Man: What is your address?
Woman: Sinchon Yonsei Dormitory, Room 1011.
Man: What would you like to order?
Woman: Three bowls of bibimbap and one small serving of kimchi stew.
Man: There are a lot of orders right now because it's lunch time. Bibimbap takes a long time. Is this okay?
Woman: It's okay. How long will it take?
Man: It will take about 20 minutes.
Woman: Okay. I'll wait.
Man: How do you want to pay?
Woman: I'll pay by cash when the delivery comes.

▶해 봅시다

<보기>
가: 여보세요? 리사 씨 핸드폰입니까?
나: 네, 맞습니다. 누구시지요?
가: 저 마이클이에요.
나: 아, 네, 마이클 씨, 잘 지냈어요? 웬일이세요?
가: 숙제를 몰라서 전화했어요.
나: 네. 잠깐만요. 오늘은 숙제가 없어요.
가: 고마워요, 내일 학교에서 봐요.
나: 네, 들어가세요.
[Example]
A: Hello? Is this Lisa's cell phone?
B: Yes, this is she. May I ask who this is?
A: This is Michael.
B: Oh, yes, Michael, how have you been? Why did you call me?
A: I'm calling because I don't know what the homework is.
B: Yes, wait a minute. Today we don't have any homework.
A: Thank you. See you at school tomorrow.
B: Yes, take care.

Unit 8

Section1. I called because it's Daniel's birthday

리사: 서준 씨, 수영 씨한테서 전화 받았어요?
Lisa: Seojun, did you get a call from Sooyoung?
서준: 아니요, 안 받았는데요.
Seojun: No, I didn't get one.
리사: 토요일이 다니엘 씨 생일이라서 전화했어요.
Lisa: I'm calling because it's Daniel's birthday on Saturday.
서준: 그래요? 몇 시에 파티를 해요?
Seojun: Really? What time is the party?
리사: 아직 안 정했어요. 나중에 전화 드릴게요.
Lisa: We haven't decided yet. I'll call you later.
서준: 그럼 아르바이트를 하고 나서 같이 선물을 사러 가요. 늦으면 전화할게요.
Seojun: Then let's go buy a present together after my part-time job. I'll call you if I'm late.

문법

1. 이라서/라서

· Meaning and Usage

This is used with a noun to show that something is the cause or reason for something else.

· Form

'이라서' is used when the noun ends with a consonant and '라서' is used when it ends with a vowel.

Noun ending	Combine with	Example
Consonant	이라서	학생이라서, 일요일이라서
Vowel	라서	가수라서, 제주도라서

· Example

제 고향은 섬이라서 배를 타고 가야 해요.
My hometown is an island, so I must take a boat to get there.
설렁탕은 맵지 않은 음식이라서 외국 사람도 잘 먹을 거예요.
Because seolleongtang isn't a spicy food, foreigners would enjoy it.
제임스 씨는 기자라서 출장을 자주 가요.
James is a reporter, so he goes on business trips often.
이 자전거는 공원에서 빌린 거라서 돌려줘야 해요.
I rented this bicycle at the park, so I must return it.

가: 요즘 리사 씨를 자주 만나요?
A: Do you see Lisa often these days?
나: 네, 리사 씨하고 같은 반이라서 자주 만나요.
B: Yes, I see her often because we are in the same class.

가: 도서관에 학생들이 많아요.
A: There are many students in the library.
나: 네, 내일이 시험이라서 도서관에 학생들이 많아요.
B: Yes, there are many students in the library because there is an exam tomorrow.

· Note

This is used in conversation. '아니다' is written as '아니라서'.

2. -고 나서

· Meaning and Usage

This is used with an action verb to show that after an action is completed, another action follows.

· Example

저는 책을 읽고 나서 영화를 봤어요.
I watched a movie after reading a book.
선희 씨, 우리 밥을 먹고 나서 커피숍에 갈까요?
Sunhee, should we go to the coffee shop after we eat?
저는 어제 영화를 보고 나서 늦게 저녁을 먹었어요.
I had a late dinner after watching a movie yesterday.
엠마 씨가 가고 나서 수영 씨가 왔어요.
Sooyoung arrived after Emma left.

가: 다니엘 씨, 우리 영화를 먼저 보고 나서 밥을 먹을까요?
A: Daniel, why don't we eat after watching the movie?
나: 저는 지금 배가 많이 고파요. 먼저 밥을 먹읍시다.
B: I'm so hungry right now. Let's eat first.

가: 저는 지금 게임을 하고 싶어요.
A: I want to play games now.
나: 숙제를 먼저 다 하고 나서 게임하세요.
B: Play games after you finish your homework.

· Note

This cannot be used with a descriptive verb. When using '가다, 오다', the subjects in the preceding sentence and the subsequent sentence must be different.

▶읽어 봅시다

스티븐 씨는 월요일에 미영 씨에게 전화를 걸었습니다.
"토요일 저녁에 시간이 있어요? 같이 연극도 보고 저녁도 먹을까요? 인기 있는 연극이라서 같이 보고 싶어요."
"네, 낮에는 일이 있지만 저녁에는 괜찮아요."
"좋아요, 그럼 그날 7시에 만나요."
두 사람은 약속을 했습니다.
그런데 스티븐 씨는 토요일 오후에 다시 미영 씨에게 전화를 걸었습니다.
"미영 씨, 여기 김포공항이에요. 급한 일이 생겨서 지금 부산에 갑니다.
정말 미안해요. 내일 저녁에 시간이 있어요? 일을 하고 나서 만납시다."
"글쎄요, 내일 다시 전화하세요."
미영 씨 목소리가 좋지 않았습니다.

'미영 씨가 아플까?', '미영 씨가 화가 났을까?'
스티븐 씨는 걱정을 했습니다.
Steven called Miyoung on Monday.
"Are you free on Saturday evening? Shall we watch a play and have dinner together? The play is famous so I want to watch."
"Sure, I have work during the day, but I'm free in the evening."
"Okay, then let's meet at 7 that day."
The two made a promise.
However, Steven called Miyoung again on Saturday afternoon.
"Miyoung, I'm at Gimpo Airport. Something urgent came up, so I'm going to Busan now. I'm so sorry. Are you free tomorrow evening? Let's meet after work."
"Well, call me back tomorrow."
Miyoung didn't sound good.
'Is Miyoung sick?'. 'Is Miyoung angry?'
Steven was worried.

▶들어 봅시다

[1-2]

1. 도서관에 학생들이 많아요?
Are there a lot of students in the library?

2. 서준 씨, 우리 영화를 보고 뭘 할까요?
Seojun, what shall we do after watching the movie?

[3-4]

리사: 여보세요. 수영 씨, 저 리사인데요.
수영: 네, 리사 씨, 무슨 일이에요?
리사: 오늘 약속 시간을 바꾸고 싶어서 전화했어요. 점심에 해야 할 일이 생겨서 12시에 만나는 게 어려울 것 같아요.
수영: 그럼 저녁에 만나는 건 어때요?
리사: 회의가 5시라서 저는 6시가 좋아요. 약속 시간을 바꿔서 미안해요.
수영: 괜찮아요. 이따가 만나서 같이 저녁을 먹읍시다.
Lisa: Hello, Sooyoung. This is Lisa.
Sooyoung: Yes, Lisa, what's going on?
Lisa: I called because I wanted to change our appointment today. I think it would be difficult to meet at 12 o'clock because I have work to do at lunch.
Sooyoung: Then how about we meet in the evening?
Lisa: I like 6 o'clock since I have a meeting at 5 o'clock. I'm sorry for changing the time.
Sooyoung: It's okay. Let's meet later and have dinner together.

[5-6]

선희: 여보세요. 서준 씨, 저 김선희인데요.
서준: 네, 선희 씨, 무슨 일이에요?
선희: 내일 오후에 시간이 있어요?
서준: 네, 주말이라서 시간이 있어요. 왜요?
선희: 같이 동대문 시장에 쇼핑하러 갈까요?
서준: 네, 좋아요. 저도 동대문 시장에 가고 싶었어요.
선희: 그럼 몇 시에 만날까요?
서준: 점심을 먹고 나서 1시 반에 만납시다.
선희: 어디에서 만날까요?
서준: 신촌 지하철역 1번 출구 앞에서 만납시다.
선희: 알겠습니다. 그럼 내일 봅시다.
Sunhee: Hello, Seojun. This is Sunhee Kim.
Seojun: Yes, Sunhee, what's going on?
Sunhee: Are you free tomorrow afternoon?
Seojun: Yes, I have time because it is the weekend. Why do you ask?
Sunhee: Would you like to go shopping at Dongdaemun Market together?
Seojun: Yes, sounds good. I also wanted to go to Dongdaemun Market.
Sunhee: Then what time shall we meet?
Seojun: Let's meet at 1:30 after eating lunch.
Sunhee: Where shall we meet?
Seojun: Let's meet in front of Sinchon Subway Station Exit 1.
Sunhee: Okay. See you tomorrow then.

▶해 봅시다

2.

<보기>
선희: 여보세요, 서준 씨 계십니까?
서준: 네, 전데요. 누구세요?
선희: 서준 씨, 저 선희예요. 내일 오후에 시간이 있어요?
서준: 네, 괜찮아요. 왜요?
선희: 같이 동대문 시장에 쇼핑하러 갈까요?
서준: 네, 좋아요. 저도 동대문 시장에 가고 싶었어요. 언제 갈까요?
선희: 1시 반은 어떠세요?
서준: 1시 반 좋습니다.
선희: 어디에서 만날까요? 저는 학교가 신촌이라서 신촌 지하철역 근처에서 만나는 게 편해요.
서준철: 그럼 신촌 지하철역 1번 출구에서 만납시다.
선희: 알겠습니다. 그럼 내일 봅시다.

[Example]
Sunhee: Hello? Is Seojun there?
Seojun: Yes, this is he. Who are you?
Sunhee: Seojun, this is Sunhee. Are you free tomorrow afternoon?
Seojun: Yes, I am. Why?
Sunhee: Do you want to go shopping at Dongdaemun Market together?
Seojun: Yes, sure. I also wanted to go to Dongdaemun market. When should we go?
Sunhee: How about 1:30?
Seojun: 1:30 is fine with me.
Sunhee: Where shall we meet? My school is in Sinchon, so it's convenient to meet near Sinchon Subway Station.
Seojun: Then let's meet at Sinchon Subway Station Exit 1.
Sunhee: Great. See you tomorrow then.

3.
[보기]
저는 서준 씨와 약속을 했습니다. 우리는 같이 동대문 시장에 쇼핑하러 가겠습니다. 약속 장소는 신촌 지하철역 1번 출구입니다. 약속 시간은 금요일 1시 30분입니다.
[Example]
I made an appointment with Seojun. We are going shopping together at Dongdaemun Market. The meeting place is Sinchon Subway Station Exit 1. The appointed time is Friday, 1:30 PM.

Unit 8

Section2. He can't answer the phone right now

서준: 여보세요, 죄송하지만 다니엘 씨 좀 바꿔 주세요.
Seojun: Hello. I'm sorry, but I'd like to speak to Daniel.
남자: 다니엘 씨가 지금 전화를 받지 못해요. 잠시만 기다리세요.
Man: Daniel can't answer the phone right now. Just a moment, please.
다니엘: 전화 바꿨습니다.
Daniel: Yes, Daniel speaking.
서준: 다니엘 씨, 저 정서준이에요.
Seojun: Daniel, I'm Jung Seojun.
다니엘: 서준 씨, 언제 올 거예요?
Daniel: Seojun, when are you coming?
서준: 미안해요, 아직 회사예요. 아마 30분쯤 늦게 도착할 거예요.
Seojun: Sorry, I'm still at work. I'll probably arrive about 30 minutes late.

문법

1. -지 못하다

· Meaning and Usage
This is added to an action verb to express the impossibility or lack of ability to do something.

· Example
피아노를 치지 못해요.
I can't play the piano.
한국말을 하지 못해요.
I can't speak Korean.
책을 잘 읽지 못합니다.
I can't read books well.
왜 모임에 오지 못해요?
Why can't you come to the meeting?

가: 옷을 샀어요?
A: Did you buy clothes?
나: 아니요, 옷을 사지 못했어요.
B: No, I could not buy clothes.

가: 왜 친구를 자주 만나지 못해요?
A: Why can't you meet your friend often?
나: 시간이 없어요.
B: I have no time.

· Note
This should only be used with an action verb. With descriptive verbs, this shows failure to reach a certain standard.

2. -게

· Meaning and Usage
This is added to a descriptive verb to describe the manner or intensity of an action.

· Example
저는 불고기를 맛있게 먹었어요.
I enjoyed eating the bulgogi.
제임스 씨가 시장에서 가방을 싸게 샀어요.
James bought a bag at the market for a good price.

수지 씨, 공책에 이름을 크게 쓰십시오.
Susie, please write your name on the notebook in large letters.
친구가 옷을 예쁘게 입었어요.
My friend is dressed nicely.

가: 누가 청소를 잘 해요?
A: Who is good at cleaning?
나: 마이클 씨가 청소를 깨끗하게 해요.
B: Daniel cleans very well.

가 : 수영 씨, 주말에 무엇을 했어요?
A: Sooyoung, what did you do over the weekend?
나: 친구를 만나서 재미있게 놀았어요.
B: I met my friend and had fun.

· Note
This is not used with the past tense '-었/았/였-' or future tense '-겠-'.

▶읽어 봅시다

미국에서 온 케빈 씨는 요즘 한국어를 배웁니다.
이제는 한국말을 좀 합니다.
그러나 전화가 오면 겁이 납니다.
듣기도 어렵고 말하기도 잘 하지 못합니다.
지난주 토요일에 케빈 씨는 하숙집에 혼자 있었습니다.
"따르릉, 따르릉"
케빈 씨는 겁이 났지만 전화를 받았습니다.
"거기 중국집이지요?"
"네? 여보세요? 몇 번에 거셨습니까?"
"거기가 중국집 아니에요?"
"전화 잘못 거셨습니다."
"아, 정말 죄송합니다."
"아니요, 괜찮습니다."
케빈 씨가 크게 대답했습니다.
전화를 끊고 나서 케빈 씨는 전화를 잘 받아서 기뻤습니다.
Kevin from the United States is learning Korean these days.
He can speak some Korean now.
But when the phone calls, he gets scared.
Listening is difficult and speaking skill is not good.
Last Saturday, Kevin was alone at the boarding house.
"Ring-ring, ring-ring."
Kevin was scared, but he answered the phone.
"Is this the Chinese restaurant?"
"Yes? Hello? What number did you dial?"
"This isn't the Chinese restaurant?"
"You dialed the wrong number."
"Oh, I'm really sorry."
"No, it's okay."
Kevin answered loudly.
After hanging up the phone, Kevin was glad he answered the phone well.

▶들어 봅시다

[1-2]

1. 수지 씨, 옷을 샀어요?
Susie, did you buy clothes?

2. 여러분, 칠판 글씨가 어때요?
Everyone, how is the writing on the blackboard?

[3-4]

수지: 여보세요? 학교 사무실이지요? 저는 연세 대학교 1학년 학생인데요.
직원: 네, 무슨 일로 전화하셨어요?
수지: 학생증을 만들고 싶어서 전화했습니다.
직원: 그럼 학생증을 담당하시는 분을 바꿔 드릴게요. 잠시만 기다리세요.
수지: 네, 알겠습니다. 감사합니다.
(잠시 후)
직원: 네, 전화 바꿨습니다. 무슨 일로 전화하셨어요? 제가 도와드릴게요.
Susie: Hello? Is this the school office? I am a first-year student at Yonsei University.
Staff: Yes, what are you calling about?
Susie: I called because I want to make a student ID card.
Staff: Then I'll transfer you to the person in charge of student ID cards. Please wait a minute.
Susie: Yes, I understand. Thank you.
(After a while)
Staff: Yes, your call has been transferred. May I ask what you are calling about? Let me help you.

[5-6]

하숙집 주인: 여보세요.
서준: 여보세요? 신촌 하숙집입니까?
하숙집 주인: 네, 그렇습니다. 누굴 찾으세요?
서준: 실례지만 수영 씨 좀 바꿔 주세요.

하숙집 주인: 수영 씨 지금 안 계신데요. 오늘 집에 늦게 올 거예요.
서준: 그럼 리사 씨 계십니까?
하숙집 주인: 리사 씨는 지금 친구와 통화 중이라서 전화를 받지 못하는데요.
서준: 그럼 다른 사람은 누가 있어요?
하숙집 주인: 제임스 씨하고 민지 씨가 있어요.
서준: 그럼 제임스 씨 좀 바꿔 주세요.
하숙집 주인: 네, 잠시만 기다리세요.
Boarding house owner: Hello?
Seojun: Hello? Is this the Shinchon Boarding House?
Boarding house owner: Yes, it is. Who are you looking for?
Seojun: Excuse me, may I talk to Sooyoung?
Boarding house owner: Sooyoung is not here right now. He will come home late today.
Seojun: Then is Lisa there?
Boarding house owner: Lisa can't talk because she is currently on the phone with a friend.
Seojun: Then who else is there?
Boarding house owner: James and Minji.
Seojun: Then can I speak to James?
Boarding house owner: Yes, just wait a moment.

▶해 봅시다

1.

[이야기1]
선희 씨 전화번호는 265-3397입니다. 수영 씨는 선희 씨에게 전화하고 싶었지만 265-3497번으로 전화를 잘못 걸었습니다. 그곳은 노래방이었습니다.
[Story 1]
Sunhee's phone number is 265-3397. Sooyoung wanted to call Sunhee, but he dialed the wrong number, 265-3497. It was a singing room.

[이야기2]
수영 씨는 이지은 선생님과 통화하고 싶었지만 선생님이 안 계셨습니다. 박 선생님이 전화를 받으셨습니다. 그리고 이지은 선생님을 바꿔 주셨습니다.
[Story 2]
Sooyoung wanted to talk to her teacher Ji-eun Lee on the phone, but she wasn't there. Teacher Park answered, and put teacher Ji-eun Lee on the phone.

[이야기3]
수영 씨는 친구 민호 씨에게 전화했지만 민호 씨의 어머니가 전화를 받으셨습니다. 민호 씨의 어머니는 수영 씨를 집으로 초대하셨습니다.
[Story 3]
Sooyoung called his friend Minho, but Minho's mother answered the phone. Minho's mother invited Sooyoung over to the house.

2.

[이야기1]
수영 씨는 선희 씨와 전화하고 싶었지만 전화를 잘못 걸었습니다.
[보기]
수영: 여보세요? 선희 씨 집이지요?
노래방 주인: 아니요, 여기는 노래방입니다. 잘못 거셨습니다.
수영: 아, 그래요? 거기 선희 씨 집 아니에요? 전화번호가 몇 번이지요?
노래방 주인: 265-3497입니다.
수영: 전화번호 뒷자리가 '3497'이에요? 저는 '3397'에 전화했는데요. 제가 전화를 잘못 걸었습니다. 죄송합니다.
[Story 1]
Sooyoung wanted to call Sunhee, but dialed the wrong number.
[Example]
Sooyoung: Hello? Is this Sunhee's house?
Karaoke bar owner: No, this is the karaoke bar. You dialed the wrong number.
Sooyoung: Oh, really? Isn't there Sunhee's house? What numbere is there?
Karaoke bar owner: It's 265-3497.
Sooyoung: The phone number ends in "3497"? But I want to call number ends in "3397." I called the wrong number. Sorry.

Unit 9

Section1. It will rain soon

선희: 오늘 날씨가 흐리네요.
Sunhee: It's cloudy today.
제임스: 하늘에 구름이 많이 꼈어요.
James: Yes, there are lots of clouds in the sky.
선희: 바람도 좀 부는데요.
Sunhee: It's windy too.
제임스: 곧 비가 오겠어요. 우산을 가지고 왔어요?
James: It seems it will rain soon. Did you bring your umbrella?

선희: 가지고 왔어요. 내일은 비가 그치겠지요?
Sunhee: Yes, I did. It'll clear up tomorrow, won't it?
제임스: 네, 내일은 맑을 거예요.
James: Yes, It will be clear tomorrow.

문법

1. -겠-[2]

· Meaning and Usage

This is added to an action verb or descriptive verb to show a presumption of the speaker concerning something after hearing some information or through observation.

· Example

그 꽃을 선물하면 친구가 좋아하겠어요.
Your friend would love it if you gave this flower as a gift.
중국에서 오래 살아서 중국말을 잘 하겠어요.
You must speak Chinese very well since you lived in China for a long time.
이 삼계탕이 맛있겠어요.
This samgyetang must taste delicious.
제임스 씨가 가족들을 만나서 반가워했겠네요.
James must have been happy to see his family.

가: 오늘 시험을 정말 잘 봤어요.
A: I did really well on my test today.
나: 그래요? 기분이 좋겠어요.
B: Really? You must feel really good.

가: 리사 씨 집 근처에 바다가 있어요.
A: The beach is near Lisa's house.
나: 리사 씨가 맛있는 생선을 많이 먹겠네요.
B: Lisa must eat a lot of delicious fish.

· Note

This cannot be used with a subject in the first person.

2. -네요

· Meaning and Usage

This is added to an action verb or descriptive verb to show the speaker's emotions concerning new realizations after personal experience.

· Example

한국말을 잘 하시네요.
You are good at Korean.
오늘 입으신 옷이 참 예쁘네요.
Your outfit today is very pretty.
내일이 엠마 씨 생일이네요.
It's Emma's birthday tomorrow.
다니엘 씨가 그림을 잘 그렸네요.
Daniel drew the picture well.

가: 오늘 날씨가 어때요?
A: How's the weather today?
나: 날씨가 좀 춥네요.
B: The weather is slightly cold.

가: 다니엘 씨가 춤을 잘 추지요?
A: Isn't Daniel good at dancing?
나: 네, 정말 잘 추네요.
B: Yes, he is quite good.

· Note

Because '-네' shows a fact that has been realized just now, in principle, the subject cannot be in the first person. It is normally used in the second or third person.

▶읽어 봅시다

요즘 날마다 날씨가 무덥습니다.
물놀이 사고도 많습니다.
조심하십시오.
오늘 날씨입니다.
오늘은 날씨가 맑겠습니다.
하지만 낮에는 구름이 조금 끼겠습니다.
아침 기온은 25도이고 낮 최고 기온은 33도입니다.
내일은 흐리고 오후에 소나기가 오겠습니다.
아침 기온은 23도이고 낮 최고 기온은 31도입니다.
날씨였습니다.
It's very hot and humid every day these days.
There are many water-related accidents.
Be careful.
This is today's weather report.
The weather will be clear today.
However, it will be a bit cloudy during the day.
The morning temperature is 25 degrees and the highest temperature during the day is 33 degrees.
Tomorrow will be cloudy with a chance of rain showers in the afternoon.
The morning temperature will be 23 degrees and the highest temperature during the day will be 31 degrees. This has been the weather forecast.

▶들어 봅시다

[1-2]

1. 비가 오네요.
It's raining.

2. 비가 곧 그치겠어요.
The rain will stop soon.

3.
1) 흐리고 구름이 많겠습니다.
The sky will be murky and very cloudy.
2) 아침에 눈이 많이 내렸습니다.
It will snow a lot in the morning.
3) 바람이 강해서 창문을 닫았어요.
The wind was strong, so I closed the window.
4) 비가 오겠습니다. 우산을 준비하세요.
It will rain. Please prepare an umbrella.

[4-6]

밤에 전국에 비가 내렸습니다.
특히 제주 지방에 많은 비가 내렸는데요.
아침인 지금까지도 비가 오는 곳이 있지만 이번 비는 오늘 오전에 그치겠습니다.
서울은 오늘 비가 내리지 않고 오전에 흐린 후 개겠습니다.
전국에 강한 바람이 불겠습니다. 날씨였습니다.
It rained all over the country at night.
In particular, there was a lot of rain in the Jeju region.
There are still places where it is raining this morning, but this rain will stop before noon.
There will be no rain in Seoul today. It will be cloudy in the morning, then clear up.
Strong winds will blow across the country. This has been the weather forecast.

▶해 봅시다

1.

질문	<보기>	내 대답	친구 대답
어떤 날씨를 좋아해요?	비 오는 날		
왜 그런 날씨를 좋아해요?	덥지 않아서		
그런 날에 무엇이 있어야 돼요?	우산, 비옷, 장화		
그런 날에 무엇을 먹어요?	파전, 막걸리		
그런 날에 누구를 만나요?	오래된 친구들		

Questions	<Example>	My answer	Friend's answer
What kind of weather do you like?	Rainy days		
Why do you like that weather?	Because it's not hot		
What do you need on days like that?	Umbrella, rainboat, boots		
What do you eat on days like that?	Pajeon (green onion pancake), makgeolli (unrefined rice wine)		
Who do you meet on days like that?	Old friends		

2.
<보기>
저는 비가 오는 날을 좋아합니다.
비가 오면 편안한 기분을 느낍니다.
비가 오는 날에는 우산을 가지고 가야 합니다.
비옷을 입고 장화를 신으면 기분이 더 좋습니다.
이런 날에는 오래된 친구들에게 연락해서 파전을 먹으러 갑니다.
비가 오는 날에 파전과 막걸리를 먹으면 정말 맛있습니다.
친구들과 이야기도 하고 맛있는 음식도 먹으면 행복합니다.
<Example>
I love rainy days.
I feel comfortable when it rains.
On rainy days, you must take an umbrella.
It feels even better to wear a raincoat and boots.
On days like this, I call up old friends and go out to eat pajeon.
Eating pajeon and makgeolli on a rainy day is really delicious.
I feel happy taking with friends and eating delicious food.

Unit 9

Section2. It will be warmer than today

제임스: 오늘은 바람도 불면서 비도 오네요.
James: It's windy and rainy today.
선희: 오후에는 비가 그치면서 날씨가 갤 거예요.
Sunhee: In the afternoon, the rain will stop and the weather will clear up.
제임스: 내일은 날씨가 어떨까요?
James: What will the weather be like tomorrow?
선희: 오늘보다 따뜻할 거예요.
Sunhee: It will be warmer than today.
제임스: 선희 씨 고향은 겨울에 날씨가 어때요?
James: Sunhee, how's the weather in your hometown during winter?
선희: 제 고향은 남쪽이기 때문에 서울보다 따뜻해요.
Sunhee: My hometown is in the south, so it's warmer than Seoul.

문법

1. 보다

· Meaning and Usage

This is added to a noun in order to express a comparison. It is used when comparing items of the same category.

· Example

동생이 저보다 키가 커요.
My younger brother/sister is taller than me.
출퇴근 시간에는 길이 막히기 때문에 지하철이 버스보다 빨라요.
The subway is faster than the bus during rush hour because the roads are congested.
제임스 씨는 커피보다 콜라를 더 좋아해요.
James prefers cola to coffee.
그 가방이 이것보다 더 커요?
Is that bag bigger than this one?

가: 서울이 제주도보다 추워요?
A: Is Seoul colder than Jeju-do?
나: 네, 서울이 제주도보다 추워요.
B: Yes, Seoul is colder than Jeju-do.

가: 저 두 사람 중에서 누가 노래를 더 잘해요?
A: Who sings better between the two of them?
나: 마이클 씨가 수영 씨보다 노래를 잘해요.
B: Michael sings better than Sooyoung.

2. -으면서/면서

· Meaning and Usage

This is added to an action verb or a descriptive verb to indicate that the subject does more than two actions at the same time, or that there is more than one attribute.

· Form

'-으면서' is added when the stem ends in a consonant.
'-면서' is added when the stem ends in a vowel or 'ㄹ'.

Action Verb Descriptive Verb Stem ending	Combine with	Example
Consonant	-으면서	먹으면서, 읽으면서 좋으면서, 어려우면서
Vowel, ㄹ	-면서	자면서, 기다리면서, 바쁘면서, 살면서

· Example

텔레비전을 보면서 식사를 해요.
I eat while watching TV.
친구하고 같이 이야기하면서 걸어가요.
I walk while talking with a friend.
피아노를 치면서 노래를 불렀어요.
I sing while playing the piano.
음악을 들으면서 공부할까요?
Do you want to study while listening to music?

가: 팝콘을 살까요?
A: Shall we buy popcorn?
나: 네, 팝콘을 먹으면서 영화를 봅시다.
B: Yes, let's eat popcorn while watching the movie.

가: 친구들 기다리면서 뭘 하세요?
A: What do you do while waiting for a friend?
나: 기다리면서 게임을 해요.
B: I play a game while waiting.

▶읽어 봅시다

이번 여름은 정말 더웠습니다.
우리 가족은 속초로 가족 여행을 갔습니다.
여행을 가는 날 아침에 서울에는 바람도 불고 구름도 많이 꼈습니다.
"비가 오면 어떻게 해요?" 하고 모두들 걱정을 했습니다.
"오랜만에 가는 여행인데……."

속초까지는 자동차로 세 시간쯤 걸렸습니다.
속초에는 비가 내리지 않았습니다.
서울보다 날씨가 좋았습니다.
바다와 하늘이 모두 파랗고 깨끗했습니다.
우리 가족은 3박 4일 동안 재미있게 지냈습니다.
날씨가 좋아서 바다에서 수영도 하고 배도 탔습니다.
여행을 하면서 가족들과 이야기도 많이 하고 사진도 많이 찍었습니다.
It was really hot this summer.
My family went on a family trip to Sokcho.
On the morning of our trip, it was windy and cloudy in Seoul.
"What if it rains?" Everyone was worried.
"It's been such a long time since we went on a trip..."
It took about three hours to get to Sokcho by car.
There was no rain in Sokcho.
The weather was nicer in Sokcho than in seoul.
Both the sea and sky were blue and clear.
Our family had a great time for 3 nights and 4 days.
The weather was nice, so we swam in the sea and went on boat rides.
While traveling, I talked a lot with my family and took many pictures.

▶들어 봅시다

[1-2]

1. 고향은 날씨가 추워요?
Is the weather cold in your hometown?

2. 1) 날씨가 따뜻하네요.
The weather is warm.
2) 선선하고 비가 오겠습니다.
It will be cool and rainy.
3) 조금 덥고 구름이 많겠습니다.
It will be a little hot and cloudy.
4) 더우니까 바닷가에 가면 좋겠네요.
Since it's hot, it would be nice to go to the beach.

[3-4]

남자: 요즘 아침과 저녁에는 날씨가 선선하지요?
여자: 네, 이제 많이 덥지 않아서 좋아요.
지난달에는 낮에 정말 더웠어요.
남자: 다음 주까지는 낮 시간에 조금 더울 거예요.
저녁에는 날씨가 선선하니까 같이 자전거를 탑시다.
여자: 그래요. 좋아요.
Man: The weather is cool in the mornings and evenings these days, isn't it?
Woman: Yes, it's great because it's not so hot anymore.
Last month, it was really hot during the day.
Man: It will be a little hot during the day until next week. The weather is cool in the evening, so let's ride our bikes together.
Woman: Yes, it sounds good.

[5-7]

한국의 날씨를 소개하겠습니다.
한국의 3월, 4월, 5월은 1월이나 2월보다 따뜻합니다.
날씨가 따뜻하고 꽃이 예쁩니다.
6월, 7월, 8월은 아주 덥고 습합니다 . 비가 자주 오는 7월의 장마철이 지나면 너무 더워서 방학을 합니다.
9월, 10월, 11월은 선선합니다. 날마다 하늘이 맑고 깨끗해서 밖에서 운동하는 사람들이 많습니다.
12월, 1월, 2월은 눈이 내리면서 춥습니다. 북쪽에서 부는 바람은 차갑고 건조합니다. 눈이 오는 12월에 아이들은 방학을 하고 놉니다.
Let me introduce the weather in Korea.
In Korea, March, April, and May are warmer than January or February. The weather is warm and the flowers are pretty.
June, July, and August are very hot and humid. After the monsoon season in July when it rains often, it is too hot, so people go on vacation.
September, October, and November are cool. The sky is clear and clean every day, so many people exercise outside.
December, January, and February are cold and snowy. Winds blowing from the north are cold and dry. In December, when it snows, children go on vacation and play.

▶해 봅시다

1.
고향이 어디예요?
지금이 몇 월이에요?
날씨가 어때요?
아침에 날씨가 어때요?
낮에 날씨가 어때요?
저녁에 날씨가 어때요?
요즘 비가 자주 와요?
Where is your hometown?
What month is it?

How is the weather today?
What's the weather like in the morning?
How's the weather during the day?
How's the weather in the evening?
Does it rain often these days?

2.
<보기>
제 고향은 밴쿠버입니다. 지금은 6월입니다.
밴쿠버는 한국의 서울보다 북쪽에 있습니다.
그래서 서울보다 덥지 않습니다.
특히 아침하고 저녁에는 선선합니다.
낮에도 별로 덥지 않습니다.
한국은 6월이 끝나고 7월이 되면 비가 많이 오면서 아주 덥습니다.
그렇지만 제 고향 밴쿠버에는 장마철이 없습니다.
밴쿠버는 날씨가 습하지 않습니다.
<Example>
My hometown is Vancouver. It is now June.
Vancouver is north of Seoul, South Korea.
So, it is not hotter than Seoul.
It is especially cool in the mornings and evenings.
It's not very hot even during the day.
In Korea, from the end of June to July, it rains a lot and the weather is hot.
But in Vancouver, my hometown, there is no raing season.
The weather is not humid in Vancouver.

Unit 10

Section1. I like winter when I can ski

선희: 저는 봄을 좋아하는데 제임스 씨는 어느 계절을 좋아하세요?
Sunhee: I like Spring. Which season do you like, James?
제임스: 저는 스키를 탈 수 있는 겨울이 좋아요.
James: I like winter when I can go skiing.
선희: 스키를 좋아하세요?
Sunhee: Do you like skiing?
제임스: 네, 겨울이 되면 스키장에 자주 가요.
James: Yes, I often go to the ski resort in winter.
선희: 그럼 이번 겨울에는 같이 스키장에 갈까요?
Sunhee: Then shall we go skiing together this winter?
제임스: 좋은 생각이네요.
James: That's a good idea.

문법

1. -는데/은데/ㄴ데

· Meaning and Usage
This is attached to an action or descriptive verb and is used when introducing the previous sentence as the background for the sentence following the form.
This is used after an action verb or descriptive verb to compare the content that comes before this form and the content that comes after it.

· Form
'-는데' is used after all action verbs, including '있다' and '없다'. '-ㄴ데' is used when the descriptive verb stem ends with a vowel or 'ㄹ,' and '-은데' is used when it ends with a consonant.

Verb stem ending	Combine with	Example
Action verb, 있다, 없다	-는데	먹는데, 가는데, 있는데
Consonant (Descriptive verb)	-은데	작은데, 좋은데, 싫은데
Vowel, ㄹ (Descriptive verb)	-ㄴ데	큰데, 친절한데, 먼데

· Example
가방이 예쁜데 어디에서 샀어요?
Your bag is pretty. Where did you buy it?
저는 중국에서 왔는데 제임스 씨는 어디에서 왔어요?
I'm from China. Where are you from, James?

김치는 조금 매운데 삼계탕은 맵지 않아요.
Kimchi is a bit spicy but samgyetang is not.
제 고향은 비가 많이 오는데 서울은 비가 많이 오지 않아요.
It rains a lot in my hometown but it doesn't rain much in Seoul.

가: 엠마 씨, 수영을 잘하는데 누구에게 배웠어요?
A: Emma, you are good at swimming. Who did you learn it from?
나: 아버지께서 가르쳐 주셨어요.
B: My father taught me.

가: 한국의 날씨가 어때요?
A: How is the weather in Korea?
나: 여름에는 더운데 겨울에는 추워요.
B: It's hot in the summer but cold in the winter.

2. -을/ㄹ 수 있다

· Meaning and Usage

This is added to a verb in order to express the ability to do something or the possibility of an action. The negative form is '-을/ㄹ 수 없다'.

· Form

'-을 수 있다' is added when the stem ends in a consonant. '-ㄹ 수 있다' is added when the stem ends in a vowel or 'ㄹ'.

Action verb stem ending	Combine with	Example
Consonant	-을 수 있다	먹을 수 있다, 읽을 수 있다
Vowel	-ㄹ 수 있다	할 수 있다, 만날 수 있다

· Example

저는 운전을 할 수 있어요.
I can drive.
수지 씨가 케이크를 만들 수 있어요.
Susie can bake a cake.
엠마 씨가 매운 음식을 먹을 수 없습니다.
Emma can't eat spicy food.
리사 씨, 내일 만날 수 있어요?
Lisa, can you meet me tomorrow?

가: 제 생일 파티에 올 수 있어요?
A: Can you come to my birthday party?
나: 네, 갈 수 있어요.
B: Yes, I can go.

가: 다니엘 씨, 한국 신문을 읽을 수 있어요?
A: Daniel, can you read Korean newspapers?
나: 아니요, 너무 어려워서 읽을 수 없어요.
B: No, I can't read it because it's too difficult.

▶읽어 봅시다

제 고향은 1년 내내 무척 더운데 한국에는 사계절이 있어서 좋습니다.
저는 작년 가을에 한국에 왔습니다.
날씨가 선선했습니다.
춥지도 않고 덥지도 않았습니다.
그리고 가을 산은 단풍이 들어서 아주 아름다웠습니다.
가을에 아름다운 단풍을 볼 수 있어서 기뻤습니다.
지금은 추운 겨울이 지나고 따뜻한 봄입니다.
여기저기에 예쁜 꽃도 많이 피었습니다.
그래서 사람들은 봄꽃을 구경하러 산이나 공원에 갑니다.
저도 다음 주말에 반 친구들과 소풍을 가겠습니다.
It's very hot in my hometown all year round but it's nice that Korea has four seasons.
I came to Korea last fall.
The weather was cool.
It was neither cold nor hot.
The autumn leaves on the mountains were very beautiful.
I was glad because I could see the beautiful autumn leaves.
The cold winter has passed and it is now warm spring.
There are many pretty flowers blooming here and there.
So people go to the mountains or parks to see spring flowers.
I will also go on a picnic with my classmates next weekend.

▶들어 봅시다

[1-2]

1. 요즘 서울은 겨울이라서 날씨가 추운데 리사 씨 고향은 어때요?
The weather is cold in Seoul these days since it's winter. How is your hometown, Lisa?

2. 내일 파티에 올 수 있어요?
Can you come to the party tomorrow?

[3-4]

서준: 윌리엄 씨, 서울의 겨울은 춥고 건조한데 윌리엄 씨 고향의 겨울 날씨는 어때요?
윌리엄: 제 고향도 춥고 눈이 많이 와요. 그리고 좀 습해요.
서준: 한국보다 추워요?
윌리엄: 아니요, 한국보다 춥지 않아요.
서준: 그럼 여름에는 어때요?
윌리엄: 좀 덥고 가끔 비가 와요.
Seojun: William, winter in Seoul is cold and dry. How is the winter weather in your hometown?
William: It's cold and snowy in my hometown too. It's also a bit humid.
Seojun: Is it colder than Korea?
William: No, it's not colder than Korea.
Seojun: Then how about summer?
William: It's a bit hot and it rains sometimes.

[5-6]

리사: 한국은 사계절이 있어요?

수지: 네, 봄, 여름, 가을, 겨울이 있어요. 리사 씨 고향은요?

리사: 제 고향에도 사계절이 있는데 한국의 여름 날씨는 어때요?

수지: 한국은 여름이 6월부터 8월까지인데 덥고 비가 많이 와요.

리사: 일본의 여름은 한국보다 더 더워요. 그리고 한국보다 더 습해요.

수지: 그래요? 비슷하지만 조금 다르네요.

Lisa: Are there four seasons in Korea?

Susie: Yes, there is spring, summer, fall, and winter. What about your hometown, Lisa?

Lisa: There are four seasons in my hometown too. What is the summer weather like in Korea?

Susie: Summer in Korea lasts from June to August, and it is hot and rainy.

Lisa: Summer in Japan is hotter than summer in Korea. It's also more humid than in Korea.

Susie: Really? They seem similar, but a little different.

▶해 봅시다

1.

여행한 곳: 하와이
여행한 계절: 여름
날씨: 비가 많이 오지 않아요.
할 수 있는 것: 수영, 서핑

[보기]

제가 여행한 곳은 하와이예요.
여름에 하와이에 갔는데 좀 덥지만 비가 많이 오지 않아서 좋았어요.
하와이에서 수영하고 서핑도 할 수 있어서 재미있었어요.

Place traveled: Hawaii
Season traveled: Summer
Weather: It doesn't rain much.
What you can do: Swimming, surfing

[Example]

The place I traveled to was Hawaii.
I went to Hawaii in the summer, and although it was a bit hot, it didn't rain much, which was nice.
It was fun to be able to swim and surf in Hawaii.

2.

[보기]

리사: 수영 씨, 제가 이번 방학에 여행을 가고 싶은데 어디가 좋아요? 소개해 주세요.

수영: 저는 지난 여름에 하와이에 갔는데 날씨도 좋고 너무 재미있었어요.

리사: 한국은 여름에 비가 많이 오는데 하와이의 여름 날씨는 어때요?

수영: 한국은 여름에 비가 많이 오는데 하와이는 비가 많이 오지 않아요.

리사: 그래요? 여름에 하와이에 가면 무엇을 할 수 있어요?

수영: 여름에 가면 아름다운 바다에서 수영도 하고 서핑도 할 수 있어요.

리사: 저도 이번 여름 방학에 하와이로 여행을 가야겠어요. 여행 장소를 소개해 줘서 고마워요.

[Example]

Lisa: Sooyeong, I want to go on a trip this vacation. Where should I go?
Please introduce me to some places to travel.

Sooyoung: I went to Hawaii last summer. The weather was nice and it was a lot of fun.

Lisa: It rains a lot in the summer in Korea. What is the summer weather like in Hawaii?

Sooyeong: It's rainy in the summer in Korea, but it doesn't rain much in Hawaii.

Lisa: Really? What can you do in Hawaii in the summer?

Sooyoung: If you go in the summer, you can swim and surf in the beautiful sea.

Lisa: I want to travel to Hawaii this summer vacation too. Thank you for introducing me to this travel destination.

3.

[보기]

이번 여름에 여행하고 싶은 곳은 하와이입니다.
다른 계절도 좋지만 여름에 가면 하와이에서 더 즐겁게 여행할 수 있습니다.
한국은 여름에 비가 많이 오는데 하와이는 여름에 비가 많이 오지 않습니다.
여름에 하와이에 가면 아름다운 바다에서 수영도 하고 서핑도 할 수 있어서 좋습니다. 아름다운 바다와 수영, 서핑을 좋아하는 친구들은 여름에 하와이로 여행을 가면 좋겠습니다.

[Example]
The place I would like to travel this summer is Hawaii.
Other seasons are good, but you can enjoy your trip to Hawaii even more in the summer.
It rains a lot in the summer in Korea, but it doesn't rain much in the summer in Hawaii.
If you go to Hawaii in the summer, it's great because you can swim and surf in the beautiful ocean. Friends who like the beautiful sea, swimming, and surfing should travel to Hawaii in the summer.

Unit 10

Section2. Learn to swim this summer

제임스: 봄이라서 등산을 하는 사람이 많네요.
James: There are a lot of people hiking because it's spring.
선희: 제임스 씨도 등산을 좋아하세요?
Sunhee: Do you like hiking too, James?
제임스: 네, 저도 주말마다 등산을 하고 있어요. 선희 씨는요?
James: Yes, I also go hiking every weekend. What about you, Sunhee?
선희: 저는 등산보다 수영을 더 좋아해서 수영을 자주 해요.
Sunhee: I like swimming more than hiking, so I swim often.
제임스: 저도 수영을 배워 보고 싶은데 어디에서 배울 수 있어요?
James: I want to learn to swim too. Where can I go learn?
선희: 우리 학교 수영장 시설이 굉장히 좋아요.
이번 여름에는 수영을 한번 배워 보세요.
Sunhee: Our school's swimming pool facilities are very good. Try learning how to swim this summer.

문법

1. -고 있다

· Meaning and Usage
This is added to an action verb in order to express that an action is currently taking place or that it is continuing.

· Example
엠마 씨가 가방을 싸고 있어요.
Emma is packing her bag.
저는 아까 책을 읽고 있었습니다.
I was reading a book earlier.
저기에서 춤을 추고 있는 사람이 누구예요?
Who is that dancing over there?
다니엘 씨가 샤워를 하고 있어서 전화를 못 받았어요.
Daniel could not pick up his phone because he was taking a shower.

가: 식사하고 있어요?
A: Are you having a meal?
나: 아니요, 저는 텔레비전을 보고 있어요.
B: No, I'm watching television.

가: 지금 뭘 해요?
A: What are you doing now?
나: 저는 음악을 듣고 있어요.
B: I'm listening to music.

· Note
This should only be used with an action verb.

2. -어/아/여 보다

· Meaning and Usage
This is used after an action verb to show an experience.
This is used after an action verb to show an attempt at something. Following the '보다' form is used in the sentences such as a command, request, or wish.

· Form
'-아 보다' is used when the action verb stem ends with 'ㅏ, ㅗ'. '-어 보다' is used when the action verb stem ends with other vowels (ㅓ,ㅜ,ㅡ, ㅣ). '-여 보다'(해 보다) is used when the action verb stem ends with '하'.

Action verb stem ending	Combine with	Example
ㅏ, ㅗ	-아 보다	가 보다, 만나 보다
Other vowels (ㅓ,ㅜ,ㅡ, ㅣ)	-어 보다	먹어 보다, 입어 보다
하	-여 보다(해 보다)	전화해 보다

· Example
제임스 씨는 한국 차를 마셔 봤어요.
James tried drinking some Korean tea.

다니엘 씨는 남산에 못 가 봤어요.
Daniel has never been to Namsan before.

잡채를 만들어 보고 싶어요.
I want to try and make japchae.
이 티셔츠를 입어 볼 수 있어요?
May I try on this T-shirt?

가: 리사 씨, 삼계탕을 먹어 봤어요?
A: Lisa, have you ever tried samgyetang?
나: 네, 삼계탕을 먹어 봤어요.
B: Yes, I have eaten samgyetang before.

가: 요즘 건강이 안 좋아요.
A: My health is not so good these days.
나: 운동을 해 보세요.
B: Try exercising.

· Note

This is used only with action verbs and cannot be used with descriptive verbs.
If it is used with words in the past tense, it carries the meaning of an experience. When it shows the meaning of an experience, it can't be combined with '-겠-', which represents the future or an assumption.
If it is used with words in the present or future tense, it carries the meaning of an attempt.
It is not used with the action verb '보다' but is used with the past tense or past perfect forms like '보았다' or '본'.

▶읽어 봅시다

우리 고향은 겨울에 눈이 오지 않습니다.
그러나 한국은 겨울에 눈이 옵니다.
지금도 창 밖에 눈이 오고 있습니다.
저는 이렇게 하얀 눈이 오는 겨울이 좋습니다.
겨울에는 제가 좋아하는 스키도 탈 수 있습니다.
지난 겨울에 처음 스키장에 가 봤습니다.
처음에는 정말 많이 넘어졌지만 이제는 스키 타기가 어렵지 않습니다.
제가 가는 스키장은 서울 근처에 있습니다.
그곳에는 즐겁게 스키를 타는 사람이 많습니다.
가끔 스키를 타는 것이 무서워서 그 자리에 가만히 있는 사람도 있습니다.
그리고 스키를 타지 않고 눈싸움만 하는 사람도 있습니다.
모두가 웃는 얼굴입니다. 웃는 얼굴을 보면 저도 즐겁습니다.

In my hometown, it doesn't snow even in winter.
However, in Korea, it snows during the winter.
It's snowing outside the window even now.
I like winters when there is white snow like this.
In winter, I can also go skiing, which I love.
I went to a ski resort for the first time last winter.
At first, I fell a lot, but now, skiing is not as difficult.
The ski resort I go to is near Seoul.
There are many people who enjoy skiing there.
Sometimes, there are people who are afraid of skiing and just sit there.
There are also people who don't ski and only have snowball fights.
Everyone is smiling. It makes me happy to see smiling faces.

▶들어 봅시다

[1-2]

1. 수지 씨, 지금 뭘 해요?
Susie, what are you doing now?

2. 고향에서 친구가 오는데 어디에 가면 좋을까요?
I have a friend visiting from my hometown. Where should we go?

[3-4]

서준: 다니엘 씨는 이번 여름 방학에 무엇을 해 보고 싶어요?
다니엘: 잘 모르겠어요. 한국 사람들은 여름에 보통 무엇을 해요? 등산을 많이 해요?
서준: 등산보다 바다로 여행을 가는 사람들이 많아요. 바다에서 수영도 하고 서핑도 해요.
다니엘: 그래요? 저도 고향에서 여름에 바다에서 서핑을 자주 했어요. 이번 방학에는 서핑을 하러 바다로 여행을 가고 싶어요.
서준: 이번 방학에는 한국에서 서핑을 한번 해 보세요. 저도 배우고 있어요.
Seojun: Daniel, what do you want to do this summer vacation?
Daniel: I don't know. What do Korean people usually do in summer? Do they hike a lot?
Seojun: More people travel to the sea rather than go hiking. They swim and go surfing in the sea.
Daniel: Really? I also surfed in the sea often in the summer in my hometown. I want to go

on a trip to the sea to surf this vacation.
Seojun: Try surfing in Korea this vacation. I'm learning too.

[5-6]
수지: 제임스 씨, 주말에 뭘 하실 거예요?
제임스: 날씨가 따뜻해서 가족들과 같이 여행을 갈 거예요.
수지: 어디에 갈 거예요?
제임스: 강릉에 갈 거예요.
수지: 강릉은 어떤 곳이에요?
제임스: 강릉은 바다도 볼 수 있고 산이 있어서 등산도 할 수 있어요. 요즘 꽃이 많이 피어서 산이 더 아름다울 거예요.
수지: 수영도 하실 거예요?
제임스: 아니요, 날씨는 따뜻하지만 바다에서 수영하면 좀 추울 거예요. 아이들과 배를 타고 바다 구경을 할 거예요.
Suji: James, what are you going to do this weekend?
James: The weather is warm, so I'm going on a trip with my family.
Susie: Where are you going?
James: We're going to Gangneung.
Susie: What kind of place is Gangneung?
James: In Gangneung, you can see the sea, and there are mountains so you can go hiking. There are a lot of flowers blooming these days, so the mountains will be even more beautiful.
Susie: Are you going to swim too?
James: No, the weather is warm but swimming in the sea will be a little cold. I'm going to go on a boat with the kids and see the sea.

▶해 봅시다

1.

봄	여름
-꽃구경을 가요. -등산을 해요. -공원에서 산책해요. -딸기를 먹어요. -봄나물을 먹어요.	-수영을 해요. -서핑을 해요. -바다로 여행을 가요. -수박을 먹어요. -빙수를 먹어요.
가을	**겨울**
-단풍 구경을 해요. -등산을 해요. -공원에서 산책해요. -사과를 먹어요. -송편을 먹어요.	-스키를 타요. -스케이트를 타요. -스노보드를 타요. -귤을 먹어요. -김장을 해요.

[보기]
저도 고향에서 여름마다 바다에서 수영을 했어요.
겨울에는 스키를 타러 스키장에 가요.

Spring	Summer
- go to see flowers - go hiking - take a walk in the park - eat strawberries - eat spring herbs	- go swimming - go surfing - go on a trip to the sea - eat watermelon - eat shaved ice
Autumn	**Winter**
- go to see the autumn - leaves - go hiking - take a walk in the park - eat apples - eat songpyeon (half-moon rice cakes)	- go skiing - go skating - ride snowboards - eat tangerines - make kimchi

[Example]
I also swam in the sea every summer in my hometown.
In the winter, I go to the ski resort to ski.

2.
[보기]
비슷한 것:
여름에는 수영을 많이 하고 겨울에는 스키를 많이 타는 것이 비슷해요.
다른 것:
봄과 가을에 한국 사람들은 고향 사람들보다 등산을 자주 해요.
[Example]
Similarities:
It's similar in that we swim a lot in the summer and ski a lot in the winter.
Differences:
In the spring and fall, Korean people hike more often than people from my hometown.

3.
[보기]
저는 지금 한국에 살고 있습니다.
한국과 고향의 계절 활동은 비슷한 것도 있고 다른 것도 있습니다.
한국 사람들은 여름에는 수영을 많이 하고 겨울에는 스키를 많이 탑니다.

우리 고향 사람들도 여름에는 수영을 많이 하고 겨울에는 스키를 많이 탑니다. 그렇지만 다른 점도 있습니다. 고향 사람들은 산보다 바다에 더 자주 갑니다. 한국 사람들은 봄과 가을에 등산을 자주 합니다.
저도 봄이나 가을에 한국에서 등산을 해 보고 싶습니다.
[Example]
I live in Korea now.
Some seasonal activities in Korea and my hometown are similar and others are different.
Korean people swim a lot in the summer and ski a lot in the winter.
People in my hometown also swim a lot in the summer and ski a lot in the winter.
However, there are also differences. People in my hometown go to the sea more often than to the mountains.
Korean people go hiking often in the spring and fall.
I also want to go hiking in Korea in the spring or fall.

문화

1과

한국인의 식사 예절

한국인과 식사를 할 때에는 지켜야 하는 예절이 있습니다.
식사를 하기 전에 "잘 먹겠습니다."라고 인사를 하고 밥을 먹습니다.
다 먹은 후에는 "잘 먹었습니다."라고 인사를 합니다.
윗사람과 함께 밥을 먹을 때에는 윗사람이 먼저 식사를 시작한 후에 수저를 듭니다.
윗사람이 잔에 술을 따라 주실 때에는 술잔을 양손으로 잡고 술을 받습니다.
윗사람 앞에서 술을 마실 때에는 몸을 약간 돌려서 마십니다.
윗사람에게 물이나 술을 따라 드릴 때에도 병을 양손으로 잡고 공손히 따라 드립니다.

Korean culture: Korean dining etiquette

When having a meal with Koreans, there are certain dining etiquettes that must be kept.
Before the meal you should say, "I will enjoy this meal" ("잘 먹겠습니다"), and then eat.
After you finish your meal you should say, "I enjoyed this meal"/"Thank you for the meal" ("잘 먹었습니다").
When having a meal with elders or superiors, you have to wait until they start eating first.
When they pour you an alcoholic drink, you should hold your glass with both hands.
When drinking alcohol in front of your elders/superiors, you have to turn your body slightly to the side.
When pouring water or alcoholic drinks to elders/superiors, you should hold the bottle with both hands and politely pour it into their glass.

2과

상차림

한국 음식은 주로 밥과 국, 그리고 찌개, 반찬으로 이루어져 있습니다. 밥과 국은 각자 먹지만 찌개나 반찬은 여러 사람과 나누어 먹습니다. 식당에서 음식을 주문하면 '반찬'이 보통 3~4가지 나옵니다. 지방에 따라서 '반찬'이 10가지 이상 나오는 곳도 있습니다. '반찬'은 손님이 원하면 무료로 더 먹을 수 있습니다.

Table setting

A Korean meal mainly consists of rice, soup, stew, and side dishes. Rice and soup are served individually but stews and side dishes are shared with others. When ordering a meal at a restaurant, you are usually served 3 to 4 side dishes. Depending on the region, there are restaurants that serve over 10 side dishes. Customers can eat more side dishes for free if they wish.

3과

생일

다른 사람의 생일을 물어볼 때는 '생일이 언제예요?', '생일이 몇 월 며칠이에요?' 하고 질문합니다. 그리고 '제 생일은 ―월 ―일이에요.'라고 대답합니다.
한국 사람들은 다른 사람의 생일에 '생일을 축하합니다.', '생일을 축하해요.'라고 이야기합니다.
윗사람의 생일에는 '생신을 축하드립니다.', '생신을 축하드려요.'라고 이야기합니다.
생일날 아침에는 미역국을 먹는데 이것은 어머니에 대한 감사를 의미합니다. 한국에서는 어머니들이 아이를 낳은 후에 건강을 회복하기 위해서 미역국을 먹기 때문입니다.

Birthdays

When asking about someone else's birthday you say, "When is your birthday?" ("생일이 언제예요?") or "What month and day is your birthday?" ("생일이 몇 월 며칠이에요?"), to which the reply would be, "My birthday is on month/day" ("제 생일은 ―월 ―일이에요").
On someone's birthday, Koreans say "생일을 축하합니다" or "생일을 축하드려요," both meaning "happy birthday."
When congratulating a superior/elder, we say "생신을 축하드립니다" or "생신을 축하드려요."
On birthday mornings, Koreans eat "miyeok-guk" (seaweed soup) to express gratitude to their mothers. This is because in Korea, mothers eat "miyeok-guk" to restore their health after giving birth.

4과

화폐

한국의 화폐 단위는 원(Won, ₩)입니다. 한국의 화폐에는 4종의 지폐와 6종의 동전이 있습니다. 지폐는 일천원권, 오천원권, 일만원권, 오만원권이 있습니다. 동전은 일원, 오원, 십원, 오십원, 백원, 오백원 짜리가 있습니다. 한국은행 화폐박물관에 가면 옛날부터 지금까지 사용한 여러 가지 한국의 화폐를 볼 수 있어서 재미있습니다.

Currency

The Korean unit of currency is Won(₩). Korean currency has 4 types of bills and 6 types of coins.

Bills include thousand won notes, five thousand won notes, ten thousand won notes, and fifty thousand won notes. Coins come in denominations of one won, five won, ten won, fifty won, one hundred won, and five hundred won. When you go to the Bank of Korea's Currency Museum, it is exciting to see various types of Korean currency used throughout history until now.

5과

한국의 도로명

'주말에 어디에서 만날까요?' '을지로에서 만납시다.'
여기서 약속 장소인 '을지로'는 고구려의 유명한 장군인 '을지문덕'의 성을 따서 만든 도로명입니다. 이처럼 한국의 도로명 중에는 나라를 위해 목숨을 바쳤거나 훌륭한 업적을 남긴 위인들의 이름을 따서 그들을 오랫동안 기억하고 그 뜻을 이어받고자 지정한 길들이 있습니다.

도로명	유 래
세종로	한글을 창제한 조선의 제4대 왕 세종 대왕의 이름을 따서 만든 도로명
율곡로	오천원권 화폐 인물인 조선의 대표적 유학자 율곡 이이 선생의 호를 따서 만든 도로명
퇴계로	천원권 화폐 인물인 조선의 대표적 유학자 퇴계 이황 선생의 호를 따서 만든 도로명
충무로	조선의 장군으로 임진왜란에서 큰 공을 세운 충무공 이순신의 호를 따서 만든 도로명
을지로	수나라 30만 대군을 살수에서 전부 몰살시켜 강대했던 수나라를 멸망에 이르게 한 고구려의 영웅 을지문덕 장군의 성을 따서 만든 도로명
충정로	조선 말기 문신으로 나라를 위해 순국한 충정공 민영환의 호를 따서 만든 도로명

Korean Street Names

'Where shall we meet on the weekend?', 'Let's meet at Euljiro.'
The meeting point "Euljiro" is a street that is named after the last name of "Eulji Mundeok," a famous general from the Goguryeo Dynasty. Like this, some streets are named after great people who sacrificed their lives for the country or left behind remarkable achievements, to remember them and carry on their legacy.

Street Name	Origin
Sejongro	This street is named after King Sejong, the fourth king of Joseon Dynasty, who created the Korean alphabet.
Yulgokro	This street is named after Yulgok Yi I, a renowned Confucian scholar of the Joseon Dynasty. He is also pictured in the five thousand won bill.
Toegyero	This street is named after Toegye Lee Hwang, a renowned Confucian scholar from the Joseon Dynasty. He is also pictured in the one thousand won bill.
Chungmuro	This street is named after Chungmu-gong Yi Sun-sin, a renowned admiral during the Japanese invasion of Korea in 1592.
Euljiro	This street is named after renowned hero General Eulji Mundeok of Goguryeo, who defeated over three hundred thousand soldiers of the Sui Empire's invading force in the Battle of Salsu.
Chungjeongro	This street is named after civil officer Min Chungjeong-gong(Min Younghwan), who died for his country in the late Joseon Dynasty.

6과

서울의 대중교통

한국의 대중교통 수단에는 버스와 지하철이 있습니다. 서울에는 가까운 시내를 돌아다니는 시내버스와 근교를 이어주는 버스, 그리고 다양한 지하철 노선이 있습니다. 종류에 따라 이용 요금이 다릅니다. 한국은 대중교통 요금이 싼 편입니다. 대중교통을 이용할 때 보통 교통카드를 많이 사용하는데 환승을 할 때 할인을 받을 수 있어서 아주 편리합니다.

Public Transportation in Seoul

Public transportation in Korea includes a network of buses and subways. In Seoul, there are intra-city buses that travel around the city, buses that connect nearby suburbs, and various subway lines. Fees vary depending on the method of transportation. Public transportation fares in Korea are cheap. Many people usually use transportation cards because it is convenient and provides discounts when transferring.

7과

호칭

한국어에는 상대방을 부르는 호칭이 여러 가지 있습니다.

친구는 보통 '수영아', '선희야'와 같이 이름을 부릅니다. 직장에서 윗사람은 '사장님', '부장님'과 같이 직위로 부르고 아랫사람은 보통 '이수영 씨'라고 이름과 '씨'를 함께 사용하여 부릅니다. 학교나 직장에서 선배에게는 '선배', '선배님'이나 '형', '오빠', '누나', '언니'와 같은 가족 호칭을 쓰기도 합니다. 그리고 결혼한 여자는 '아주머니', 결혼한 남자는 '아저씨'라고 부릅니다.

Addressing people

In Korea, there are many ways to address people. Friends are usually called by their names, like Sooyoung ("수영아") and Sunhee ("선희야"). At work, you address your superiors by their job titles, such as Company Leader/President ("사장님") and Department Leader/Manager ("부장님"). You address your co-workers and subordinates by adding "씨" (meaning Mr. or Ms.) after their names, like "Lee Sooyoung 씨." At school or the workplace, you address your seniors as "선배님," or as "elder brother" (형, 오빠) and "elder sister" (누나, 언니), similar to addressing family members. Furthermore, you address a married woman as "madam" (아주머니) and a married man as "mister" (아저씨).

8과

한국인의 전화 예절

한국 사람은 전화를 걸거나 받을 때 '여보세요.'라고 말하면서 통화를 시작합니다. 전화를 끊을 때는 특별히 정해진 말은 없지만 보통 '감사합니다.'나 '안녕히 계세요.' 등 간단한 인사말을 하거나 '이만 끊겠습니다.'라고 말하고 전화를 끊습니다.

한국 사람과 전화를 할 때 지켜야 하는 예절이 있습니다. 윗사람과 통화를 한 경우에는 윗사람이 먼저 전화를 끊고 난 후에 전화를 끊습니다. 윗사람이 아닌 사람과 통화를 한 경우에도 용건이 끝나자마자 바로 수화기를 내려놓는 것보다 잠깐 수화기를 들고 있다가 전화를 끊는 것이 좋습니다.

Korean Telephone Etiquette

When making or receiving a phone call, Koreans start the conversation by saying "Hello" (여보세요). There is no specific phrase for when they hang up the phone, but they usually say a simple greeting such as "Thank you" (감사합니다), "Goodbye" (안녕히 계세요), or "I will hang up now" (이만 끊겠습니다), and then end the call.

There are a number of etiquettes that must be followed when talking to Korean people on the phone. If you are on the phone with a superior or elder, wait until they hang up first. Even if you are talking to friends or someone other than your superior/elder, it is better to wait for a moment and then hang up, rather than immediately ending the call as soon as the conversation is over.

9과

등산

한국에는 산이 많습니다. 설악산, 한라산, 지리산 등이 유명합니다. 서울에도 북한산, 도봉산, 남산, 관악산 등 산이 많습니다. 그래서 주말이 되면 가까운 산에 등산을 하러 가는 사람들을 볼 수 있습니다. 등산은 한국인이 가장 좋아하는 취미 활동입니다. 특히 날씨가 좋은 봄이나 가을에 등산을 하는 사람이 많습니다.

Hiking

There are many mountains in Korea. Seorasksan, Hallasan, and Jirisan are all famous. There are many mountains in Seoul as well, such as Bukhansan, Dobongsan, Namsan, and Gwanaksan. So on weekends, you can see people going hiking in nearby mountains. Hiking is Korea's most popular pastime. Especially in spring and fall, when the weather is nice, many people go hiking.

10과

꽃구경과 단풍놀이

한국은 봄에 날씨가 따뜻하고 꽃이 많이 핍니다. 그래서 봄꽃을 구경하러 가는 사람들이 많습니다. 서울에서도 4월이 되면 벚꽃을 구경하러 여의도에 가는 사람이 많습니다. 가을에는 단풍이 듭니다. 빨갛고 노랗게 단풍이 들면 아주 아름답습니다. 특히 설악산과 속리산은 아름다운 단풍으로 유명합니다. 그래서 단풍을 구경하러 가는 사람이 아주 많습니다.

Flower Viewing and Autumn Leaf Excursion

In Korea, the weather is warm in the spring and many flowers bloom. That's why many people go out to see spring flowers. Even in Seoul, many people go to Yeouido to see cherry blossoms in April. In the fall, the leaves change color. It is very beautiful when the leaves turn red and yellow. In particular, Seoraksan and Songnisan are famous for their beautiful fall foliage. So, many people go to see the autumn leaves.

어휘 색인

ㄱ			
가늘다	to be thin(slender)	3과2항	주제 어휘
가로수길	Garosu-gil	5과2항	과제 2
가만히	still, quietly	10과2항	과제 1
가볍다	to be light	3과2항	주제 어휘
가을	autumn	10과1항	주제 어휘
가지고 오다	to bring	9과1항	대화 어휘
간장	soy sauce	1과2항	과제 2
간장게장	ganjang-gejang(soy sauce marinated crab)	1과2항	과제 2
갈비찜	galbijjim(braised short rips)	3과1항	문법 어휘
갈비탕	galbitang(short rib soup)	2과1항	주제 어휘
갈아타다	to transfer	6과1항	주제 어휘
감	persimmon	10과1항	주제 어휘
값	price	1과1항	과제 1
강릉	Gangneung	10과2항	과제 2
강하다	to be strong	9과1항	주제 어휘
같다	to be the same	1과2항	과제 1
개나리	forsythia	10과1항	주제 어휘
개다	to clear up	9과1항	주제 어휘
걱정하다	to worry	6과1항	과제 1
건너다	to cross	5과1항	주제 어휘
건너편	opposite side	5과1항	주제 어휘
건물	building	5과1항	과제 2
건조하다	to be dry	9과2항	과제 2
걸리다	to take(time)	5과2항	대화 어휘
검은색	black color	3과2항	주제 어휘
겁이 나다	to be scared	8과2항	과제 1
게스트하우스	guest house	6과1항	문법 어휘
경기도	Gyeonggi Province	7과1항	주제 어휘
경복궁	Gyeongbokgung Palace	6과1항	과제 3
경복궁역	Gyeongbokgung Station	6과1항	과제 3
계산하다	to pay, to calculate	7과2항	과제 2
계절	season	10과1항	대화 어휘
고기	meat	1과1항	과제 1
고르다	to choose	6과2항	문법 어휘
고속버스	express bus	5과2항	주제 어휘
고속버스 터미널	express bus terminal	6과1항	주제 어휘
고양이	cat	4과1항	주제 어휘
고추	pepper	1과2항	과제 2
곧	soon	9과1항	대화 어휘
곳	place	3과1항	과제 2
공연	performance	5과1항	과제 1
공항	airport	5과2항	과제 2
과일 가게	fruit store	3과1항	주제 어휘
과카몰리	guacamole	1과1항	과제 3
관광 정보 안내	tourist information guide	7과1항	주제 어휘
광화문	Gwanghwamun	5과1항	과제 3
괜찮다	to be okay	7과2항	대화 어휘
굉장히	very	10과2항	대화 어휘
교통	traffic	5과2항	대화 어휘
교통편	transportation	6과1항	문법 어휘

누르다	to press	6과2항	문법 어휘
눈	snow	1과1항	문법 어휘
눈사람	snowman	10과1항	주제 어휘
눈싸움	snowball fight	10과2항	주제 어휘
뉴질랜드	New Zealand	5과2항	주제 어휘
느끼다	to feel	9과1항	과제 3
늦게	late	8과2항	대화 어휘
늦다	to be late	8과1항	대화 어휘

ㄷ			
다르다	to be different	3과2항	주제 어휘
다발	counting unit for a bundle	4과1항	과제 1
다산콜재단	Dasan Call Foundation	7과1항	주제 어휘
다양하다	to be diverse, to have a variety of	3과2항	과제 2
단풍	autumn leaves	10과1항	주제 어휘
단풍이 들다	to turn red and yellow for the autumn leaves	10과1항	과제 1
달다	to be sweet	1과2항	대화 어휘
닭갈비	spicy stir-fried chicken	2과1항	주제 어휘
담당하다	to be in charge of	8과2항	과제 2
담배	cigarette	6과1항	문법 어휘
답장	reply	7과2항	과제 1
대	counting unit for vehicles and machinery	4과1항	주제 어휘
대사관	embassy	5과1항	과제 3
대표 메뉴	signature menu	3과2항	대화 어휘
덕수궁	Deoksugung Palace	5과1항	과제 1
덜	less	4과1항	과제 1
데이트	date	5과1항	과제 1
도와주다	to help	4과1항	문법 어휘
도착하다	to arrive	6과1항	주제 어휘
독서하다	to read a book	10과2항	주제 어휘
돈가스	pork cutlet	1과2항	과제 1
돌담길	doldamgil(stonewall walkway)	5과1항	과제 1
동대문 운동장	Dongdaemun Stadium	5과2항	주제 어휘
동대문디자인플라자	DDP(Dongdaemun Design Plaza)	5과1항	과제 3
동문	east gate	5과1항	과제 2
동해	the East Sea	2과1항	문법 어휘
되다	to be accepted	1과2항	과제 1
되다	to become	10과1항	대화 어휘
된장	doenjang(Korean soybean paste)	1과2항	과제 2
두껍다	to be thick(heavy)	3과2항	주제 어휘
두다	to leave behind	7과1항	주제 어휘
드리다	to give(honorific)	4과2항	주제 어휘
들어가다	to go in	6과2항	대화 어휘
등산	hiking	10과2항	대화 어휘
디자인	design	3과2항	과제 2
딸기	strawberry	3과2항	대화 어휘
떠들다	to make noise	6과1항	문법 어휘
떡라면	ramyeon with rice cake	1과2항	과제 1
떡볶이	tteokbokki	1과2항	과제 1
똑바로	straight	5과1항	과제 2

ㄹ			
라고스	Lagos	9과2항	주제 어휘
라자냐	lasagna	2과2항	과제 3

별표	star, asterisk	7과1항	과제 1
병	bottle	2과2항	주제 어휘
보내다	to send	4과2항	문법 어휘
보라색	purple color	3과2항	주제 어휘
봄	spring	10과1항	대화 어휘
봄꽃	spring flowers	10과1항	과제 1
봄나물	spring herbs	10과2항	과제 3
봄옷	clothing for spring season	3과1항	문법 어휘
뵙다	to meet(honorific)	8과2항	과제 3
북문	north gate	5과1항	과제 2
북쪽	north	9과2항	과제 2
분식집	Korean snack bar	1과1항	과제 2
분홍색	pink color	3과2항	주제 어휘
불	fire	7과1항	주제 어휘
불고기	bulgogi	1과1항	과제 1
불다	to blow	9과1항	대화 어휘
비	rain	5과2항	문법 어휘
비빔국수	spicy noodles	1과2항	과제 1
비상연락망	emergency contact	7과1항	과제 3
비슷하다	to be similar	10과1항	과제 2
비싸다	to be expensive	3과1항	문법 어휘
비옷	rain coat	9과1항	과제 3
비키다	to move aside	6과1항	대화 어휘
비행기	plane	5과2항	주제 어휘
빈자리	empty seats	6과1항	과제 1
빙수	Korean shaved ice	10과2항	과제 3
빠르다	to be fast	6과2항	문법 어휘
빨간색	red color	3과2항	주제 어휘
빨갛다	to be red	3과2항	문법 어휘
빨래	laundry	8과1항	문법 어휘
빵 가게	bakery	3과1항	주제 어휘
빵집	bakery	3과2항	대화 어휘

ㅅ			
사거리	intersection	6과2항	주제 어휘
사계절	four seasons	10과1항	과제 1
사고	accident	9과1항	과제 1
사과	apple	2과2항	주제 어휘
사이다	cider, sprite	2과2항	과제 1
사이즈	size	3과2항	과제 2
삼겹살	samgyeopsal	2과1항	주제 어휘
삼계탕	samgyetang(chicken soup with ginseng)	1과2항	과제 2
상냥하다	to be soft(personality)	3과2항	문법 어휘
상품권	gift card	4과2항	주제 어휘
새로	newly	7과2항	문법 어휘
새우	shrimp	1과1항	과제 2
생각	thought	10과1항	대화 어휘
생기다	to come up, to arise	8과1항	과제 1
생크림	fresh cream	3과2항	대화 어휘
서문	west gate	5과1항	과제 2
서비스	complimentary service	1과2항	과제 2
서울역	Seoul Staion	5과2항	과제 3
서핑하다	to surf	10과2항	과제 2
섞다	to mix	1과2항	과제 2

ㅇ			
아래층	downstairs	5과1항	문법 어휘
아마	probably	8과2항	대화 어휘
아메리카노	americano	1과1항	과제 3
아이디	ID	7과1항	과제 3
아저씨	sir, middle-aged man	6과1항	과제 1
아주	very	2과1항	대화 어휘
아주머니	middle aged lady	2과2항	과제 1
아직	still	8과1항	대화 어휘
안개	fog	9과1항	주제 어휘
안내 방송	announcement	6과1항	과제 1
알다	to know	1과2항	문법 어휘
액세서리	accessory	4과2항	주제 어휘
앨범	album	3과2항	과제 1
앱	app(application)	6과2항	과제 3
약속하다	to make an appointment, to promise	8과1항	주제 어휘
약하다	to be weak	3과2항	주제 어휘
얇다	to be thin	3과2항	주제 어휘
양	quantity	3과1항	과제 2
양념 치킨	seasoned spicy chicken	2과2항	과제 1
양식	Western food	1과2항	주제 어휘
양식집	Western restaurant	1과1항	주제 어휘
어기다	to break, to violate	8과1항	주제 어휘
어서 오세요	welcome	4과1항	과제 2
언제나	all the time, every time	2과2항	과제 1
얼굴	faces	10과2항	과제 1
얼마	how much	4과1항	대화 어휘
얼마나	how long	5과2항	대화 어휘
에스앤에스	SNS	7과1항	과제 3
엔(N)서울타워	N Seoul Tower	5과1항	과제 3
엘피판	LP record	3과1항	과제 1
여기요	here(excuse me)	2과2항	대화 어휘
여기저기	here and there	3과2항	과제 1
여러 가지	various	2과1항	과제 1
여보세요	hello	7과2항	대화 어휘
역	station(train, subway)	6과1항	주제 어휘
연구실	lab	7과1항	대화 어휘
연극	play	8과1항	과제 1
연락하다	contact	7과2항	대화 어휘
열다	to open	1과2항	문법 어휘
영화표	movie ticket	8과1항	과제 2
예매하다	to book a ticket	8과1항	과제 2
예술의전당	Seoul Arts Center	5과1항	과제 3
오래	long time	6과2항	과제 2
오래되다	to be old	9과1항	과제 3
오랜만에	after a long time	3과2항	과제 2
오렌지	orange	1과2항	과제 2
오른쪽	right side	5과1항	주제 어휘
오목교역	Omokgyo Station	5과1항	과제 2
오피스텔	officetel	5과1항	과제 2
올라가다	to go up	1과1항	주제 어휘
옷 가게	clothing store	3과1항	주제 어휘
와인	wine	2과2항	과제 3
외국	foreign	3과2항	과제 1

외국어	foreign language	7과1항	주제 어휘
외국인	foreigner	1과2항	대화 어휘
외국인 종합 안내 센터	Immigration Contact Center	7과1항	주제 어휘
왼쪽	left side	5과1항	대화 어휘
요리	dishes	2과1항	과제 2
우물 정자	pound key	7과1항	과제 1
우회전	to turn right	6과2항	주제 어휘
운전하다	to drive	5과2항	과제 3
울리다	to ring	7과2항	주제 어휘
원룸	studio apartment	5과1항	과제 2
웬일	for what reason	7과2항	과제 2
웰링턴	Wellington	9과2항	과제 2
육교	pedestrian overpass	5과1항	주제 어휘
음료수	drink	1과2항	과제 1
음성 메시지	voice message	7과2항	주제 어휘
음악 감상	listening to music	3과1항	과제 1
응급 환자 신고	emergency patient report	7과1항	주제 어휘
이게(이것이)	this	3과2항	과제 1
이대	Ewha Womans University	5과2항	과제 1
이따가	later today	7과1항	대화 어휘
이렇게	like this	10과2항	과제 1
이제	now	1과1항	대화 어휘
이쪽	this way	5과1항	주제 어휘
이태원	Itaewon	3과2항	과제 2
인기가 있다	to be popular	3과2항	대화 어휘
인분	(number of) servings	2과2항	주제 어휘
인사동	Insadong	6과1항	과제 1
인천	Incheon	7과1항	주제 어휘
인형	doll	4과2항	주제 어휘
일기예보	weather forecast	9과1항	과제 2
일반택시	general taxi	5과2항	주제 어휘
일산	Ilsan	5과2항	과제 3
일식	Japanese food	1과2항	주제 어휘
일식집	Japanese restaurant	1과1항	주제 어휘

ㅈ			
자동차	car	3과2항	문법 어휘
자루	counting unit for pen, pencil	4과1항	주제 어휘
자르다	to cut	6과2항	문법 어휘
잔	cup/glass	2과2항	주제 어휘
잘못	mistake	7과2항	주제 어휘
잠시만	just for a moment	7과2항	과제 2
잠실	Jamsil	5과2항	대화 어휘
잠실종합운동장	Jamsil Sports Complex	6과1항	과제 3
잡채	japchae	2과1항	주제 어휘
장	counting unit for thin, flat objects(paper, T-shirt)	4과1항	주제 어휘
장갑	gloves	4과2항	과제 1
장마	Jangma(rain in the rainy season)	9과2항	과제 2
장마철	rainy season	9과2항	과제 2
장미꽃	rose	3과1항	대화 어휘
장소	place	6과1항	문법 어휘
장화	boots	9과1항	과제 3
저기	over there	6과2항	과제 1

저쪽	there, that way	5과1항	주제 어휘
전국	the whole country	9과1항	과제 2
전주	Jeonju	7과1항	주제 어휘
전화를 걸다	to make a phone call	7과2항	주제 어휘
전화를 끊다	to hang up the phone	8과2항	주제 어휘
전화를 바꾸다	put him/her on the phone	8과2항	대화 어휘
전화번호	telephone number	7과1항	대화 어휘
전화벨	telephone ring	7과2항	주제 어휘
점심시간	lunch time	1과1항	대화 어휘
정동극장	Jeongdong Theater	5과1항	과제 1
정류장	stop, station(bus, taxi)	5과2항	과제 2
정말	really	1과1항	과제 2
정문	main gate	5과1항	과제 2
정하다	to decide	8과1항	대화 어휘
제일	firstly	2과1항	과제 2
조금	a little	1과1항	과제 1
조금만	just a little	4과2항	대화 어휘
조심하다	to be careful	6과1항	대화 어휘
졸업식	graduation ceremony	7과2항	문법 어휘
종류	kind	3과1항	과제 2
종업원	restaurant employee	2과2항	대화 어휘
좌회전	to turn left	6과2항	주제 어휘
죄송하다	to be sorry	7과2항	대화 어휘
주다	to give	2과2항	대화 어휘
주문하다	to order	2과2항	대화 어휘
주소	address	7과2항	과제 2
주인	owner	1과1항	과제 2
주차하다	to park	6과1항	문법 어휘
준비하다	to prepare	2과1항	과제 1
줄	counting unit for items cut or stretched by length	2과2항	과제 2
중국집	Chinese restaurant	1과1항	주제 어휘
즐겁다	to be pleased	10과2항	과제 1
지나다	to pass by	10과1항	과제 1
지방	province	9과1항	과제 2
지역 번호	area code	7과1항	주제 어휘
지우다	to erase	8과2항	과제 2
지키다	to keep a promise or rule	8과1항	주제 어휘
지하도	underpass	5과1항	주제 어휘
지하철표	subway ticket	4과1항	주제 어휘
직원	employee, staff	8과2항	과제 2
직진	to go straight	6과2항	주제 어휘
진달래	azalea	10과1항	주제 어휘
질	quality	3과1항	과제 2
짜다	to be salty	1과2항	주제 어휘
짜리	a thing worth	6과2항	과제 2
짜장면	black bean noodles	1과2항	주제 어휘
짧다	to be short	3과2항	주제 어휘
짬뽕	jjamppong(spicy seafood noodle soup)	2과2항	과제 1
쪽	direction, way, side	5과1항	대화 어휘
찍다	to shoot, to take	6과1항	문법 어휘

ㅊ			
차갑다	to be cold	9과2항	과제 2
참	very	2과2항	과제 1

포장하다	to gift-wrap	4과1항	과제 2
프라이드 치킨	fried chicken	2과2항	과제 어휘
피곤하다	to be tired	6과1항	문법 어휘
피다	to bloom(flower)	10과1항	주제 어휘
피서를 가다	go on summer vacation	10과2항	주제 어휘
피우다	to smoke	6과1항	문법 어휘

ㅎ			
하늘	sky	9과1항	대화 어휘
하늘색	sky blue color	3과2항	주제 어휘
하얀색	white color	3과2항	주제 어휘
하얗다	to be white	3과2항	문법 어휘
하차	to get off	5과2항	과제 1
한국어학당	Korean Language Institute	5과2항	과제 1
한식	Korean food	1과1항	과제 1
한식집	Korean restaurant	1과1항	주제 어휘
해수욕장	beach	10과2항	주제 어휘
핸드폰	cellular phone	7과1항	주제 어휘
행복	happiness	1과2항	과제 1
향수	perfume	4과2항	주제 어휘
현금	cash	6과2항	과제 3
호선	subway line number	5과1항	과제 2
호수 공원	lake park	5과2항	과제 3
호텔	hotel	5과1항	과제 3
화가 나다	to get angry	8과1항	과제 1
화장품	cosmetics	4과2항	주제 어휘
화재 신고	fire report	7과1항	주제 어휘
확인하다	to check	7과2항	주제 어휘
회	sliced raw fish	6과1항	문법 어휘
회색	grey color	3과2항	주제 어휘
횡단보도	crosswalk	5과1항	주제 어휘
후	after	6과1항	과제 1
후문	back gate	5과2항	과제 1
후식	dessert	1과1항	과제 3
휴가	vacation	10과1항	주제 어휘
휴대 전화	cellular phone	7과1항	대화 어휘
흐리다	to be cloudy	9과1항	대화 어휘

문법 색인

YONSEI KOREAN

for college students

102 부록